KB138672

한산문화연구원 학술연구총서 ①

명곡 최석정의
정치사상과 학문세계

신병주 외 지음

한산문화연구원

한산문화연구원 학술연구총서 **1**

지은이 | 강신엽, 이재철, 김용흠, 신병주, 박경남,
　　　　김영주, 심소희, 조희영, 이상구
펴낸이 | 최병식
펴낸날 | 2021년 11월 15일
펴낸곳 | 한산문화연구원
　　　　서울특별시 강남구 압구정로34길 14, 203호
　　　　TEL | 02-516-2224(대표전화)
　　　　e-mail | hansanmunhwa@daum.net
값 20,000원
잘못된 책은 교환해 드립니다.
ISBN　979-11-976342-1-5　94910
　　　　979-11-976342-0-8　94910(세트)

한산문화연구원 학술연구총서 **1**

명곡 최석정의
정치사상과 학문세계

신병주 외 지음

한산문화연구원

목차

제1편
명곡 최석정의 정치사상

간행사

최석정(崔錫鼎)

8차례나 영의정을 역임한 그는 조선 숙종 대 혼돈의 정국을 이끈 경세가이자, 큰 학자였다. 2013년 과학기술인 명예의 전당 헌정대상자로 최석정을 선정한 데서 알 수 있듯이, 그는 세계적으로 권위를 인정받는 수학자이기도 했다.

조선 후기 노론과 소론으로 나누어 진 정국이 혼란을 거듭할 때, 온건파 소론의 영수로 활약하던 정치가의 모습이 다소 퇴색한 듯하지만, 그가 이런 영예를 차지한 것은 주자성리학적 학문 경향성을 과감하게 벗어던지고, 양명학을 비롯하여 음운학과 수학에 이르기까지 폭넓은 개방성과 융합성까지 잘 보여주었기 때문이다.

최석정은 전주최씨 가문에서 태어났으니, 병자호란 당시 남한산성에서 주화론을 편 최명길(崔鳴吉)의 손자이다. 아홉 살의 나이에 『시경』과 『서경』을 암송했고, 열두 살이 되어 『주역』을 도해할 수 있는 수준에 이르자 주위에서 신동으로 이름났다. 남구만(南九萬) · 이경억(李慶億) 문인으로, 박세채(朴世采)와 종유(從遊)하면서 학문을 닦아 경륜을 펼치다가, 숙종 42년(1715) 70세의 일기로 죽었을 때 실록에 남겨진 졸기(卒記)를 보노라면,

최석정은 성품이 바르지 못하고 공교하며 경솔하고 천박하였으나, 젊어서부터 문명(文名)이 있어 여러 서책을 널리 섭렵했는데, 스스로 경술(經術)에 가장 깊다고 하면서 주자(朱子)가 편집한 경서(經書)를 취하여 변란시켜 삭제하였으니, 이로써 더욱 사론(士論)에 죄를 짓게 되었다. 그리고 여러 번 태사(台司 : 三公)에 올랐으나 일을 처리함에 있어 전도되고 망령된 일이 많았으며, 남구만을 스승으로 섬기면서 그의 언론을 조술(祖述)하여 명분과 의리를 함부로 전도시켰다. 경인년(1710)에 시약(侍藥)을 삼가지 않았다 하여 엄한 지시를 받았는데, 임금의 총애가 갑자기 쇠미해져서 그 뒤부터는 교외(郊外)에 물러가 살다가 졸하니, 나이는 70세이다. 뒤에 시호를 문정(文貞)이라 하였다(《숙종실록》 권56, 41년 11월 11일).

라고 하였듯이, 매우 부정적인 인물로 그려놓고 있다. 노론들이 주도하여 편찬된 실록이기에 그 편향됨이 매우 심하다는 것을 단박에 알 수 있다.

1701년 영의정에 임명된 최석정은 장희빈 사사(賜死)를 반대하다 충청도 진천에 유배되었고, 이듬해 석방되어 판중추부사를 거쳐 다시 영의정에 오른 것을 비롯하여 전후 8차례에 걸친 영의정 역임이었으니, 숙종 중~후반기 혼돈의 정국들이 어떻게 진행되었는지 가히 짐작되고도 남는다.

최석정은 남인과 서인이 대립하고, 노론과 소론들이 분열되던 혼돈의 시대를 살았지만, 급진적인 과격함 보다는 온건하고 합리적인 정치 노선을 견지했다는 점에서 매력적인 인물이다. 당대에 주류적 사유 세계를 지배했던 예학이나 존주대의론에 얽매이지 않고, 현실성에 바탕을 둔 선대의 학문과 사상을 오롯이 물려받았기 때문일 것이다. 성리학을 보완할 수 있는 천문학이나 음운학과 상수학은 물론 서학에 이르기까지 다양한 학문을 자기 것으로 끌어들여 녹여내는 용광로나 다름없었다.

그의 가문 이력을 보면, 광해군 시절 북인정권 치하에서 축출되었다가 영의정으로 추증되었던 증조부 최기남(崔起南)은 성혼 학통을 이어받았다. 조부 최명길이 현실론을 앞세운 주화론을 견지한 것이나, 양명학에 관심을 보인 것도 그런 영향으로 추정된다. 손자 최석정이 일찍이 박세채·남구만 등 소론계 인물들을 사사하여 다방면의 학문을 익힌 것도 가학(家學) 영향이 적지 않았다. 좌의정을 지낸 아우 최석항(崔錫恒) 역시 경종과 영조시기의 치열한 노론과 소론의 공방전이 벌어질 때 온건파 소론 영수로 활약했고, 아들 최창대(崔昌大)가 아버지 뜻을 받들어 '노론은 당(黨)을 위주로 의론하여 사류들이 싫어하는 반면 소론은 당을 초월해서 일을 논의하여 공평하게 처리한다.'라고 주창했던 자신감도 그냥 나온 것은 아닐 것이다.

하지만, 중앙 정국 흐름은 노론세로 급격하게 기울어져 갔고, 급기야 궁궐 안에 대보단(大報壇) 설립을 계기로 대명 의리론이 크게 일자, 최석정 가문의 입지는 좁아지기 시작했다. 주화론자였던 최명길에 대한 공격 수위가 갈수록 높아졌기 때문이다. 특히 숙종 임금이 말년에 내린 병신

처분으로 조선 후기 정국이나 사상적 흐름들이 노론 독주체제로 치닫게 되면서, 척화파와 그 후예들만을 기리는 정치사회적 분위기로 흘러갔으니, 주화파 후예이자 소론을 이끌던 최석정이란 인물이 상대적으로 묻혀 갔던 것은 결코 우연이라 할 수만은 없을 것이다.

그러하니, 한 시대를 풍미했던 인물을 놓고 내린 사서(史書)의 평가는 춘추필법 자세로 엄정해야 한다는 것이 만고의 진리일진데, 그런 차원에서 《숙종실록보궐정오》에서 수정한 최석정 졸기를 놓고 앞의 것과 비교해 보면,

성품이 청명(淸明)하고 기상이 화락(和樂)하고 단아했으며, 총명함이 다른 사람보다 뛰어났다. 어려서 남구만(南九萬)과 박세채(朴世采)를 따라 배웠는데, 이치를 분별하여 깨달아 12세에 이미 《주역》에 통달하여 손으로 그려서 도면을 만드니, 세상에서 신동이라 일컬었다. 구경(九經)과 백가(百家)를 섭렵하여 마치 자기 말을 외듯이 하였는데, 이미 지위가 고귀해지고 늙었으나 오히려 송독(誦讀)을 그치지 않으니, 경술(經術)·문장(文章)·언론(言論)과 풍유(風猷)가 일대 명류의 종주가 되었다. 산수(算數)와 자학(字學)에 이르러서는 은미(隱微)한 것까지 모두 수고하지 않고 신묘하게 해득하여, 자못 경륜가(經綸家)로서 스스로 기약하였다. 열 번이나 태사(台司 : 三公)에 올라 당론을 타파하여 인재를 수습하는 데 마음을 두었으며, 《내전(大典)》을 닦고 밝히는 것을 일삼았다. 신사년(1701)에 세 번 차자를 올려 미움 받았는데, 이는 다른 사람들이 하기 어려워하

는 것이었으니, 조태채(趙泰采)가 매복(枚卜:정승 선발 절차과정)에서 대신(大臣)의 풍도가 있다고 했다. 소관(小官)에 있을 때부터 임금의 권애(眷愛)가 특별하여 만년까지 쇠하지 않자, 당인(黨人)들이 이를 매우 시기하여 처음에는 경서를 훼파(毁破)하고 성인을 업신여겼다고 무함하다가 마침내 시병(侍病)하는 데 삼가지 않았다고 구죄(構罪)하니, 하루도 조정에 편안히 있을 수 없었다. 그러나 편안히 지내면서 끝내 기미(幾微)를 얼굴빛에 나타내지 않으니, 사람들이 그의 너그러운 도량에 감복하였다. 만년에는 더욱 경외를 왕래하다가 황야(荒野)에서 죽으니, 식자들이 한스럽게 여겼다.

라는 바와 같이, 사뭇 다른 평가를 내리고 있다. 소론들의 입장이 반영되었기 때문일 것이다.

이렇듯 최석정에 대한 당대의 엇갈린 평가들로 혼란을 주고 있는 셈인데, 다행히, 그의 정치활동이나 사상적인 측면은 물론, 폭넓은 학문적 세계를 객관적으로 탐구하려는 오늘날의 연구자들이 많이 있고, 그 성과물 또한 적지 않게 쌓여가고 있다. 하지만, 각 학술지에 실린 논문들이 흩어져 있다는 안타까움으로, 한 권의 책으로 묶어서 독자들에게 편의를 제공해 보려는 것이다.

이에 제1편은 역사학적 시각에서 다룬 논문들을 정치사상편으로 묶고, 제2편은 최석정의 다양한 학문적 관심에서 저술된 것들을 오늘의 관점에서 재해석한 논문들로 채웠으니, 음운학과 철학 수학 등 당대 선비들의 사유체계를 뛰어넘는 최석정의 폭넓은 학문세계까지 엿볼 수 있을 것이다. 최석정이 남긴 각종 문장(文章)이나 시(詩) 세계를 분석하는 논문들도 많이 발표되었으나, 이와 관련하여서는 이미 별도의 책으로 간행된 바가 있기에 본서에서는 제외하였다.

아무튼, 격화되는 당쟁의 소용돌이 속에서 펼친 노련한 정치가로서의 식견, 그리고 행정 관료로서 경세제민(經世濟民)의 뜻을 펼치고자 했던 학자적 관료로서의 참 모습, 나아가 동양 철학과 서양 수학 원리를 융복합 했던 선각자로서 천재적 삶을 살다간 최석정의 사상과 학문 세계를 조금이나마 더 널리 알리는 계기가 되었으면 한다.

2021년 10월

漢山文化研究院 원장 문학박사 최 병 식

서문
우리 시대가 요구하는 정치가, 학자 최석정(崔錫鼎)

신병주 (건국대 사학과 교수)

명곡(明谷) 최석정(崔錫鼎: 1646~1715)은 숙종대 윤증(尹拯), 남구만(南九萬) 등과 함께 소론의 영수로 활약하면서 정계와 사상계에서 주요한 역할을 한 인물이었다. 최석정은 숙종 후반기에 10번 이상 정승에 올랐는데, 이처럼 오랫동안 최고의 직책에 자리할 수 있었던 데에는 온건하고 타협적인 정치 노선이 큰 작용을 하였다. 그리고 이러한 정치관의 기저에는 사상적으로는 주자성리학에만 매몰되지 않고 양명학, 음운학, 수학 등 다양한 학문에 관심을 가지는 개방적 입장이 있었다.

그러나 최석정을 기억하는 사람들은 별로 많지 않다. 한국사 교과서에도 별다른 언급이 없다다. 이것은 지금까지 조선후기 정치사 연구의 주요 흐름이 당쟁사 중심으로 진행되었고, 그 과정에서의 최석정처럼 국익과 민생을 위해 큰 공을 세운 인물의 모습은 많이 가려져 버렸다. 본책은 최석정이 지금의 시대에 왜 필요한 인물인가를 강조하기 위해 최석정을 다시 소환한 연구 성과들을 모았다. 최석정의 정치사상과 학문 세계를 조명한 연구 성과들을 모아서, 최석정의 진면목을 찾아보고자 한다.

1. 최석정은 누구인가?

　최석정의 초명은 석만(錫萬), 호는 명곡(明谷) 또는 존와(存窩), 자는 여화(汝和), 본관은 전주(全州)이다. 최후량(崔後亮)의 아들로 태어나 응교(應敎) 최후상(崔後尙)에게 입양되었다. 병자호란 때에 주화론(主和論)을 주장하고 영의정까지 역임한 최명길(崔鳴吉)은 그의 조부가 된다. 1666년(현종 7)에 진사가 되고 1671년 정시문과에 병과로 급제한 후 승문원에서 관직 생활을 시작하였다. 한림회천(翰林會薦)에 뽑혀 사관으로서 활동하다가 홍문록에 올라 홍문관원이 되었고, 응제시(應製詩)에서 우수한 성적을 받아 호피(虎皮)를 하사받았다. 1685년(숙종 11) 부제학으로 있을 때 스승인 윤증을 변호하고 김수항을 탄핵하다가 파직되었다. 1687년 선기옥형(璿璣玉衡)을 제작하는데 참여하였으며, 이후 이조참판·한성부판윤·이조판서 등을 두루 거쳤다. 1697년 이조판서를 거쳐 우의정에 올랐는데 당시 최대 현안은 청나라로부터 세자 책봉을 허가받는 것이었다. 청나라에서는 『대명회전』을 근거로 세자 책봉에 미온적인 입장을 보였으나 최석정은 『대명회전』에 기재된 것은 중국의 예식과 관계된 것으로 외번(外藩)과 종번(宗藩)의 법 적용에 있어서의 차이점을 제시하였다. 최석정은 세자 책봉을 실현시키고 1697년 9월 6일 숙종에게 보고하였다. 1699년에는 좌의정으로 대제학을 겸임하면서 『국조보감』의 속편 편찬과 『여지승람』의 증보를 건의하여 이를 실현시켰다. 1701년 영의정에 임명되었으나 장희빈의 사사(賜死)를 반대하다가 충청도 진천에 부처되었나. 석방 후에는 1702년 판중추부사를 거쳐 다시 영의정이 되었고, 이후에는 전후 8번에 걸쳐 영의정을 역임하면서 숙종대 정국의 중심에서 활약했다.

최석정은 숙종은 절대적인 신임을 받으며 국가적 현안의 구석구석에 자신의 손길을 미쳤다. 숙종대는 성리학의 이념을 실천하고 보급하는 측면에서 서원과 사우가 대거 설치되고, 조선시대판 역사바로세우기의 일환으로 단종에 대한 복권과 추숭 작업이 완성되는 시기였다. 최석정의 문집인『명곡집』권 20에는「단종부알태묘의(端宗祔謁太廟議)」,「단종묘알설위의(端宗廟謁設位議)」,「장릉복위설과거의(莊陵復位設科擧議)」등 단종의 추숭에 관계된 기사가 다수 수록되어 있다. 최석정은 노론과 소론, 남인이 치열하게 대립하는 당쟁의 시대를 살았지만 기본적으로 온건하고 합리적인 정치 노선을 추구하였기에 국가의 주요 정책을 입안하고 현안을 해결하는 관료로서 큰 역할을 했다.

최석정이 소론의 입지를 지킨 정치가라는 점이 가장 잘 드러나는 부분은 실록의 졸기(卒記)이다. 최석정의 졸기는『숙종실록』과『숙종실록보궐정오』2편에 기록되어 있는데, 내용에 상당한 차이가 있다. 먼저 노론 세력이 주도하여 편찬한『숙종실록』에는 '최석정은 성품이 바르지 못하고 공교하며 경솔하고 천박하였으나, 젊어서부터 문명(文名)이 있어 여러 서책을 널리 섭렵했는데, 스스로 경술(經術)에 가장 깊다고 하면서 주자(朱子)가 편집한『경서(經書)』취하여 변란시켜 삭제하였으니, 이로써 더욱 사론(士論)에 죄를 짓게 되었다. 그리고 여러번 태사(台司)에 올랐으나 일을 처리함에 있어 전도되고 망령된 일이 많았으며, 남구만을 스승으로 섬기면서 그의 언론을 조술(祖述)하여 명분과 의리를 함부로 전도시켰다. 경인년에 시약(侍藥)을 삼가지 않았다

하여 엄한 지시를 받았는데, 임금의 총애가 갑자기 쇠미해져서 그 뒤부터는 교외(郊外)에 물러가 살다가 졸하니, 나이는 70세이다. 뒤에 시호를 문정(文貞)이라 하였다.'고 하여 최석정을 매우 부정적으로 평가하고 있음을 볼 수 있다.

그러나 소론이 주도하여 『숙종실록』을 보완한 『숙종실록보궐정오』의 기록은 최석정을 매우 긍정적으로 평가하고 있다.

「판중추부사 최석정이 졸했다. 최석정은 자가 여화(汝和)이고, 호가 명곡(明谷)인데, 문충공 최명길의 손자이다. 성품이 청명하고 기상이 화락(和樂)하고 단아했으며, 총명함이 다른 사람보다 뛰어났다. 어려서 남구만과 박세채를 따라 배웠는데, 이치를 분별하여 깨달아 12세에 이미 『주역』에 통달하여 손으로 그려서 도면을 만드니, 세상에서 신동이라 일컬었다. 구경(九經)과 백가(百家)를 섭렵하여 마치 자기 말을 외듯이 하였는데, 이미 지위가 고귀해지고 늙었으나 오히려 송독(誦讀)을 그치지 않으니, 경술(經術)·문장·언론과 풍유(風猷)가 일대 명류의 종주가 되었다. 산수(算數)와 자학(字學)에 이르러서는 은미(隱微)한 것까지 모두 수고하지 않고 신묘하게 해득하여 자못 경륜가로서 스스로 기약하였다. 열 번이나 태사(台司)에 올라 당론을 타파하여 인재를 수습하는 데 마음을 두었으며, 『대전』을 닦고 밝히는 것을 일삼았다. … 」

2. 소론의 학맥 계승

17세기 후반 조선사회의 사상계는 주자성리학의 원칙에 충실한 노론이 사상계를 주도해가면서 존주론(尊周論)과 북벌론이 대세를 이루는 한편으로 재야의 남인 학자들을 중심으로 이에 대한 비판의식과 함께 원시유학(原始儒學) 및 노장사상에 대한 재조명이 시도되고, 소론의 일부 학자들은 최명길이나 장유의 경우에서처럼 양명학 등 새로운 학문조류에 관심을 기울이는 시기였다. 학파로서의 노론과 소론의 분립에 대해서는 노론은 이이에서 김장생, 송시열로 이어지는 흐름을 계승했고, 소론은 성혼의 내외손(內外孫)을 포섭하면서 성혼(成渾)을 앞세우는 학파로서의 성격을 드러내는 측면을 지적하는 경우가 많다. 소론의 연원이 되는 성혼 계통의 학풍은 탈주자성리학적인 학풍을 보이며 절충주의적인 경향이 강하였다.

최석정의 사상 형성에서는 성혼의 학맥이 이어지는 것을 볼 수 있는데, 이것은 가계(家系)에서도 확인할 수가 있다. 증조부 최기남(崔起南: 1559~1619)은 성혼의 문인으로 광해군 때 이이첨 일파에 의해 축출된 후에는 가평에 은거하여 만곡정사(晩谷精舍)를 짓고 여생을 보냈다.

조부인 최명길은 양명학에도 일정한 관심을 가졌으며, 관제 개혁안 등에 있어서 자신의 적극적인 견해를 제시하면서 인조 시대 대표적인 관료로 활약했다. 병자호란 때 남한산성에서 주화론(主和論)을 관철시켜 전쟁을 조기에 종결하는데 큰 공을 세웠다. 아버지 최후량(崔後亮)은 음서로 관직에 진출하여 한성부판윤을 지냈다. 최석정은 박세채·남구만 등 소론 학자들에게게 학문을 배웠으며, 정치적인 입장에서도 이들과 행로를 같이했다. 아우인 최석항(崔錫恒: 1654~1724)은 좌의정을 지냈으며, 경종과 영조 연간 노론과 소론의 대립이 치열하게 전개된 시기에 소론의 중심인물로 활약하였다. 아들인 최창대(崔昌大: 1669~1720) 역시 소론의 입지를 지켰는데, 특히 최석정의 지시를 받아 노론과 소론의 차별성을 부각시키고 소론의 정당성을 강조하는 명문장을 남겼다. 최석정이 최창대를 시켜 지은 「사창대이서중(使昌大貽書中)에는 '노론은 당(黨)을 위주로 의론하여 사류들이 싫어하는 반면에 소론은 모든 일을 당을 초월해서 논의하여 공평하게 처리한다.'고 하였다. 이 글에서 최창대는 노소분립의 발단은 1680년 경신옥(庚申獄)의 처리문제에서 비롯된다고 하였으며, 노론은 집권당으로서 국명(國名)을 얻어 그 기반이 견고하나 그 근본이 협잡으로 계략을 삼은데 있으며 소론의 본색은 공론과 관평(寬平)한 것이라 하여 소론의 정당함을 내세웠다. 이 글은 아들 창대를 시켜서 지은 것이지만, 공론과 관평을 중시하는 소론의 입지에 깊은 자부심을 보인 최석정의 정치관이 피력된 것으로 볼 수 있다.

3. 수학, 천문학, 서학 등 다양한 학문의 수용

최석정은 다양한 학문에 관심을 가졌으며, 특히 양명학에는 가학(家學)의 전통이 이어진 것이 주목된다. 양명학은 명나라 중기에 새로운 시대사조로 등장하여 일세를 풍미했음에도 불구하고 조선사회에서는 배척되었다. 그러나 양명학에 대한 수용과 보급은 명종대의 심성논쟁(心性論爭)을 통하여 그 수용기반이 형성되어 남언경이나 홍인우과 같은 양명학자가 나타났다. 임진왜란으로 조선에 들어온 명나라 군관 중에 양명학자가 포함된 것도 양명학의 수요에 일조를 한 것으로 보인다. 선조말~인조대에는 이항복(李恒福)·신흠(申欽)·장유(張維)·최명길 등이 양명학에 깊은 관심을 보인 것으로 나타난다. 최명길은 병자호란 이후 청나라에 압송당하게 되었을 때 아들인 최후량에게 왕양명의 저술을 인용하여 편지를 보내면서 왕양명을 칭송하기도 하였다. 조부의 학풍을 이어 최석정도 양명학에 상당한 조예를 보인 것으로 나타난다. 최석정에 대한 양명학 관계 기록은 양명학을 비판한 내용이 주류를 이루지만, 왕양명을 양명자(陽明子)라고 한 점이 주목을 끈다. 또한 최석정은 조선후기의 대표적인 양명학자인 정제두와 꾸준히 서신을 교환하였다. 서신 중에는 최석정 스스로 장유(張維)로 인하여 양명학을 알았고, 그로 인하여 왕양명의 문집과 어록을 읽으면서 경탄한 내용도 포함되어 있다. 최석정은 예학에도 해박하여 『예기류편(禮記類編)』을 저술하였다. 그러나 『예기류편』이 주자의 주석과 어긋났다고 하여 불태워진 것을 보면 그의 사상이 당시 사류들의 보편적인 흐름과는 차이가 있었음을 알 수 있다.

최석정의 학문적 특징으로 또한 지적할 수 있는 것은 학문의 범위가 넓다는 점이다. 『숙종실록』의 보궐정오 최석정 졸기에는 12세에 이미 『주역』에 통달했음과 함께 산수(算數)와 자학(字學)에 있어서도 매우 뛰어났음을 기술하고 있다. 역학과 수학에 대한 해박한 지식은 『구수략(九數略)』의 저술로 이어졌다.『구수략』은 주역의 괘에 나타난 형상과 변화를 응용하여 이수(理數)에 대한 이해를 하고자 하는 상수학적(象數學的)인 인식을 바탕으로 한 책으로 당시의 수학 수준을 보여주고 있다.『구수략』은 갑·을·병·정(부록)의 4편으로 이루어졌다. 갑편은 주로 가감승제(加減乘除)의 4칙에 관한 기본적인 설명, 을편은 이들 기본연산(基本演算)을 다룬 응용문제, 병편은 개방(開方)·입방(立方)·방정(方程) 등에 관해서, 그리고 정편은 문산(文算)·주산(籌算) 등의 새로운 산법 및 마방진(魔方陣)의 연구 등으로 구성되어 있다.

최석정은 천문학에도 자질을 보였는데,『연려실기술』에는 최석정이 성력(星曆)을 잘 해독하여, 관상감 교수를 겸했다고 기록하고 있다. 또한 서학(西學)을 일부 수용하고 있음도 나타난다.『구수략』에 인용된 서적의 목록 중『천학초함(天學初函)』은 서양 계통의 책이며,『명곡집』의「우주도설」등에도 서학(西學)에 대한 관심이 나타나 있다.

4. 현실 가능한 정책을 제시한 관료

17세기 중, 후반의 조선사회는 양란의 후유증이 어느 정도 치유된 상황에서 예론과 북벌론, 호패법, 호포법, 양역변통론, 주전론(鑄錢論) 등의 사회정책을 둘러싸고 서인과 남인간의 정책 대립이 격화되는 시기였다. 특히 당시 가장 쟁점이 되었던 사회문제는 군제(軍制)의 개편과 군역의 폐단에 대한 극복 방안이었다. 군제에 대한 최석정의 입장은 진관체제를 기간으로 하는 조선전기 향병 중심 방어책의 기반위에서 자강(自强)을 유지하는 것이었다. 최석정은 군문(軍門)의 증설로 인해 파생되는 양역(良役) 제도의 모순을 비판하였다. 1708년에 올린 「진시무사조차(陳時務四條箚)」에서, 최석정은 양역의 폐단으로 이웃이나 친족이 군역을 지게 되는 백골징포(白骨徵布)와 인징, 족징의 폐단을 언급하고 '혁인족이제민원(革隣族以除民怨)'할 것을 주장하였다. 최석정은 이어서 전폐(錢幣)를 바로 잡아 백성의 곤궁함을 해결할 것을 건의하였다. 전폐의 시행은 '부익부빈익빈(富益富貧益貧)'의 구도를 심화시키는 것으로 하루 빨리 혁파해야 한다고 하였다. 최석정은 군역의 방안으로 호포(戶布)와 정전(丁錢)을 시행하는 것에도 반대의 입장에 있었다. 최석정은 호포법의 시행으로 각 호에 변칙적으로 친척들이 들어가는 것을 경계했으며, 정전법 또한 민중의 유망을 촉진시켜 족징의 폐단을 일으키는 점을 우려하였다. 이외에도 숙종대 후반 적극 추진되던 산릉의 역사(役事)에 대해 백성이 기근과 질병으로 죽어가고 있는 현실에서는 무리라고 판단하여 이를 점차 줄여갈 것을 주장했다.

최석정의 경세관에서 보이는 두드러진 경향은 현실 가능한 정책을 점진적으로 추진하려 한 점이다. 특히 그가 제시한 정책들은 이조판서와 우의정, 좌의정 등 요직을 역임하면서 추진된 것이라는 점에서 의미가 있다. 실무 행정 담당자로서 크게 정책을 구상하고 실무적으로 이를 실천해 간 것이었다. 이조판서로 있으면서 올린 시폐 10조목에는 당시의 사회경제에 대한 문제점을 제시하고 그 대책을 제시하고 있다. 주요한 내용은 직관(職官)의 효율적인 운영, 선거(選擧) 제도의 개선, 전결(田結)의 총수 조사와 합리적인 부세(賦稅) 부과, 필요 없는 군문의 혁파 등이었다. 대체적으로 최석정의 경세관은 현실가능한 정책부터 점진적으로 이루어가며 사회의 모순점을 해결해 나가는데 중점을 두었음을 알 수 있다.

이제까지 17세기 후반 소론의 정치적, 사상적 입장을 대표하는 학자 최석정의 학문 형성의 기반과 학문의 특징, 경세관 등을 살펴보았다. 최석정은 당시 시대의 주류적인 흐름이었던 예학이나 존주대의론(尊周大義論)과 같은 명분론이나 성리철학의 이론적 심화의 측면에 관심을 가지기 보다는, 성리학의 실천성의 문제에 보다 비중을 두었다. 그리고 성리학을 보완할 수 있는 천문, 수학, 서학 등 다양한 학문 조류에 관심을 가지면서 점진적이고 현실가능한 사회정책들을 수행해 나갔다. 최석정은 숙종대 소론의 핵심 인물로 10번 이상 정승의 위치에 있으면서 국정을 이끌어갔던 최고의 정객이었다. 그러나 아직까지 정치적 비중이나 관료로서의 역할에 비해 최석정의 이름이 별로 알려지지 않은 것 같다. 이것은 그의 정치적 기반이 소론이었고, 영조대 이후 노론 중심으로 정국이 운영된 것에도 그 원인이 있다고 여겨진다.

본책의 간행을 계기로 조선후기 관료로서, 학자로서 크게 활약을 하면서, 국내외 정치 현안의 해결에 있어서 큰 역할을 한 최석정의 역사적 위상에 대한 합리적인 평가가 이루어질 것을 기대한다.

1

명곡 최석정의 정치사상

崔錫鼎의 生涯와 思想

姜信曄(전 동국대학교 강사)

1 序言

韓國史 研究에 있어서의 人物 研究는 특정한 인물에 국한되어 집중적으로 논의되어 왔다. 조선 후기만 해도 당대를 풍미한 고위관료라든가 碩學巨儒조차도 제대로 연구되어 있지 않은 경우가 허다하다. 王朝時代에 있어서 君主라든가 그들의 思想이나 政策 決定은 國家 運營에 지대한 영향을 끼쳤다. 그럼에도 불구하고 엘리트 연구에 대한 관심 부족은 그 시대상을 이해하는 데 많은 문제점을 제기한다고 할 수가 있겠다.

明谷 崔錫鼎만 해도 그 역사적인 평가를 차치하더라도 열 번이나 入相한 경력이 있는 만큼 소홀해서는 안될 인물 중의 한 명이라고

할 수 있겠다. 그에 대한 연구논문으로는 金容雲의 「崔錫鼎의 魔法陣」(『한양대학교 논문집』 8집, 1974)이 있을 뿐인데, 이것은 明谷의 저술인 『九數略』을 대상으로 한 것이다. 기타 그에 대한 본격적인 논문은 전무하다고 할 수 있을 것이다.

그러므로 筆者는 그에 대한 본격적인 연구의 기반으로서 이 논문을 서술하여 그에 대한 다각적이고 종합적인 이해를 도모하고자 한다. 나아가 이것이 朝鮮後期의 歷史像을 정립하는 데 일조가 된다면 筆者로서는 큰 보람으로 여길 것이다.

2 家系와 生涯

崔錫鼎은 본관이 全州, 자가 汝和, 호가 明谷, 시호가 文貞으로 인조 24년(1646)에서 숙종 41년(1715)까지 살았다. 그의 初名은 錫萬이고 자는 汝時였으나, 그가 후에 翰林 벼슬을 할 때 당시 현종의 兒名을 諱하여 이름을 석정, 자를 여화로 바꾼 것이다.

그의 시조는 고려 시대 때 上將軍을 지낸 바 있는 純爵이다. 6세조는 得枰으로 고려 시대 때 選部 典書를 역임하였고, 7세조 宰는 충숙왕 때 과거에 급제하여 中部令·監察持平을 지내고 完山君에 봉해졌으며 사후에는 文貞이라는 시호를 받았다. 8세조는 有慶으로 조선 시대 때 太祖를 섬기면서 參贊·議政府事의 관직을 역임했고, 시호는 平度이다. 9세조는 士康으로 世宗 때 활동하여 右贊成·吏曹判書·兵曹判書를 지내면서, 金宗瑞가 六鎭을 개척할 때에 그 논의에 참석하여 계획을 수립하였고, 시호는 敬節이다.

고조는 秀俊으로 右贊成을 역임하였다. 증조는 起南으로 牛溪 成渾의 문하에서 공부하고서 應敎와 舍人을 지내고 光海君 때 永興大都護府使 재임 도중에 사망하였고 뒤에 領議政에 추증되었으며 永興府院君에 봉해졌다. 조부 鳴吉은 領議政을 역임하고 完城府院君에 봉해졌으며 文忠이라는 시호를 하사받았다. 그의 文章과 經術은 당시 학자들에 의해 칭송되었으며, 李敏敍가 그의 諡章을, 朴世堂이 그의 神道碑銘을 지었다. 그는 자식이 없어 아우인 惠吉의 차자 後亮을 후사로 삼았다. 생부 後亮은 漢城左尹을 역임하였고 完陵君에 봉해졌는데, 그의 墓碣銘은 南九萬이 지었다. 생모 廣州 安氏는 당시 觀察使를 지낸 바 있는 獻徵의 딸이었다. 崔錫鼎은 숙부 後尙(조부 명길의 後夫人의 아들)의 양자로 입양되었다. 養父는 弘文館 應敎를 역임하였고, 養母인 咸平 李氏는 당시 咸陵府院君 澥의 딸이었다. 少論 四大臣의 한 명으로 유명한 崔錫恒은 錫鼎의 친아우였다.

崔錫鼎은 李慶億의 딸과 결혼하였다.[1] 부인은 인조 23년(1645)에서 숙종 38년(1712)까지 살았다. 18살 때 최씨 집안에 시집왔다. 친정의 세도에도 불구하고 매우 겸손하여 시댁의 칭찬을 받았는데, 특히 시아버지의 사랑을 많이 받았다. 대범하고 지혜가 뛰어났으나 건강이 좋지 않았다. 그러나 어떠한 경우에도 남편의 결정에 순순히 따

---

1) 崔昌大(明谷의 외아들)의 문집 『昆侖集』 권20 「先妣遺事」에는 자신의 어머니에 대한 추억을 서술하고 있다. 즉, 외가집 이야기, 아버지의 성품, 어머니의 좋지않은 건강, 어머니의 내조, 자신이 공부 안하다 매맞은 이야기, 이웃과의 관계 등등에 대한 이야기를 쓰고 있어 애틋한 母子之情을 느낄 수가 있다.

랐다. 자식 교육에는 특별하여 교육비를 아끼지 않았으나, 자식이 학문에 게으를 때에는 회초리로 종아리를 치거나 곰방대로 정수리를 때리는 등 엄히 다스리기도 하였다. 가사에 대한 남편의 무관심 때문에 집안의 대소사를 모두 관장해야 했다. 또 베풀기를 좋아하는 남편의 성격을 잘 헤아려 곤궁하거나 상사를 당한 이웃을 도와 주는 데 정성을 다하기도 하였다.

　명곡과 부인 사이에는 1남 2녀가 있었다. 아들은 昌大이고, 며느리는 吳斗寅의 딸이며, 사위는 李聖輝와 李景佐이다. 崔昌大는 자가 孝伯, 호가 昆侖으로 숙종 20년(1694) 문과에 급제, 南床·翰林·吏郎·舍人·副提學·吏曹參議를 역임하였고 당시 문장가로서 유명하였다. 사돈 吳斗寅은 숙종 15년(1689)에 己巳換局이 일어나고 王后 閔氏가 폐위되자 李世華·朴泰輔 등과 함께 상소하여 그것의 불가함을 극력 간하다가 임금의 분노를 사서 모진 고문을 받은 뒤에 의주로 귀양가는 도중에 객사하였다.

　이상과 같은 그의 家系를 도표화하면 다음과 같다.[2]

---

2)「先考議政府領議政府君行狀」(『昆侖集』 권19, 奎 5135), 『韓國名門統譜』人 (한국계보협회, 1980) 수州崔氏條.

3)「九經摠序」(『明谷集』 권7(태학사 影印, 1982, 이하『명곡집』은 모두 이 판본임)에서는 자신이 어떻게 공부하였고 중간에 어떠한 일을 당했는가를 略述하고 있다.

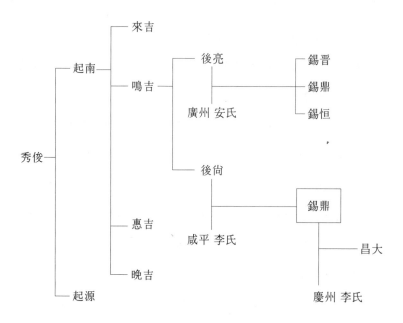

□는 입양된 경우를 말한다. 즉, 명곡은 작은 집으로 입양되어 갔다.

明谷 崔錫鼎은 仁祖 24년 丙戌(1646) 5월 20일에 출생하였다. 安夫
人은 그를 임신했을때, 그가 붉은 도포와 상아홀을 들고 집 뒤에 앉
아있는데, 산마루 앞뒤에서 모시고 호위하는 자들이 매우 많은 胎夢
을 꾸고서 그를 얻은 뒤에 그가 貴人이 될 것을 예측했다고 한다.

그는 태어나면서부터 워낙 聰記가 뛰어나 보는 대로 암송한 데다
가 한평생 好學으로 일관하여 수많은 서적을 독파하였다.[3] 10세에
詩·書를, 12·3세에 四書를, 17세에 春秋·禮記를, 20세에 周易·儀
禮·周禮를 암송하였다. 기타 性理學 관련 서적, 史書, 諸子百家 등
을 두루 읽었다. 그는 文의 경우에는 六經을 기본으로 하면서 韓退
之 문장 및 다른 諸子들의 글을 참고하였고, 詩는 平實典厚하면서도

氣가 충만하였을 뿐 새로운 것이나 기교를 힘쓰지 않았다.

그는 藥川 南九萬을 평생 스승으로 모셨으며, 또 玄石 朴世采에게
는 유년기에『大學或問』을 배웠다. 장인 華谷 李慶億에게는 조정에
서의 행동거지와 조정의 의례 및 국가의 법도를 미리 배웠다. 그는
李世龜·朴鐔·閔以升·鄭齊斗 등과 道義之交를 맺어 經訓을 토론하
고 政術을 의논하면서 절차탁마 하였다.[4]

그는 17세(현종 3, 1662) 때 監試 初試에 壯元하였고 庠泮 課題에서
도 首席하였다. 21세(현종 7, 1666)에는 進士試에 1등, 生員試에 8등하
였다. 26세(현종 12, 1671)에는 庭試 丙科에 합격하여 이듬해 承文院에
서 근무하였다. 27세 때 說書에 임명되면서부터 그의 관직 생활은
본격화되어 여러 관직을 두루 거친 뒤에 10번이나 領議政에 임명되
는 역사에 드문 예를 남겼다. 그의 관직 생활 역시 여느 인물들과 마
찬가지로 정치 상황의 변동에 따라 毀譽褒貶이 無常하였다. 그가 역
임한 관직을 요약해보면 다음과 같다.

「歷任 官職」

說書, 檢閱, 奉敎, 修撰, 校理, 兵曹正郎, 應敎, 侍講官, 典翰, 同副承旨,

承旨, 副提調, 副提學, 戶曹參判, 右尹, 都承旨, 大司成, 吏曹參判, 弘文

提學, 安東府使, 副護軍, 判尹, 大司憲, 吏曹判書, 大提學, 冬至使, 奏請

正使, 右議政, 判中樞, 奉陵都提調, 左議政, 領敦寧, 判敦寧, 領議政, 都

提調, 判府事.

---

4) 明谷이 鄭齊斗와 친하다는 이유로, 崔明吉의 손자라는 이유로 간혹 그를
陽明學者로 이해하는 경우가 있는데, 이것은 再考의 여지가 있다고 본다.
본 논문 III. 學問과 著述에서 詳論하겠다.

그는 魯山君과 愼妃의 追上과 함께 그들의 사당을 건립하고 제사를 시행할 것을 주장함으로써 그것을 성사시키는 데 기여하였고, 단종 복호 기념 증광시가 있었을 때(숙종 25, 1699) 命官으로 임명되었다.[5] 아울러 당시 세조의 양위를 못마땅하게 여긴 나머지 山人이 된 金時習을, 文章·節行의 탁월함을 들어 사헌부 執義에 추증시켜 줄 것을 주청하여 윤허를 얻어 내었다.[6] 그는 또 藥泉 南九萬과 마찬가지로 世子(훗날의 景宗) 보호에 주력하다보니 嬉嬪 張氏의 賜死 금지를 주청하였는데, 이 때문에 鎭川으로 중도부처되기도 하였다.[7] 그리고 官制의 불합리한 점을 개혁하려고 하였다. 특히 陵官의 고질적인 병폐를 일소하고, 관리 운영의 효율성을 높이고자 하였다.[8]

그는 우선 군주의 端本, 建極, 納諫, 典學, 勤政, 恤民을 강조하였다.[9] 그리고 위정자들의 솔선수범, 사치 경계, 검덕 숭상을 강조하였다.[10] 전국의 경지를 정리하고, 납세의 형평성을 진언하여 민본사상에 입각한 국가 통치를 목표로 하였다.[11] 兒弱簽丁·隣徵·族徵·白骨徵布 등의 군정의 폐해를 강도 높게 비판하였다.[12] 아울러 그 개선책을 제시하였다.[13] 우선 兵額의 감소를 통한 冗官의 제거와 경

---

5) 고전국역총서, 『연려실기술』(민족문화추진회, 1986), I-p.428, p.433, II-p.242, VIII-p.343.
6) 위의 책. I-p.479.
7) VIII-p.330, 375, 383, 420, 435.
8) 「陳序官求才之方箚」(『明谷集』권15)
9) 「進位宁六箴疏」(『明谷集』권15); 「位宁六箴」(『明谷集』권11).
10) 「陳時務十條箚」10, (『明谷集』권15).
11) 위와 같음.
12) 「陳時務四條箚」1, (『明谷集』권20).

비의 절감을 주장하였다. 둘째, 從母法을 확립하여 簽丁의 길을 넓히려고 하였다. 세째, 五軍營을 효율성있게 운영하다가 궁극적으로는 五衛와 鎭管法에로의 복귀를 목표로 하였다. 네째, 餘丁의 활용방안을 제시하였다. 다섯째, 鄕校와 書院의 학생에게는 校布를 받아, 이것으로써 부족한 兵額을 충당하고자 하였다.

그는 인재의 발탁을 중시하였다. 우선 庶孼의 疏通을 주장하였다.[14] 과거 宋翼弼·辛喜季·禹敬錫·柳時蕃 등의 俊才들이 庶孼이라는 이유로 布衣 내지 末官下邑에 그친 것을 애석해 하였다. 이것은 모든 면에서 커다란 손실인 바, 아무리 庶孼이라 하더라도 才藝가 있으면 三曹나 各寺의 관직을 제수하여 '野無遺賢'의 폐단이 없게 하고자 하였다. 그리고 科擧 制度의 개선을 주장하였다.[15] 몇년 간 과거를 중지하여 타락한 선비들의 습성을 고치고자 노력하였다. 庭試와 謁聖試의 壯元은 殿試를 바로 응시하게 해야 한다고 하였다. 節日의 課製는 授賞의 방법을 달리함으로써 악행의 방지와 풍속의 개선에 힘썼다.

그는 天文·曆法 등에 관심이 많아 천문학자 崔天璧으로 하여금 『天東象緯考』를 編成하여 우리나라의 별의 움직임을 이론적으로 정리하게 하였고, 또 중국의 『儀象志』를 참고하여 占晷測遠器·日影

---

13) 「辭職仍陳薦士及餘丁變通疏」(『明谷集』권15);「陳時務十條箚」(『明谷集』권15);「四條政弊箚」(『明谷集』권16);「陳四條政弊冊子箚」(『明谷集』권16);「陳時務四條箚」(『明谷集』권20).

14) 주 8)과 같음.

15) 주 7)의 책, p.346.

儀·半天儀를 제작하기도 하였으며, 그는 李敏哲과 함께 璇璣玉衡을 개수하여 齊政閣(熙政堂 남쪽)에 두기도 하였다.[16] 璇璣玉衡(渾天儀) 은 六合儀·三辰儀·地平·木龍으로 구성되어 있다.[17] 六合儀는 黑單 環·黑雙環·赤單環으로 나뉘는데, 黑單環은 둘레가 12자로 사방의 위치를 표시하고, 黑雙環은 단환의 남북에 맺어 상하의 위치를 표시 하여 天經으로 삼으며, 赤單環은 비스듬히 기울여 위에는 天度數와 十二辰次를 새겨 단환의 동서로 맺어 天緯로 삼는다. 三辰儀는 黑雙 環·赤單環·黃單環·白單環으로 나뉘는데, 黑雙環은 南北極 을 설치 하여 三光躔度依附之體를 삼고, 赤單環은 赤道(하늘이 운행하는 궤도) 로서 남북극을 중간에서 나누며, 黃單環은 黃道(태양의 궤도)로서 그 반은 적도의 바깥으로 내고 반은 적도 안으로 들여 왼쪽으로는 娵訾 를 교차하고 오른쪽으로는 鶉尾를 교차하고, 白單環은 白道(달의 궤 도)로서 황도와 적도의 사이에 있다. 赤單環·黃單環·白單環은 모두 黑雙環에 맺어 金을 이용하여 日月을 만들고 月體는 그 반을 黑으로 하여 弦·望·朒魄을 만든다. 地平에는 九州·五嶽·裨海·諸國·六合 을 그려 넣는다. 木龍은 地平을 받치고 있으면서 동시에 璇璣玉衡을 고정시키는 다리 구실을 한다.

그는 外柔內剛型이었으며 충고 듣기를 좋아하였고, 평소에 暴言을 하거나 怒氣를 띠지 않았다. 그는 사교적이면서도 개성이 뚜렸하였 다. 그래서 장인 李慶億의 형인 春田 李慶徽가 그를 '祥麟瑞鳳'같다고

---

16) 「先考議政府領議政府君行狀」(『昆侖集』 권19, 奎 5135).
17) 「天東象緯考序」(『明谷集』 권8);「齊政閣記」(『明谷集』 권9);「渾天儀」(『儀 器輯說』상, 한국과학기술사자료대계 V.10, 여강출판사).

극찬하기도 하였다. 그는 재산에 뜻이 없어 靜修公(生父 後亮)이 늙어 자식들에게 분배했을 때에도 마지 못해 6분의 1을 받았다. 그는 下位 官職 시절에는 담당 업무가 어렵든 쉽든 편하든 위험하든지 간에 충실히 수행하였고, 直言을 잘하였다. 그는 高位 官僚 시절에는 弊政을 개혁하고 백성을 구제하여 나라의 형세를 바로잡으려고 노력하였다. 그는 朋黨의 弊害가 일어날 때에는 蕩平에 힘썼다.[18] 그는 귀양 기간에는 일체 내색하지 않고 自然을 벗삼아 悠悠自適하였다.

그는 70세(숙종 41, 1715)이던 해 동짓달 열하루에 渼沙에 있는 寓舍에서 일생을 마쳤다. 숙종은 그의 訃音을 듣고 棺材를 하사하고 3년치 녹봉을 주었다. 이듬해 정월 보름날 淸州 大栗里 先祖 文貞公 兆次枕坎之原에 부인과 함께 합장되었다.

그는 肅宗 廟庭에서 配食하며, 松泉書院(충북 청원)과 芝山書院(충북 진천)에 配享되었다.

3 學問과 著述

그는 程朱學을 신봉하면서 佛敎·老莊·陽明學을 비판하였다. 특히 양명학에 대한 비판이 두드러진다고 할 수 있다.[19] 그에 의하면, 양명학은 훌륭한 뜻과 신기한 점이 사람을 놀라게 하는 데가 없는 것은 아니지마는, '顚倒眩亂'하여 朱子와 배치될 뿐만

---

18) 「辭官職兼陳所懷疏」(『明谷集』권14).
19) 「大學集覽跋」(『明谷集』권12);「書閔彦暉往復書後」(『明谷集』권12);「上玄石書」(『明谷集』권13);「與鄭士仰書」(『明谷集』권13).

아니라 孔子가 曾子에게 전수하는 뜻과도 달랐다.[20] 또 양명학은 성학공부의 순서를 뒤집어 변환시켜 후학을 오도하는 것이 많았다.[21] 따라서, 그는 玄石 朴世采가 鄭齊斗의 양명학 연구를 못마땅하게 여겼듯이,[22] 鄭齊斗를 비판해 마지 않았다.

그대가 그 학설을 믿고서 돌아오지 못하는 것은 어찌 근본이 없고, 단지 朱子와 배치되는 것만을 통쾌하게 여겨서이겠는가? 돌아보건대, 그 마음엔 필시 정성과 신의로 즐기는 것이 있어서이리라. 지금 그 학설의 존재하는 바에 대해서 근원을 캐지 않고 한갓 저촉하고 물리치는 것만을 일삼는다면 이미 사람을 논평함에 刻核하는 병통이 있는 것이니 또 어찌 능히 그 마음을 깊이 복종시켜서 구하여 바르게 하는 이익이 있겠는가? 대체로 천하의 이치란 하나이다. 진실로 이치가 존재하는 바라면 진실로 사람으로서 경중을 따질 수가 없을 것이다. 그러나 옛 사람이 학문을 논한 뜻을 대학보다 요긴한 것이 없고 주자의 훈의도 매우 분명하고 자세하다. 그런데도 양명이 지리하고 결렬하다는 것으로서 배척하고 정주의 뜻을 무시하고 새로운 뜻을 내어, 그 언어와 문자가 『유집』과 『전습록』 속에 갖추어 실려 있다. 그 논설의 치우친 것과 학술에 흠을 진실로 말할 수가 있다. 그렇다면 그대가 믿어서 좋아하는 것은, 이러한 것은 믿어서는 안될 것을 믿고 좋아해서는 안될 것을 좋아함이 없는 것인가?[23]

---

20) 「與鄭士仰書」(『明谷集』 권13).
21) 「大學輯覽跋」(『明谷集』 권12).
22) 「與鄭士仰書」(『明谷集』 권13).
23) 위와 같음.

그는 "경서를 해석하는 데 있어서 같지 않더라도 해로움은 없으나, 긴요처만은 같아야 된다"라고 한 程子의 말[24]을 자주 인용하는 것으로 보아 朱子의 큰 뜻을 해치지 않는 한도 내에서는 一言一句의 出入은 가능한 것으로 이해하고 있었던 듯 하다. 따라서 『大學』과 『中庸』에 대한 연구결과의 표현이 주자와 반드시 부합되는 것은 아니었다. 그 실례로 晦齋 李彦迪의 『大學』 연구와 浦渚 趙翼의 『大學』 연구가 주자의 『大學章句』와는 차이가 있었으나 평가가 다른 것을 의아해하기도 했다.

그는 시를 문의 정화로 이해하고 그 수준의 가늠을 格調·聲韻·體裁·思致의 순으로 하였는데, 앞의 둘은 천성이고 뒤의 둘은 노력으로 성취할 수 있다고 생각하였다.[25] 그는 시의 극치를 唐詩로 보았으며, 이를 모범삼아 시를 쓴 것은 선조년간의 石洲 權韠과 蓀谷 李達과 鳴皐 任錪으로 평가하였고, 그 이후의 시인으로는 谿谷 張維와 澤堂 李植과 자기의 조부 遲川 崔鳴吉을 손꼽았다.[26] 문은 修辭와 載理를 적절히 조화시키는 것을 이상으로 여겼고, 이러한 문장을 쓴 사람으로 谿谷 張維와 澤堂 李植과 자기의 조부 遲川 崔鳴吉을 꼽았으며 그 후대의 사람으로는 白軒 李景奭을 높이 평가했다.[27]

그는 관심 분야가 상당히 다양하였다. 이것은 그의 著述에 잘 나타난다. 우선 九經 관련 저술로는 『周易古文』·『詩正文』·『書正文』·

---

24) 「書閔彦暉往復書後」(『明谷集』 권12); 「上玄石書」(『明谷集』 권13).
25) 「鳴皐集序」(『明谷集』 권8).
26) 위와 같음.
27) 「白軒集序」(『明谷集』 권8).

『春秋集傳訓義』·「周禮補編」·「儀禮補編」·「禮記類編」·「論語類編」·「孟子類編」이 있다.[28] 그가 이렇게 古經을 정리한 이유는 두 가지이다.[29] 그 첫째는, 적은 정력이나마 遺經의 錯亂處를 정돈하여 자신을 점검해 본다면 비록 논리가 요연하지는 않더라도 그 책에 대하여 많은 공부가 되기 때문이었다. 둘째는, 「原道」·「復性書」 등이 庸學을 表出하고 范文正公이 中庸의 일을 表彰한 것처럼 자신의 이러한 노력이 후배 학자들의 經書 연구에 도움이 되기를 바라서였다.

　『周易古文』은 孔子의 옛것을 회복할 목적으로 저술하였다. 『周易』은 伏羲之畵와 文王·周公之象爻를 經이라 하고, 孔子十翼을 傳이라 하였다. 그런데 王弼이 彖·象·文言을 諸卦에 소속시켰고, 程子가 그것을 따랐다. 朱子는 晁氏의 학설에 따라 經2卷과 傳10卷으로 나눴다. 明나라 永樂(1403~1424) 중에 四書五經을 官印하여 처음으로 朱子의 本義를 程傳 아래에 나누어 소속시켰으나, 이것은 朱子의 뜻이 아니었다. 그래서 明谷은 孔子의 옛것을 회복하고자 『周易』을 다시 배정하여 經을 上下로 나누고 十翼을 傳으로 하였다. 「繫辭」의 '鳴鶴在陰'이하 諸段은 雲峯 胡氏의 학설에 따라 文言으로 옮기고, 雜卦·頤·旣濟 이하의 序次는 節齋 蔡氏의 학설을 따랐다.

　『詩正文』은 朱子의 『詩經集傳』의 뜻에 따라 각 편의 요지를 찬술하여 篇下에 부치고, 「楚茨」이하 10여 편은 正小雅에 소속시켜 주자의

---

28) 「周易古文序」(『明谷集』 권7); 「禮記類編序」(『明谷集』 권7); 「論孟類編序」(『明谷集』 권7); 「九經總序」(『明谷集』 권7); 「儀禮補編序」(『明谷集』 권8); 「新印禮記類編序」(『明谷集』 권8); 「春秋集傳訓義序」(『明谷集』 권8).
29) 「上藥泉先生序」(『明谷集』 권13).

가르침을 따랐고, 頖弁六義는 安城 劉氏의 개정한 것을 쓰지 않고 朱傳 初本을 따랐다.

『書正文』은 蔡沈의 『書經集傳』의 誤謬 내지 疎漏함을 해결할 목적으로 저술하였다. 「梓材」以上의 3段은 「康誥」에, 下5段은 「洛誥」에 편입시켰다. 「武成」은 古文을 따랐다. 「洪範」·「無逸」은 『朱子語類』에 따라 亂脫을 바로잡고 諸儒의 학설을 참고하였다.

『春秋集傳訓義』는 "『公羊傳』·『穀梁傳』은 穿鑿한 데가 많고 『胡傳』은 사람의 뜻에 차지 않는다"라고 한 朱子의 說을 뒷받침하고자 저술하였다. 傳은 『左傳』을 主, 事實未備處는 『公羊傳』·『穀梁傳』·『國語』·子·史를 補로 하였다. 傳訓은 諸家의 학설을 이용하였다. 義는 程朱를 主로 하면서 四傳과 諸儒의 학설을 두루 이용하였다. 또 간간이 자신의 의견을 덧부치기도 하였다.

『周禮補編』은 「地官」의 諸職과 「天官」·「夏官」의 諸官을 「冬官」으로 옮겨 보완하였고 다른 편도 바로 잡아 周公의 眞意를 회복하고자 하였다.

『儀禮補編』은 朱子의 『儀禮經傳通解』와 黃幹의 『續儀禮經傳通解』의 煩雜함을 피하여 本經 17편을 취하여 正文으로 삼고, 주자의 『通解』에 의거하여 보완하였다.

『禮記類編』은 朱子가 제자들에게 『禮記』를 類編하라고 명했으나 뜻을 이루지 못한 것을 실현하려고 한 저술이다. 체재는 朱子의 『儀禮經傳通解』를 본받았다. 「曲禮」·「少儀」·「內則」은 家禮로, 「王制」·「月令」·「玉藻」·「明堂位」 등은 邦國禮로, 「大學」·「中庸」과 禮樂과 學行을

雜論한 여러 篇은 學禮로, 冠婚喪祭의 절차를 논한 것은 吉凶賓嘉로 分類序次하고, 「孝經」을 學禮에 첨가해서 總50篇으로 하였다.

『論語類編』은 『論語』 全文을 主題別로 나누고 모아 「論學」·「論道」· 「論仁」·「論禮」·「論政」·「論人 上」·「論人 下」·「論行」·「論聖 上」·「論聖 下」·「論弟子行」·「論道統」 12편으로 재편집하였다.

『孟子類編』은 『孟子』를 「明義理」·「明治道」·「明出處」·「明人倫」·「明 性命」·「明學問」·「明道術」 7편으로 재편집하였다.

『大學』·『中庸』·『心經』에 대해서는 『圖節』을 저술하였다. 禮學에도 관심을 기울여 『四禮家式』을 저술하고 그 시행에 힘썼다. 당시 예학 으로 명성이 높았던 李世弼은 "明谷의 禮學은 매우 방대하여 牛栗이 하 여러 현인들 조차 미치지 못한다"고 할 정도였다. 그는 字學·韻 書에도 능하여 『經世正音圖說』·『韻會箋要』·『六書譜』를 저술하였고, 算學에도 능하여 『九數略』을 저술하였다.[30] 이 밖에도 『春秋左氏傳』 에서 중요한 내용 만을 간추린 『左氏輯選』 등이 있다. 그는 陽明學· 陰陽五行說·風水地理說 등의 유행을 비판해 마지 않았다. 그의 저 술로는 『明谷集』 36卷이 있다.

그는 관찬 사업에도 참여하였다. 첫째, 事大交隣 문서의 정리이 다.[31] 胡亂이 발발했던 丙子年 이전은 故 判書 李植이 『續攷事撮要』 를 저술하여 정리하였으나, 그 이후는 정리되지 못하고 있었다. 南 九萬이 그 문서 편집의 중요성을 역설하고 金壽恒의 요청으로 崔錫

---

30) 奎 7090-1, 이에 대한 연구로는 金容雲의 「崔錫鼎의 魔法陣」(『한양대학교 논문집』 8집, 1974)이 있다.
31) 『숙종실록』 권15 하, 10년 8월 병신.

鼎이 그것을 담당하였다. 둘째, 纂修廳 체제 하에서의 여러 서적의 정리이다.[32] 纂修廳은 숙종 26년에 설치되었다. 主管者는 당시 大提學이었던 崔錫鼎이, 堂上에는 申琓·姜銏·李玄錫·吳道一이, 郎廳에는 南正重·李光佐·閔鎮遠·任守幹·申奎·愼惟益·金楺·沈齊賢이 임명되었다. 金楺·沈齊賢은 蔭官으로서 文名이 있었다.

여기에서의 작업은 우선『典錄通考』의 편찬을 들 수 있다. 이것은『經國大典』·『大典續錄』·『大典後續錄』·『受教輯錄』등을 집대성한 法令集이라고 할 수 있다. 이것은 그 凡例에 의하면 특징이 다음과 같다.[33]

【1】『經國大典』本條 아래에 三錄－『續錄』,『後續錄』,『受教輯錄』－의 모든 조목을 나누어 예속시켜 열람을 편리하게 하였다.

【2】『大典』은 經書와 같고 三錄은 傳註에 해당하므로, 前者는 各行의 맨꼭대기까지 쓰고 後者는 한 글자 낮추어 씀으로써 輕重을 나타내었다.

【3】橫看하게 되어 있는『大典』의 京·外官職, 科舉, 五服, 書吏, 工匠 등의 조목을 열람이 편하게『周禮』官職 胥史의 麤대로 直行하여 썼다.

【4】『大典』小註 중에서 各司 職掌의 경우는 모두 표출시켰고,『大典』의 小註는 단순히 註解로 처리해서는 곤란하므로 모두 大字로 하여 본래 조목의 아래에 썼는데, 단지 글자수가 적은 것과

---

32)『숙종실록』권33 하, 25년 6월 병오 ;『숙종실록』권34 상, 26년 3월 임자 ;『숙종실록』권34 상, 26년 6월 병인 ;『숙종실록』권35 하, 27년 11월 갑진.
33)『전록통고』1(奎 11411).

崔錫鼎의 生涯와 思想 39

뜻이 긴밀하지 않은 것은 간간이 小字로 처리하였다.

【5】 吏典과 兵典의 관직은 橫看法으로 고치고, 品數는 각 관직의 아래에다 小字로써 표시하였다.

【6】 『大典』의 모든 조목 중에 불가불 補入한 것은 按, 補, 減 등의 글자로 구별해 주었다.

【7】 各品의 官資는 大字로 고쳤다.

【8】 三錄의 기록을 위주로 해서 官職의 定員이라든가 法制, 條例의 변천을 기술하였다.

【9】 『大典』 완성 후에 창설된 備邊司·宣惠廳 등의 衙門, 訓練都監과 같은 軍門, 敎官·監役 등의 관직, 外方의 統制使·統禦·防禦·營將 등등, 五衛·軍制가 도중에 폐지되고 회복되지 않은 것, 기타 諸司 중에서 혁파된 것이 많은 것 등은 일일이 싣지 않았다.

【10】 『經濟六典』·『朝鮮經國典』·『續錄』·『後續錄』·『受敎輯錄』·『五禮儀』·『大明律』 등등 이용 가능한 많은 책을 참고하였다.

【11】 三錄의 序·箋·凡例 등은 번거로움을 피하여 게재하지 않았다.

【12】 『受敎輯錄』의 諸 條目 중에서 여러 번 受敎된 것이거나 앞뒤가 어긋나는 것은 뒤의 것을 서술하였다.

그리고 『續錄輿地勝覽』과 『國朝寶鑑續編』의 편찬이다. 前者는 成宗 때 完成되고 宣祖 때 增修된 『輿地勝覽』의 後續編이고, 後者는 『朝鮮王朝實錄』에서 君相訏謨와 朝廷式例를 임금이 考據하기 편리하게 하기 위해 중요 내용 만을 추출해낸 요약본이다. 또 中宗 때 완성된 『續東文選』의 補完과 『史補』의 편찬인데, 이것은 안타깝게도 실현하지 못하였다. 그러나 八道의 서적을 구해 野乘·小說을 수집하여 正史를 보완하려 한 그의 노력을 엿볼 수 있다고 하겠다.

4 『禮記類編』의 構成과 特徵

朱子가 제자들에게 『禮記』를 類編하라고 명했으나 뜻을 이루지 못하였는데, 明谷은 朱子의 『儀禮經傳通解』의 체재를 본받아 『禮記類編』을 지어 그의 뜻을 실현하였다. 이 著述은 크게 家禮, 邦國禮, 學禮, 吉禮, 凶禮, 家禮, 賓禮로 나눌 수 있다.

1. 家 禮 : 「曲禮 上」, 「曲禮 下」, 「少儀」, 「內則」.

2. 邦國禮 : 「王制」, 「月令」, 「文王世子」, 「玉藻」, 「深衣」, 「明堂位」.

3. 學 禮 : 「大學」, 「中庸」, 「經解」, 「學記」, 「樂記」, 「禮運」, 「郊特牲」, 「禮器」, 「坊記」, 「表記」, 「緇衣」, 「孝經」, 「仲尼燕居」, 「孔子閒居」, 「哀公問」, 「儒行」.

4. 吉 禮 : 「祭法」, 「祭統」, 「祭義」, 「大傳」.

5. 凶 禮 : 「喪大記」, 「喪服小記」, 「服問」, 「雜記 上」, 「雜記 下」, 「檀弓 上」, 「檀弓 下」, 「曾子問」, 「奔喪」, 「問喪」, 「閒傳」, 「三年問」, 「喪服四制」.

6. 嘉 禮 : 「冠義」, 「昏義」, 「鄕飮酒禮」, 「射義」, 「投壺」.

7. 賓 禮 : 「燕義」, 「聘義」.

『禮記類編』은 肅宗 19년(1693)에 완성되었으나 7년 후인 肅宗 26년(1700)에 야 숙종의 윤허를 얻어 인쇄되었다.[34] 이 책은 당시 玉堂 관원 權尙游·尹趾仁의 요청에 의해 兩南 지방으로 보내졌다.[35] 이것은 한때 經筵에서 교재로 사용되기도 하였다. 또 이것은 전편에 걸쳐 그의 독창적인 견해가 돋보인다. 그러나 여기서는 무엇보다『大學』·『中庸』·『孝經』과 관련된 부분을 집중적으로 논해보기로 하겠다. 이와 관련한 그 특징을 살펴보면 다음과 같다.

【1】『大學』과 『中庸』을 원래대로 『禮記』에 편입시켰다. 이것은 朱子의 『儀禮經典通解』의 顬를 따른 것인데, 權近의 『禮記淺見錄』도 역시 마찬가지이다.

【2】『孝經』은 『禮記』의 「燕居」·「閒居」 문체와 유사하다고 생각하고서 『禮記』 안에 편입시켰다. 이것은 朱子의 雅言에서도 여러 차례 나타난 바 있다.

【3】『大學』과 『中庸』을 朱子 章句의 내용 중에서 의심 부분은 기존 학자들-李晦齋, 李栗谷, 權陽村 등-의 학설을 참고하여 재편집하였다.

우선 『大學』의 내용을 살펴보면 다음과 같다.

첫째, 篇題의 첫머리에 "此篇記古者大學敎人之法" 11글자를 첨입하였다.

둘째, 篇題의 첫머리에 있는 "子程子曰"의 앞의 '子'를 삭제하였다. 姓氏 앞에 '子'를 첨가하는 것은 대체로 존칭의 의미라고 알려

---

34) 「禮記類編序引」(『禮記類編』, 奎 古1325-27), 「新印禮記類編序」(같은 책).
35) 『숙종실록』 권47, 35년 5월 신사.

져 있으나, 이와는 반대로 末世의 風習이라는 說도 있다. 그렇게 한 명곡의 意中을 헤아리기는 어려우나, 아마도 후자라고 생각해서 '子程子曰'의 앞의 '子'를 생략한 것이 아닌가 한다.

셋째, 篇題 끝 부분의 "學者必由是" 이하를 삭제하고 자신의 말로 대신하였다.

넷째, 朱子는 4장 「聽訟章」을 '釋本末章'이라고 했으나, 명곡은 여기까지를 '釋止於至善章'으로 이해하였다. 그의 이러한 주장은 몇가지 이유가 있었다. 그 첫째는, 朱子가 4장을 '석본말장'이라고 한데 대하여 李栗谷이 이미 의심을 품고 있었다. 둘째는, 3 綱領 8 條目이 이미 큰 題目이므로 全文을 이에 맞추어 이해해야 한다. 세째는, 淇澳詩는 明德의 至善한 경지이고 烈文詩는 新民의 至善한 경지이다. 여기서 明德은 本이 되고 新民은 末이 된다. 그러므로 本末의 뜻이 그 속에 저절로 내포되어 있기 때문에 '釋本末章'을 굳이 설정하지 않더라도 아무런 해가 되지 않는 것이었다.

다섯째, 附註에서는 '補亡章'을 5段으로 나누어 註釋를 내고 있다. "所謂致知在格物者"이하에서, '卽'은 '就'이고 '格'은 '至'라고 단어 풀이를 하고서, '格物'을 "物理를 궁구하여 이르게 한다"고 해석하였다. "蓋人心之靈" 이하의 뜻은 "知가 이르지않는 것은 物이 궁구되지 않았는데도 아래 문장을 일으키는 데에서 말미암는다"라고 하였다. "是以大學始敎"이하는 "格致工夫"라고 하고 있다. "至於用力之久"이하는 "格致의 功效"라고 하고있다. 여기서의 '表裏精粗'는 '本末終始'의 뜻이라고 풀이하였다. "此謂物格"이하에서 '物

格'은 '物理가 끝까지 이른 곳'이라고 풀이하였다. 그리고 그는 朱子가 '傳4章'을 지으면서 前頭에서 밝힌 "間嘗竊取程子之意 以補之曰"을 附註로 옮겨 '間嘗'과 '曰'을 생략하고 "朱子의 補亡章은 程子의 뜻을 개인적으로 가져다가 보충한 것"임을 밝히고 있다.

여섯째, 附錄에서는 이 책이 1,754字 65大文이고 朱子가 128자 5대문을 보충하였는데, 자신이 지금 10節로 하였음을 밝히고 있다.

統論(경1장)

明明德(전1장)

新民(전2장)

止於至善(전3장과 전4장과 전5장 "此謂知本")

格物致知(補亡章과 "此謂知之至也")

誠意(제6장)

正心修身(제7장)

修身齊家(제8장)

齊家治國(제9장)

治國平天下(제10장)

다음으로 「中庸」의 내용을 살펴보면 다음과 같다.

첫째, 篇題의 첫머리의 16 글자를 삭제하였다.

둘째, 篇題의 첫머리에 있는 "子程子曰"의 앞의 '子'를 삭제하였다.

셋째, 篇題중간에 있는 '恐其久而差也故'를 삭제하였다.

넷째, '放之則彌六合'이하 41자를 삭제하고 자신의 말로 대신하였다.

다섯째, 12장 '費隱章'[36]은 程子와 朱子와 侯氏의 학설을 인용하고 자신의 견해를 덧붙였다. '費'는 '日用處'로, 匹夫匹婦의 어리석음으로도 참예하여 알고 행할 수 있는 것이다. '隱'은 '微密'의 뜻으로, 聖人이라도 알 수 없고 행할 수 없는 것이다. 여기서 '匹夫匹婦라도 참예하여 아는 것'과 '聖人도 모르는 바'는 모두 道理를 가리켜 말한 것이고, '匹夫匹婦라도 행할 수 있는 것'과 '聖人이라도 능하지 못한 것'은 모두 德行을 가리켜 말한 것이다. 명곡은 『章句』에 인용된 侯氏의 학설에 대하여 異議를 제기하였다. '聖人이라도 모르는 바'의 驥로 '孔子가 禮를 묻고 官을 물은 것'을 든 것은 수용하였다. 그러나, '聖人이라도 능하지 못한 것'의 驥로 '孔子가 지위를 얻지 못한 것'을 든 것은 부적절하였음을 지적하였다. 즉, '孔子가 지위를 얻지 못한 것'은 天命과 관련있는 것이지 '聖人이라도 능하지 못한 것'과는 상관이 없음을 밝혔다. 그러면서 그는 '聖人이라도 능하지 못한 것'의 驥로 '자식에게 구하는 바로써 아버지를 섬기는 것'을 제시하였다. 대체로 『章句』의 해석은 『經說』이라든가 『輯略』과는 약간의 차이가 있는 듯 하다.

여섯째, 28章 맨 뒤의 '子曰'이하는 朱子의 義例에 따라서 29장의 머리로 삼았다. 이것은 朱子가 分章할 때 한 章 내에 두 '子曰'이 없었음에 주의하여 그렇게 한 것이다. 이외에 20장 중간의 "子曰 好學近乎知"의 '子曰'은 衍文으로 처리된다.

---

36) 이것에 대하여 「書閔彦暉往復書後」(『明谷集』 권12)에서 明谷과 閔以升 간에 활발한 토론이 있었음을 나타내주고 있다.

일곱째, 29章 첫 부분에 있는 "王天下有三重焉"은 28章의 "非天子 不
議禮 不制度 不考文" 앞으로, "其寡過矣乎"는 29章의 "吾宗
周"의 뒤로 옮겨야 비로소 文理가 통한다.

여덟째, 附錄과 附註에서는 經文이 3,560字, 130大文으로, 『中庸』이
『大學』의 傳9章과 對를 이루어 총 9節임을 밝히고 있다. 이것
을 본문과 대조해보면 다음과 같다.

　　統論(제1장)

　　中庸應天命之性(제2장―제11장)

　　費隱應道不可離(제12장―제15장)

　　微顯應莫顯乎隱(제16장―제19장)

　　修身治人應大本達道(제20장)

　　誠應致中和而位育(제21장―제26장)

　　聖人之道貫修道之敎(제27장―제29장)

　　聖人之德包率性之道(제30장―제32장)

　　贊道德之妙而極夫天性之命(제33장)

【4】禮書에 관해서는 오랫동안 연구한 결과 독자적인 의견이 생겼으
므로 이것을 附註에다 수록하였다. 또 그것을 序文과 禮類·或
問에다가도 기록하였다.

【5】附錄에는 講確·參証·編校 등의 조목을 두고 약 30명을 거론하
였다.[37] 그들은 南九萬, 朴世采, 尹拯, 朴世堂, 林泳, 閔以升, 李

---

37) 필자가 이용한 奎 古1325-27 『禮記類編』의 附錄에는 나타나 있지 않다.

世龜, 徐宗泰, 吳道一, 崔奎瑞, 李寅燁, 朴泰輔, 李世弼, 鄭齊斗, 朴鐔, 羅良佐 등이다. 이것은 자신의 의견을 명확하게 하고자 한 것이다.

5 『禮記類編』의 影響

그런데 이것이 문제가 된 것은 肅宗 35년(1705)에 李觀命(동부승지)의 상소가 있으면서부터였다.[38] 李觀命은 우선 【1】에 대해서는 先賢이 표창한 뜻을 어둡게 하고 불분명하게 하였다고 비판하였다. 【2】에 대해서는 본래 戴氏의 글이 아닐 뿐더러 朱子가 교정해 놓은 意義를 一掃하였다고 하였다. 【3】에 대해서는 朱子가 "나의 한평생 정력이 모두 이 글에 들어있다"고 했을 정도로 심혈을 기울였던 만큼 한 자 한 획도 후인들이 손을 대서는 안되는 것이라고 자신의 의견을 피력하였다. 따라서 명곡의 행위는 朱子의 평생의 노력을 無爲로 돌릴 뿐만 아니라 朱子를 貶下하는 짓에 다름 아니었다. 이것은 바로 당시의 시대 상황이 朱子學을 金科玉條로 여기고 있었음을 말해주고 있는 것이라고 하겠다. 왜냐하면 朱子는 '後世의 孔子'여서 그에 대한 異論은 있을 수가 없는 일이기 때문이었다.

여기서 이들을 거론한 것은『숙종실록』권47, 35년 1월 경인. 史官의 서술을 인용한 것이다. 그리고 그의 스승인 南九萬과 朴世采는 明谷의『禮記類編』편찬에 대해 매우 불만스럽게 여겼다고 한다(『숙종실록』권47 35년 2월 계해, 6월 임인).

38)『숙종실록』권47, 35년 1월 경인.

金在魯·李秉鼎 등 성균관 유생,[39] 尹憲을 대표로 하는 사학 유생,[40] 黃啓河(수찬)[41]·趙道彬(집의)[42]·李晚成(대사성)[43]·洪禹瑞(부교리)[44]·金興慶(사간)[45]·李澤(수찬)[46]·李晚堅(보덕)[47]·李邦彦(지평)[48]·李喬岳(정언)[49]·鄭浩(대사간→대사헌)[50]·李禎德(지평)[51]·洪禹寧(정언)[52]·金相玉(정언)[53] 등의 宦路者들이 명곡을 비판하고 나섰다. 게다가 전국 각지의 儒生들이 가세함에 따라 엄청난 파문을 몰고 왔다. 양주 유생 崔有泰가 八道에 通文을 보내 명곡을 비판하였고,[54] 충청도 유생 安太輿 등 350여 명이 상소하여 八道로 번져 나갔다.[55] 전라도 유생 金載白 등 1천여 명이,[56] 경기 유생 趙璟 등 70여 명이,[57] 경

---

39) 『숙종실록』 권47, 35년 2월 병진; 『숙종실록』 권47, 35년 2월 무오.
40) 『숙종실록』 권47, 35년 3월 계미.
41) 『숙종실록』 권47, 35년 1월 신묘.
42) 『숙종실록』 권47, 35년 2월 계묘.
43) 『숙종실록』 권47, 35년 2월 병진.
44) 『숙종실록』 권47, 35년 4월 계해.
45) 『숙종실록』 권47, 35년 5월 병술.
46) 『숙종실록』 권47, 35년 5월 무술.
47) 『숙종실록』 권47, 35년 11월 무인.
48) 『숙종실록』 권48, 36년 3월 임신.
49) 위와 같음.
50) 『숙종실록』 권48, 36년 4월 무신.
51) 『숙종실록』 권48, 36년 4월 임술. 358
52) 위와 같음.
53) 위와 같음.
54) 『숙종실록』 권47, 35년 2월 계해.
55) 『숙종실록』 권47, 35년 3월 계사.
56) 『숙종실록』 권47, 35년 5월 임오.
57) 위와 같음.

기 전라 유생 朴光元 등 3천여 명이,[58] 5도 유생 奇挺溟이,[59] 李濟松 등 6백여 명이,[60] 경기 유생 尹益修 등이,[61] 충청 유학 洪胄亨 등 1백 여 명이[62] 상소하여 명곡의 『禮記類編』에 대한 성토는 끝이 없었다. 그들은 명곡을 '毁經侮賢'의 죄로써 지목하였다. 그들 주장의 요지는 다음과 같다: 聖門의 蠹賊[63]이며 儒家의 敗子[64]인 자가 邦禁[65]을 범 하여 先賢을 능멸하고 章句를 변란[66]시켜 禍福을 만들어 내는 하나 의 자료[67]를 제시하여 天聽을 恐動하여 士論을 저지하고 일에 앞서 告訐하는 짓을 하여 聖明을 기만[68]하면서까지 『中庸』을 改註한 尹鑴 와는 같고 『思辨錄』을 저술한 朴世堂보다는 더한 죄를 지었으니,[69] 그 책을 進講에서 정지하고 毁板[70]하여 나아가 그를 변방으로 내쫓 아서[71] 斯門의 변고이자 世道의 깊은 근심[72]을 제거하는 것이었다.

당사자인 明谷은 이책에 대한 부정적인 여론이 비등하자 上疏라든

---

58) 위와 같음.
59) 『숙종실록』 권47, 35년 10월 무신.
60) 위와 같음.
61) 『숙종실록』 권48, 36년 3월 갑오.
62) 『숙종실록』 권48, 36년 4월 을묘.
63) 『숙종실록』 권47, 35년 5월 임오.
64) 위와 같음.
65) 『숙종실록』 권47, 35년 11월 무인.
66) 『숙종실록』 권47, 35년 5월 임오.
67) 위와 같음.
68) 『숙종실록』 권47, 35년 2월 병진.
69) 『숙종실록』 권47, 35년 5월 임오.
70) 『숙종실록』 권47, 35년 2월 병진.
71) 『숙종실록』 권48, 36년 4월 을묘.
72) 『숙종실록』 권47, 35년 2월 병진.

가 辯論冊子를 작성하여 반대파들의 논리에 대응하는 한편 '毁經侮
賢'의 죄목 만은 벗어나고자 하였다.[73] 그는 우선 趙翼의『庸學解論』
이 朱子의 注를 그대로 따르지 않았고 崔昖의『周易口訣』이 程子의
傳이나 朱子의 本義를 그대로 따르지 않았어도 긍정적인 평가를 받
고 있음을 밝혔다.[74] 그리고 그는 형식상으로는 朱子를 그대로 모방
하지는 않았다 하더라도 내용상으로는 모두 의거한 데가 있음을 주
장하였다.[75]

명곡의 이러한 주장을 지지하는 세력도 있었다. 李廷謙(대사헌)[76]·
趙泰億(동학 겸임 교수)[77]· 尹會(장령)[78]· 林濩(대사간)[79] 등이 그들이었
다. 이들은 成均館과 四學의 유생들의 집단 행동을 만류하기도 하
였으며,[80] 이 책의 정당성을 부여하여 "만일에『禮記類編』으로 죄주
어야 한다면『心經』·『大學演義』·『聖學輯要』등의 책도 모두 죄를 줄
수"[81] 있다고도 하였고, 반대파를 신랄하게 공격[82]하기도 하였다.
그러나 누구보다도 강력하게 두둔한 것은 당시 군주였던 肅宗이었

---

73)『숙종실록』권47, 35년 1월 계사;『숙종실록』권47, 35년 3월 계사;『숙종
   실록』권47, 35년 6월 임인;『숙종실록』권47, 35년 10월 갑자;『숙종실록
   보궐정오』권47, 35년 1월 을미;『숙종실록보궐정오』권47, 35년 6월 임인.
74)『숙종실록보궐정오』권47, 35년 6월 임인.
75) 위와 같음.
76)『숙종실록』권47, 35년 2월 계묘.
77)『숙종실록』권47, 35년 2월 병진.
78)『숙종실록』권47, 35년 2월 계해.
79)『숙종실록』권47, 35년 5월 병술.
80) 주 77)과 같음.
81) 주 76)과 같음.
82) 주 78)과 같음.

다. 숙종은 명곡 반대파들을 '편당을 좋아하는 무리'[83]로 규정하고 그들의 행동을 '吹毛覓疵'하고 '洗垢求痕'[84]하는 억지 행위로 평가하였다. 그리고 그들의 상소를, 朝廷과 玉署를 비어 버리게 하는 '일을 벌이기 좋아하는 상소'[85]로 보았다. 또 그들의 주장을 '黨同伐異의 고질적인 병폐'와 '世道의 험악'으로 논평하였다.[86] 숙종은 그래서 노소갈등에 대한 평소의 불만을 토로하고야 말았다.

> 내가 요즈음의 일 때문에 한마디 하고 싶은지 오래였다. 요사이 時論에 '老少'라는 말이 있는데, '老'는 마땅히 여유가 있고 도타와야 하고, '少'는 마땅히 준엄하고 격렬해야 한다. 그러나 실제로는 그렇지가 못하여, '소론'은 保合을 명분으로 하고 '노론'은 오로지 헐뜯기만을 일삼고 있다. 領相의 『禮記類編』이 朱子와 배치되는 데가 어디 있다고 "성인을 속이고 현인을 업수이여긴다"고 까지 말하느냐?[87]

여기서 암시하고 있듯이 명곡의 저술이 이미 그 내용과는 관계없이 다른 목적으로 이용되고 있었다. 따라서 숙종은 "『禮記類編』 간행은 거의 10년에 가까운데, 경전을 파괴하고 성현을 업신여겼다는 지목이 오늘날에야 터지게 되었다"[88]고 탄식하였다. 그리고 명곡 비

---

83) 『숙종실록』 권47, 35년 1월 경인.
84) 『숙종실록보궐정오』 권47, 35년 1월 을미.
85) 주 83)과 같음.
86) 『숙종실록』 권47, 35년 1월 계사.
87) 『숙종실록』 권47, 35년 2월 기해.
88) 『숙종실록』 권47, 35년 5월 임오.

판 논의가 대세를 이루는 상황에 대하여 "公論이란 자못 알 수가 없다"[89]고 하여 여론의 예측할 수 없음을 안타까워 하면서 『禮記類編』 관련 상소를 받지 말라고까지 명령을 내리기도 하였다.[90]

그렇다고 무작정 명곡 만을 두둔하고 있을 수는 없었다. 그럴 경우 士風을 꺾을 소지가 있었다. 그래서 숙종은 『禮記類編』 관련 상소 불납 명령을 취소하였다.[91] 그리고 명곡이 바친 『禮記類編』 15卷을 승정원에 내어주고, 예조를 통해 신료들에게 頒賜했던 것을 모두 거두어들여 불태우게 하였다.

明谷의 『禮記類編』에 대한 이와 같은 찬반 논쟁은 史官의 태도에서도 뚜렷하게 나타난다. 老論 계통의 史官에 의하면, 첫째로 그의 편집 능력은 교묘하지만 큰 본령을 깎았으며, 둘째로 남의 학설을 도용하였고, 세째로 자신의 뜻과 先賢의 旨意가 부합된다고 착각하고 있었다는 것이다.[92] 반면에 少論 계통의 史官에 의하면, 첫째로 그의 편집은 애당초 先儒의 주장에 따른 것이지 독단적인 경솔한 행동이 아니며, 둘째로 朱子를 존숭하여 한마디 말도 저촉하여 침해하는 것이 없었고, 세째로 그에 대한 부정적인 평가는 偏黨者들의 모함이며, 네째로 반대파들은 그가 하지도 않은 말을 만들어 내어 비난하고 있다는 것이다.[93]

---

89) 『숙종실록』 권47, 35년 5월 신사.
90) 『숙종실록』 권47, 35년 5월 임오.
91) 『숙종실록』 권48, 36년 3월 정축.
92) 『숙종실록』 권47, 35년 1월 경인.
93) 『숙종실록 보궐 정오』 권47, 35년 6월 임인.

이리하여 『禮記類編』 관련 파문은 1년4개월 만에 일단락 되었다. 이 사건은 당시 老·少가 심각하게 대립하고 있었음을 여실히 보여 주고 있다. 민족주의 사학자 爲堂 鄭寅普는 "명곡도 『예기유편』이란 책을 만들었다가 朱注와 違反이 있다는 것으로 焚冊, 毁板의 야단을 만났으니, 그때 所謂 學問界 얼마나 무시무시하던 것을 짐작할지라"[94]라고 평가하였던 것이다.

6 結語

明谷 崔錫鼎은 朝鮮 後期의 屈指의 人物 중의 한 명이다. 이것은 열 번이나 영의정을 지냈다는 경력만으로도 입증되고도 남는데, 우리 나라 역사상 매우 드문 실례라고 할 수 있겠다.

그는 程朱學을 신봉하였으며 陽明學을 비롯한 기타 異學들을 排斥하였다. 그의 동문이자 죽마고우였던 鄭齊斗에 대한 그의 질책이 이를 잘 말해준다. 이것은 尹鑴가 『中庸』을 개작하다가, 또 朴世堂이 『思辨錄』을 지었다가 斯文亂賊으로 몰리는 것을 직접 보았던 영향도 있을 것이다.

그는 經學에 많은 업적을 남겼으며, 기타 천문학이라든가 수학도 연구하였고, 우리의 고문서라든가 서적 정리 및 편찬에 지대한 관심을 갖고 또 노력을 경주하였다. 이것은 그의 저술이 잘 말해주고 있다.

---

94) 「陽明學演論」(『薝園鄭寅普全集』 2, 연대 출판부, 1983), pp. 220~221.

경서 해석에 있어서 緊要處라든가 大義를 철저히 지키려고 노력
하였고, 구구하게 주자의 학설에 얽매이지는 않았다. 이것이 오해의
소지가 되어 자칫 사문난적으로 몰릴 뻔 했던 사건이 바로『禮記類
編』이다. 이것은 당시 상황으로 보아 宋時烈을 朱子의 嫡傳으로 존
숭하려 한 老論이, 少論이라든가 기타 다른 黨色들을 정계에서 퇴진
시키고자 의도적으로 물의를 일으켰다고 해석할 수도 있을 것이다.
어쨌든 이『禮記類編』사건은 그 당시 1년 4개월 동안 조야를 온통
시끄럽게 한 역사적인 사건 중의 하나로 기록되고 있다.

　『禮記類編』연구에 있어서 書誌學的인 보다 세밀하고 철저한 규명
이 있어야 하며, 이것이『禮記』연구에 얼마만한 영향을 끼칠 수 있
는가를 살펴야 하고, 또 陽明學과의 연관성 여부를 살펴야 할 것이
지만 아쉽게도 여기까지는 미치지 못한 듯 하다. 이 점은 후일을 기
약하기로 하겠다.

강신엽　1994,『芝邨 金甲周敎授 華甲紀念 歷史學論叢』게재 논문

明谷 崔錫鼎의 現實認識과 政局運營論

李在喆(전 경북대학교 강사)

1 머리말

선조 초에 성립된 士林政治는 훈구파에 의해 저질러졌던 비리와 모순을 척결하는 한편, 성리학적 이념을 사림의 公論에 의해 실현해 나가고자 하였다. 집권세력과 지방 사림의 긴밀한 유대, 언론 기능의 강화 및 다수의 논의에 의한 국정집행, 의리와 명분의 중시 등이 정국의 중요 논리였다. 그러나 17세기 후반은 사림정치가 새로운 변화를 모색하던 시기였다. 현실 인식과 대응자세의 차이에 따라 붕당이 발생하였고, 붕당 간의 갈등이 정국의 전면에 부상하였다. 이에 따라 공론 수렴 장치의 말폐, 국정 집행의 혼선, 책임 행정의 부재 등 사림정치 운영상의 문제점들이 노정되었다. 그리고 사림의 경제적 기반을 동요시키는 사회·경제적 변화, 대명의리의 위기를 경험한 국제관계의 변화 등은 사림정치의 존립을 위태롭게 하였다. 이러한 문제점을 해결하려는 在朝 관료 및 在野 학자들의 개혁론이 나타나게 되었는데 明谷 崔錫鼎(1645, 인조 23~1715, 숙종 41)은 그들 중 가장 주목할 만한 인물이다.

17세기 후반부터 18세기 초반까지 생존하였던 최석정은 사림정치의 문제점을 해결하려던 대표적인 재조 관료이었다. 그는 붕당 간의 갈등이 절정에 도달한 숙종대에 정국을 이끌어 갔는데, 성리학 이외에 수학, 음운학, 역학, 천문학, 병법 등 다양한 학문을 바탕으로 현실의 문제점을 개혁하고자 하였다. 그의 현실 인식과 사상을 살피는 데는 조부 崔鳴吉(1586~1647)에게서 많은 시사점을 얻을 수 있다. 두 사람 모두 문제 해결의 근원을 사림정치의 원칙론 적용에 두었는데, 이를 통해 최명길은 인조반정과 호란의 대외적 위기라는 비상사태를 수습하고자 했으며, 최석정은 사림정치가 변질되던 시기에 문제점을 해결하고자 하였다.

최석정은 일찍이 소론의 주요 인물로 부각되었고, 특히 그의 현실 중시의 태도를 陽明學과 결부짓기도 하였다. 또한 숙종대의 정국에 깊은 영향을 끼친 인물이었기 때문에 이 시기 정국을 연구하는 논자들에 의해 관심의 대상이 되었다. 신병주는 17세기 후반 소론의 사상가로 최석정을 주목하여 그의 정치적 입장, 학문관, 사회·경제 사상 등을 밝힌 바 있다.[1] 그의 연구에 따르면 최석정은 온건하고 타

---

1) 신병주, 「17세기 후반 소론학자의 사상」, 『역사와 현실』 13, 1994.

협적인 정치노선을 견지했으며, 가학을 배경으로 양명학에 관심을 가지면서도 '內朱外王'적인 입장을 취하였고, 실현 가능한 정책을 점진적으로 추진하려 했다. 姜信曄은 최석정의 정치사상을 밝히기 위해서 蕩平論, 서얼 출신의 등용, 과거 제도의 개선, 관직 체계의 혁신, 『禮記類編』 등을 분석하였다.[2] 이러한 연구를 통하여 최석정의 사상이나 개혁 내용의 윤곽은 어느 정도 밝혀졌지만, 정치가로서의 활동을 좀 더 체계화할 필요가 있다고 생각된다. 최석정은 다양한 학문에 관심을 가졌는데, 사림정치가 변질되던 17세기 후반에 국정을 집행하던 최고 지위의 인물로서 붕당 간의 갈등이라는 사림정치의 문제점을 해결하고자 노력했다. 따라서 최석정의 현실인식과 대응자세를 사림정치의 관점에서 조명할 필요가 있을 것이다.

본고에서는 이러한 인식에서 최석정의 변통론 중 정국 운영 방안을 중심으로 살피고자 우선 정국운영론의 기저가 되었던 최석정의 현실인식을 설명하고, 이어서 붕당 간의 갈등을 완화하기 위한 조정책, 책임 행정을 구현하기 위한 관제 변통론, 능력을 중시한 인사행정 등을 분석하고자 한다. 이러한 작업은 17세기 후반 사림정치의 변질과 그 해결 방안을 찾아보는 일이 될 것이며, 또한 사림정치에서 탕평정치로 이행하는 과정을 이해하는 실마리도 될 수 있을 것이다. 다만, 정치사 중심으로 서술하였기 때문에 언급되지 못한 학문이나 대민의식 등은 전적으로 기존연구 성과에 의존할 수밖에 없다.

---

2) 姜信曄, 崔錫鼎의 政治思想, 『東國史學』 28, 1994.
　　姜信曄, 崔錫鼎의 生涯와 思想, 『芝邨金甲周教授華甲紀念史學論叢』, 1994.

2 家系와 生涯

최석정의 본관은 全州이고, 자는 汝時·汝和이며, 호는 明谷·存窩이다. 조부는 인조대 명신 崔鳴吉이고, 생부는 惠吉의 자로서 명길에게 입양된 後亮이며, 양부는 명길의 둘째 아들인 後尙이다. 최명길은 李恒福과 申欽을 사사하여 양명학적인 영향을 받았으며, 인조반정을 성사시켜 반정공신으로 정국을 주도하게 되었다. 그는 元宗追崇 과정에서 몇 차례 자신의 입장을 바꾸면서까지 인조의 뜻을 추종하였고, 두 차례 호란시 主和論을 주창하였으며, 삼사와 비변사의 운영을 자신의 의도대로 변통하고자 했다. 그는 이것을 權道論과 變法論으로 정당화시키려고 하였지만, 원칙론에 어긋났다는 사림의 비난을 받기도 하였다.[3]

최석정은 총명함이 남보다 뛰어나 12세에 이미 주역에 통달하여 손으로 도면을 그렸고, 九經과 百家를 섭렵하여 마치 자기 말을 외듯이 하였다[4]고 한다. 南九萬과 朴世采를 사사하였는데, 남구만 문하에서 崔奎瑞·朴泰維·朴泰輔 등과 동학하였고, 李世龜·朴鐔·閔以升·鄭齊斗 등과 도의로 교유하였다.[5] 특히 학문과 행동에 있어서 남구만의 영향이 컸고, 그와 정치적 입장을 같이하면서 단지 글귀만을 배운 제자가 아님을 강조하였다.[6] 1671년(현종 12) 정시문과에 급

---

3) 李在喆,「遲川 崔鳴吉의 經世觀과 官制變通論」,『朝鮮史研究』1, 1992.
4)『숙종실록보궐정오』권56, 숙종 41년 11월 계묘.
5)『艮齋集』권15, 病後漫錄;『昆侖集』권19, 行狀, 先考議政府領議政府君行狀.
6)『明谷集』권17, 疏箚, 十疏.; 권12, 題跋, 藥泉門人錄跋; 권13, 書牘, 上藥泉先生書 己巳, 又.

제하고, 숙종 초반 남인 정권하에서 예문관 봉교로서 宋時烈과 金壽
恒을 신원하였다가 삭탈관작 당하였다.[7] 그러나 이것은 어디까지나
남인 정권하에서 서인 입장을 대변하는 붕당적 차원에 지나지 않았
다. 이때 남인들이 최명길을 간신이라고 비난한 송시열을 손자 최석
정이 망각하였다[8]라고 비난한 점이나, 노·소론 분기 후에 최석정의
송시열에 대한 비판적 입장이 이를 대변한다.

1680년(숙종 6) 경신환국 후 최석정은 다시 관직에 진출하였다. 국
왕으로부터 문학을 인정받아 홍문관 부응교에 특제되었으며, 국용
의 절감과 백성을 넉넉하기 위한 대변통을 주장하였다.[9] 이 무렵 훈
척세력을 두고 조정의 논의가 나누어지자, 淸議를 내세우는 젊은 사
류의 입장을 견지하였다. 일개 書生으로 保社功臣에 책록된 李師命
을 특별 대우하는 것에 대해 탄핵하고, 불법과 전횡을 자행하는 훈
척 및 이들을 지지하는 송시열계와 맞섰다.[10] 그 결과 그는 노·소론
이 분기되는 과정에서 소론을 표방하게 되었다. 이후 尹拯의 「辛酉
擬書」를 공격하는 노론에 맞서 윤증을 伸救하는 한편, 송시열에 대
한 불만을 간접적으로 표출하는 상소를 올렸다.[11] 이 때문에 노론의
공격을 당하였고, 최석정의 송시열에 대한 의중을 간파한 숙종으로
부터 질책을 받았다. 문학적 재능과 소론 대신들의 구원으로 곧 재

---

7) 『숙종실록』 권7, 숙종 4년 3월 무신.
8) 『숙종실록』 권7, 숙종 4년 3월 신유.
9) 『숙종실록』 권9, 숙종 6년 7월 임인.
10) 『숙종실록보궐정오』 권10, 숙종 6년 8월 기미; 『숙종실록』 권14, 숙종 9년 2월
   갑술.
11) 『숙종실록』 권16, 숙종 11년 2월 기해.

서용 되었지만, 尹宣擧를 변명하는 羅良佐의 상소를 변호하였다가 숙종으로부터 "송시열을 겉으로는 존경하는 체하며 속으로는 배척한다"[12]라는 종전의 처분을 다시 받았다. 노·소론의 갈등이 심화되자 국왕의 공평한 자세와 수신을 강조하고 박세채의 소환을 요청하였다.[13] 이후 이조참판으로 승진하였다가 기사환국으로 관직에서 물러났다.

1694년(숙종 20) 갑술환국 후 이조참판으로 다시 기용되어 민심 수습과 정국안정을 위해 노력하였다. 특히 조정의 분열된 논의를 수습하기 위해서 정국의 근원인 국왕이 '皇極'을 세워서 시비를 밝히고, 인사를 공정하게 할 것을 주장하였다.[14] 이조판서로 승진하여서는 참상관으로의 승진 적체를 해결하는 방안, 문벌의 폐단을 극복할 수 있는 인재 수용 방안 등을 제시하였으며,[15] 양전, 궁가 면세지, 양역, 군사, 대동법, 국용 절감, 진휼책 등 時弊十條에 대한 해결 방안을 상세하게 제시하였다.[16]

1697년 淸北지방의 극심한 기근과 흉년으로 開市가 열리자, 최석정은 접반사로 차출되어 횡포를 일삼는 청 私商들의 문제를 수습하였다.[17] 이 과정에서 오만한 말로 쓰여진 청 이부시랑 陶岱의 名帖을 의리로써 거절하지 않고 그대로 보고하였다가 곤욕을 치루었다.

---

12) 『숙종실록』 권18, 숙종 13년 3월 무술.
13) 『숙종실록』 권19, 숙종 14년 5월 기해.
14) 『숙종실록』 권30, 숙종 22년 4월 신유.
15) 『숙종실록』 권30, 숙종 22년 7월 을해.
16) 『숙종실록』 권31, 숙종 23년 1월 정묘.
17) 『숙종실록』 권32, 숙종 24년 3월 경진.

최석정은 청과의 관계는 원칙론을 고수할 수 없다는 논리로 대응했지만, 조정의 결정도 없이 私商을 허용한 점, 역관을 물리치고 사사로이 米 100석을 받은 점 때문에 처벌을 면할 수 없었다.[18] 왕의 신임으로 다시 출사하게 되었지만, 이 사건과 함께 남인의 수용을 적극적으로 주도한 점 때문에 반대 세력들에게 공격의 빌미를 제공하게 되었다.

1699년 좌의정에 승진하여 관제, 과거, 전제, 군사 등 국정 전반에 대한 개혁을 다시 주장하였다.[19] 여기에는 體統論에 입각한 국정운영, 능력을 중시한 인재 수용, 국가 재정의 확보, 군문의 축소 등이 주요 내용이었으나 조정의 신료들이 소극적인 자세를 보임으로써 실행되지 못하였다. 그러나 그는 비변사당상의 次對나 경연 석상에서 宮家 折受의 제한, 영동과 관서의 양전 실시를 주장하고, 『國朝寶鑑』·『輿地勝覽』·『大典續錄』 등의 편찬, 경연 교재로 『禮記類編』의 채택, 啓聖廟의 설립 등을 통해서 자신의 의지를 관철시켜 나갔다.[20] 또한 소론의 입장에서 남인의 수용을 주도하고 金長生의 文廟配享을 반대하였다.[21]

1701년 영의정에 임명되어 1710년 물러날 때까지 8차례 영의정에 제수되었다. 그러나 영의정으로서의 재직 기간은 짧았고, 영향력도

---

18) 『숙종실록』 권32, 숙종 24년 5월 신묘; 8월 신미.
19) 『숙종실록』 권33, 숙종 25년 4월 을축.
20) 『숙종실록』 권33, 숙종 25년 5월 정유; 6월 병오; 『숙종실록』 권34, 26년 10월 계해.
21) 『숙종실록』 권35, 숙종 27년 6월 무진.

매우 제한적이었다. 이 시기에 노·소론 간의 갈등이 깊어졌고, 숙종이 최석정을 노·소론 조정책을 수행하는 소론의 대표 인물로 인식하였기 때문에 그의 운신의 폭은 제한되어 있었던 것이다. 辛巳獄事 시 세자의 보호를 자임하며 희빈 장씨의 국문을 반대하는 상소를 세 차례에 걸쳐 올렸다.[22] 인현왕후에 대한 의리상, 그리고 죄상이 드러난 희빈 장씨를 제거함으로써 세자를 보호할 수 있다고 생각한 숙종에 의해 최석정은 중도부처에 처해졌다가 곧 다시 영의정에 임명되었지만, 朴奎瑞·金普澤·權益平·成圭憲 등 노론의 집요한 공격을 받자 거듭 사직 상소를 올리게 되었다.[23]

최석정의 유순한 성격과 명민한 재주를 아낀 숙종의 신임이 지속되자, 노론은 최석정의 근본을 흔드는 시도를 하였다. 1706년 사학 유생 宋婺源이 영의정 최석정은 주화파 최명길의 손자이므로 大報壇에 제사를 지낼 수 없다[24]라는 상소를 올렸다. 최석정은 두 차례의 상소를 올려 주화론의 전말을 상세히 언급하면서 경전의 근거와 당시 국가의 존망 위기를 볼 때 그것이 정당하였음을 누누이 강조하였다.[25] 뿐만 아니라 최명길은 병자호란 후 죽음을 무릅쓰고 청의 징병 요구를 거절한 점과 비밀리에 명나라에 사신을 보낸 점을 볼 때, 결코 대명의리에도 소홀하지 않았다고 주장하였다. 최석정으로

---

22) 『숙종실록』 권35, 숙종 27년 10월 갑인.

23) 『숙종실록보궐정오』 권35, 숙종 27년 10월 을축; 『숙종실록』 권38, 숙종 29년 5월 병오; 권41, 숙종 31년 4월 신축; 권46, 숙종 34년 9월 경인.

24) 『숙종실록』 권45, 숙종 32년 3월 신유; 『숙종실록보궐정오』 권45, 숙종 32년 3월 신유.

25) 『숙종실록보궐정오』 권43년, 숙종 32년 3월 정묘.

봐서는 자신 때문에 국가적 위기를 수습한 조부 최명길의 업적이 폄하될 뿐 아니라 이를 자신을 공격하는 근거로 삼는 데에 일대 위기를 느꼈던 것이다. 그러나 성리학적 명분론이 강화되어 가는 분위기 속에서 노론측의 공격에 점차 수세적인 입장을 취할 수밖에 없었다.

1706년 林溥옥사가 발생하였다.[26] 신사옥시에 尹順命의 공초 중 張希載의 처가 서인과 결탁하여 동궁을 모해['謀害東宮']하려 한다는 말이 있었다. 鞫問 담당자들이 이를 의도적으로 문안에 기록하지 않았다는 소문이 널리 퍼졌고, 충청도 유생 임부가 이에 근거하여 관련자의 재조사를 요구하였던 것이다. 노론은 국청 설치에 소극적인 자세를 보이는 소론이 자신들에게 혐의를 두고 이를 기정사실화 하려는 것으로 의심하게 되었고, 따라서 국청을 설치하여 명백히 조사함으로써 자신들의 혐의를 벗어나고자 하였다. 최석정은 獄事 성립이 불가함을 알면서도 노론의 위기론 조장 때문에 국청 설치에 동의할 수밖에 없었으나 옥사의 범위를 축소하고 사건을 수습하기 위하여 노력하였다. 이것은 한편으로는 정국의 안정을, 다른 한편으로는 관련된 혐의가 들추어져 지위가 불안해질 가능성이 있는 세자를 보호하기 위함이었다. '謀害東宮'은 숙종과 소론의 의지대로 없었던 것으로 결론났다.

그러나 불안하게 봉합된 논란은 같은 해 李潛이 상소함으로써 확대·재생산되었다.[27] 이잠이 세자보호를 명분으로 내걸고 세자를 해

---

26) 『숙종실록』 권43, 숙종 32년 5월 병술.
27) 『숙종실록』 권44, 숙종 32년 9월 임신.

치려한 노론의 金春澤·李頤命의 처벌을 강력하게 요구하면서, 임부 상소를 재론하였다. 최석정은 당초의 입장을 견지하면서 관련 죄인을 심문한 결과 '不好'라는 말만 있었고, 이 말을 우연히 기록하지 못하였을 뿐이라고 주장하였다. 그리고 金昌集이 공초 날짜를 뒤바꾸고 '不好'를 '不利'로, 다시 '不利'를 '有害'로 동일시하면서까지 問目으로 삼았으므로 '모해동궁'이란 말을 짜 맞추어진 것이라고 반박하였다. 최석정은 소론이 노론을 일망타진하려 한다는 의심을 가진 것은 잘못이며, 자신은 사건을 수습하여 그 파장이 미치는 범위를 축소하려다가 의심만을 사게 되었다고 한탄하였다. 이잠옥사 후에도 숙종의 노·소론 균형정책에 의해 최석정은 재신임받았다. 1707년에는 災異 대책으로 조종의 成憲이라도 폐단이 발생하면 변통해야 된다는 논리에 따라 문벌과 붕당 중심의 인사에서 벗어날 것을 주장하였다.[28]

노·소론의 갈등이 깊어 가는 가운데 노론의 최석정에 대한 공격 명분은 축적되어갔다. 1707년에는 최석정은 閔黯 친족의 석방을 주장하였다[29]가 정국에 파란을 일으켰다. 또한 任守幹은 경연교재로 사용 중인 주자의 『節酌通編』 중 제왕의 治平에 도움을 주지 못하는 序記·祭文·墓誌 등은 進講하지 말자고 주장하였는데[30] 여기에 최석정의 의견이 반영되었다. 주자가 남긴 '片言斥字'도 본받아야 된다

---

28)『숙종실록』 권45, 숙종 33년 11월 갑인.

29)『숙종실록』 권45, 숙종 33년 12월 무술

30)『숙종실록』 권46, 숙종 34년 3월 갑술;『숙종실록보궐정오』 권46, 숙종 34년 3월 갑술.

고 믿고 있던 노론들은 최석정 등을 尹鑴나 朴世堂과 동일 선상에서 두고 이단시하게 되었다.

마침내 1709년 동부승지 李觀命이 최석정에 대한 포문을 열었다.[31] 의리 명분보다는 현실적인 이익 추구에만 몰두한 점, 언로의 폐색, 인사행정의 문란, 남인의 수용, 『예기류편』의 進講 등 평소 쌓인 불만을 표출하였다. 최석정에 대한 외형적인 비판의 기준은 주자의 사상에서 벗어난 지의 여부였는데, 그가 정한 『예기류편』의 편차가 주자의 그것과 배치되었고 공격하였다. 『예기류편』에서 모든 禮經의 章句를 분류하여 번잡하고 중복된 것을 없애어 考閱에 편리하도록 하면서 朱子·程子의 설을 버리고 새로운 해석과 편차를 가했던 최석정은 일찍이 李彦迪과 趙翼도 禮書를 자신들의 의견에 따라 편차를 정한 사례를 인용하여 자신은 주자의 주장에 근거하고 있다고 반박하였다.[32] 그러나 유생을 앞세운 노론은 최석정이 주자를 업신여겼다고 거세게 항의함으로써 그의 입지는 점점 좁아 갔다.

최석정에 대한 노론의 공세가 심화되어 가는 가운데 숙종의 신임도 차츰 떨어져 갔다. 최석정은 1710년 入診에 소홀하였다는 질책을 받고 영의정에서 면직되었고,[33] 이를 기회로 노론 관료들의 탄핵이 잇달았다. 언관에서 적시한 그의 죄목은 나라의 법을 경솔히 변경시킨 점, 黨類를 널리 심은 점, 민암 친족의 용서를 주장한 점, 『예기류

---

31) 『숙종실록』 권47, 숙종 35년 1월 경인.
32) 『숙종실록』 권47, 숙종 35년 1월 계사; 6월 임인.
33) 『숙종실록』 권48, 숙종 36년 1월 병자.

편』의 편찬, 입진의 소홀, 임부옥사 시 '모해동궁'의 말을 조작한 점 등이었다.[34] 이에 따라 최석정은 삭탈관작당하고 『예기류편』은 불태워졌다. 1714년 최석정이 지은 윤증의 제문에서 송시열의 북벌대의를 폄하다가 노론의 심한 공격을 받는 가운데 죽었다.[35] 최석정의 관직생활은 노·소론 분란이 극심한 시기에 관직 생활을 했기 때문에 대신으로서 소신 있는 경륜과 大志를 펼칠 수 없었다.[36]

3 現實認識

사림정치가 전개되면서 발생한 붕당 간의 갈등을 근원적이고 구조적으로 이해하기 위한 노력이 있어 왔다. 각 붕당이 지녔던 현실인식과 대응자세가 그중 하나이다. 소론은 朱子를 존숭하면서도 주자만의 정통을 고집하지 않고 朱子書 이외 十三經 및 諸子百家書 등에도 많은 관심을 보였다. 成渾·尹宣擧·尹拯 부자 등은 脫朱子的이며 실용적인 학문경향을 지녔고, 鄭齊斗·朴世堂·南九萬·崔錫鼎·閔以升·李世龜 등은 주자학을 기본 소양으로 지니면서도 양명학이나 노장학 등에 포용적이었다. 박세당의 『思辯錄』, 최석정의 『예기류편』, 남구만의 현실 대응 자세 등도 곧 그러한 예가 된다.[37] 최석정의 현실인식은 그가 속한 붕당, 즉 소론의 현실인식 범

---

34) 『숙종실록』 권48, 숙종 36년 3월 임신.
35) 『숙종실록』 권55, 숙종 40년 8월 신사; 『숙종실록보궐정오』 권55, 숙종 40년 8월 신사.
36) 『昆侖集』 권19, 行狀, 先考議政府領議政府君行狀; 『明谷集』 序(趙泰億撰).

주에서 파악할 수 있겠지만, 그 나름대로 독특한 점도 있다. 특히 그의 현실론은 조부 최명길 이래 家學의 영향을 받았다. 최석정은 붕당 간의 갈등이 첨예하게 대립하던 숙종 후반 정국을 이끌어 나갔기 때문에 이러한 현실 인식이 어떤 논리로 구체화되어 갔는지를 살필 필요가 있다. 여기서는 최석정의 현실인식 중 정국운영에 직접 영향을 준 것을 중심으로 살펴보고자 한다.

1) 積極的 變通意志

최석정의 현실인식 중 적극적인 변통의지를 우선 주목할 수 있다. 그는 현실에 문제점이 있다고 판단되면 원칙의 준수보다는 변통을 통해 해결하고자 했다. 현실인식의 기준을 자신이 당면한 현실 상황에 두고서 이를 변통하려는 의지를 보였던 것이다. 1707년 언관에서한 고을에 첩설된 서원을 합쳐 享祀할 것을 논계하였다.[38] 이에 대해 최석정은 배향 인물의 성취가 각자 달라서 합치는 것은 곤란하니 이후부터 첩설의 禁令을 엄격히 적용하자고 제안하였다. 폐단의 근본적인 해결을 주장하는 원칙론에 대해 기존의 문제점은 그대로 인정하려는 최석정의 현실론이 잘 드러난다. 그는 법과 원칙을 엄격하게 적용하기보다는 현실 상황에 따라 대응 자세를 달리하였던 것이다.

뿐만 아니라 최석정은 법의 적용조차도 상황에 따라 달리 하고자하였다. 1707년 최석정은 민암의 친족에게 연좌율을 적용하는 것은

---

37) 李銀順,『朝鮮後期黨爭史硏究』, 一潮閣, 1988.
38)『숙종실록』권45, 숙종 33년 8월 기유.

부당하다고 주장하였다.[39] 正刑에 伏法한 경우에만 연좌율이 법전에 명시되어 있고, 賜死당한 자와 불복하고 죽은 자에게는 연좌율이 없다는 논리였지만, 불복하고 죽은 민암은 그 죄상으로 봐서는 연좌율을 적용하는 것이 당연하였다. 이외에도 법전에 규정된 수령 연한인 65세를 넘기면서까지 전 목사 李昌齡·전 현령 李濟說을 강건하다는 이유로 별도 調用한 점이나,[40] 특별한 공로가 있다고는 인식되지 않던 안음현감 郭趂·군수 趙宗道의 贈諡시 '不待諡狀'을 허용한 점,[41] 자신이 천거한 金輔臣을 위해 수령의 考講 면제 사유에 節行과 志槪를 추가하자고 주장한 점[42] 등에서도 상황을 중시하는 인식을 엿볼 수 있다.

이와 같이 그는 당시 현실에 변통이 절실히 필요하다고 강조하였다. 이런 현실 인식은 1699년에 올린 「四條政弊箚子」에서 다음과 같이 나타나고 있다.

> 수천 간의 큰 건물이 오랜 세월을 지나면서 수리하지 않아 기둥과 주춧돌이 기울고 흔들리며, 서까래와 지붕이 썩고 무너져 가고 있다. 동쪽을 지탱하고 서쪽을 보수하여 근근이 하루하루를 보내고 있다. 밖에서 보면 웅장한 모습이 그대로 있으나, 내부를 들여다보면 곧 엎어질 것 같다.[43]

---

39) 『숙종실록』 권45, 숙종 33년 12월 무술.
40) 『숙종실록』 권45, 숙종 33년 12월 무술.
41) 『숙종실록』 권46, 숙종 34년 8월 계해.
42) 『숙종실록』 권32, 숙종 24년 2월 경오.
43) 『明谷集』 권16, 疏箚, 四條政弊箚子. "今日之事 譬如數千間大厦 歲月寢深 久不修理 柱石傾 撓 棟宇朽敗 東撑西補 僅僅度日自外視之 巍然尙

즉 조선왕조를 당장이라도 무너질 것 같은 집으로 비유하여 변통을
하지 않으면 안된다고 인식하였던 것이다. 이러한 주장은 변통론자
의 공통된 인식이지만 그는 누구보다도 현실에 대해 위기의식을 심
각하게 느끼고 있었다.

최석정은 변통의 당위성과 논리적 근거를 입증하고자 노력하였다.
먼저 『周易』의 '窮則變 變則通 通則久'라는 원칙에 근거하여 백성의
생활이 곤궁하다면 성인의 법도 고칠 수 있다고 확신하였고, 역사적
으로는 이 원칙을 조부 최명길이 실천하였다[44]고 주장하였다. 선왕
의 법을 준수하는 것이 옳은 도리지만, 오래되어 폐단이 생겨났다
면 당연히 변통하지 않을 수 없다[45]는 것이 그의 논리였다. 이에 따
라 『經國大典』 중 폐지되어 거행하지 않는 것은 '修而行之'하고, 변천
하여 장애가 많은 것은 '疏而通之'하여 朝宗의 본뜻에 부합하게 하는
것이 금일의 급선무다[46]라고 하였다. 즉 조종의 성헌이라도 폐단이
생긴 것은 고치고, 폐지되어 시행되지 않는 것은 개선함으로써 백성
에게 이로움을 가져다줄 수 있는 것이 조종의 마음이라[47]고 확신하
였던 것이다. 따라서 최석정은 변통의 범위를 넓게 잡는 대변통을

存而顧其中則顚覆在卽 於斯時也"
44) 『明谷集』 권15, 疏箚, 陳序官求才之方箚.
45) 『明谷集』 권16, 疏箚, 四條政弊箚子. "易曰 窮則變 變則通 通則久 傳
曰 生民之理有窮 則聖王之法可改 今官制之窒碍如此 則何可無權時
制宜之道(중략) 仁祖朝 臣祖父故相臣鳴吉秉銓時 箚陳所懷 變通官制"
46) 『明谷集』 권16, 疏箚, 四條政弊箚子. "我國王制 有經國大典 其中廢弛而
不擧者 修而行之 變遷而多碍者 疏而通之 俾革衰季之積弊 以合朝宗之
本意 此今日之急先務也"
47) 『明谷集』 권19, 疏箚, 仍陳所懷疏. "謹守成憲 而久而生弊者理之 廢而不
擧者修之 明勅法令 而害政者革而通之 便民者斷而行之"

옳게 여겼다. 그리하여 크게 변통하면 큰 이익이 있을 것이고, 작게 변통하면 작은 이익이 있을 뿐이다[48]라고 하였다.

나아가 최석정은 변통을 현실에 실천하는데 적극적인 의지를 보였다. 우선 변통의 성사여부는 국왕의 의지에 달려있다고 보았다. 국왕의 의지만 있으면 세종때 金宗瑞의 육진개척, 효종때 金堉의 대동법을 실시에서 그랬던 것처럼 변통을 담당할 신하는 얼마든지 있다는 것이다. 따라서 숙종의 변통 의지만 굳게 선다면 최석정 자신이 변통의 주체가 되어 실천하겠다고 강조했다.[49] 이러한 최석정의 적극적인 변통의지는 17세기 후반 사림정치에서 나타난 국정운영의 난맥상, 책임행정의 부재, 벌열 중심의 인사, 붕당 간의 갈등 등을 해결하려는 자세로 나타났다.

최석정이 적극적인 의지를 가지고 변통을 추구하였지만, 조정 신료들의 변통의지는 미약하였다. 이들은 대체로 최석정의 현실인식 수준에 미치지 못하였으며 소극적인 자세로 일관하였다. 이는 갑술환국 이후 국정 쇄신을 강하게 열망하던 이조판서 박세채의 변통안 논의를 통해서 확인할 수 있다. 그가 주장한 議政府署事制의 복구와 內需司의 혁파에 대한 논의하는 과정에서 조정 신료들은 우물쭈물하면서 왕의 결정에만 미루다가, 결국 한 가지도 실행하지 못하는 모습을 보였다.[50] 이런 모습은 숙종 후반기 오랫동안 논란을 거듭하

---

48) 『숙종실록』권9, 숙종 6년 7월 임인.
49) 『明谷集』권16, 疏箚, 四條政弊箚子.
50) 『숙종실록』권27, 숙종 20년 11월 갑술.

였던 良役變通이나 都城修築事, 行錢 논의 등에서도 마찬가지였다. 그들은 문제점이 있음을 알고 있었지만 인순고식하는 자세를 쉽사리 버리지 못하였던 것이다.

조정신료들의 변통의지가 미약한 근본적인 원인은 변통을 둘러싼 이해관계 때문이었다. 변통은 그 과정에서 기득권층의 이해와 상충되게 마련이어서 모든 사람들을 만족시키는 변통을 요구한다는 것은 사실상 변통을 거부하는 것이나 마찬가지였다.[51] 여기에 公論을 중시하는 사림정치적 요인이 더해졌다. 공론은 정책 결정과정에서 다양한 논의를 반영할 수 있었지만 정책의 혼선, 공론의 빙자 등을 초래하였던 것이다.

따라서 최석정이 추구한 변통은 별다른 성과를 기대하기 어려웠다. 1699년 최석정이 올린 「四條政弊箚子」를 논의하는 자리에서 국왕이 실행 가능성에 대해 각자의 의견을 물었지만 모두 어렵다고 대답하였다. 스승인 남구만조차도 비변사 변통론에 대해 이름만을 바꾼다고 하여 실질이 달라지는 것은 없으니 변통이 무익하다[52]고 말하였다. 최석정 스스로 자신의 변통론에 대한 조정의 논의가 시일만 끌다가 끝내는 하나도 시행되지 못함을 한탄하였다.[53] 게다가 최석정의 변통론을 비판하던 세력들은 그의 변통론은 짧은 지식과 하찮

---

51) 『숙종실록』 권39, 숙종 30년 2월 기묘.

52) 『숙종실록』 권33, 숙종 25년 5월 계사.

53) 『明谷集』 권17, 疏箚, 辭領議政三疏 癸未. "其時廟議 初無非毀之意 惟以有難遽行 姑待徐議爲斷 終無一言一策之見施 固知識慮疎淺 不足以救時補弊 而指畫條陳 多不合於機宜而然耳"

은 재주로 법제를 변경하였다[54]고 평가절하했다. 결국 최석정은 실각하였고, 처벌까지 받게 되었다.

2) 實利的 對淸認識

최석정의 현실인식은 대청관계에서 잘 나타난다. 중국에서 명·청의 세력 교체는 조선 사림에게 큰 충격을 주었다. 이전부터 우호관계를 맺어온 명과 실세로 부상한 청 사이에 사람들은 명분과 현실의 심각한 괴리에서 오는 갈등을 겪게 되었다. 그 결과 인조반정과 병자호란시 주요 논리였던 대명의리를 청이 중원을 장악한 현실에도 불구하고 오히려 강화시켜 갔다. 그러나 대명의리를 고집하는 대다수의 사림과는 달리 최석정은 실리적 대청인식을 견지하였다. 성리학적인 대의 명분론에 따른 대명관계를 고집하기보다는 이미 중원을 차지한 청나라의 실체를 인정했던 것이다. 청을 오랑케로 인식하지 않는 논리는 춘추의 법에 중국도 오랑케 禮를 사용하면 오랑케가 되고, 오랑케도 중국에 나아가면 중국이 된다[55]라고 밝힌 데서 잘 나타난다. 여기에는 조부 최명길이 주화론을 주도하였기 때문에 자신의 인식도 그 범위를 벗어날 수 없었던 점도 작용하였다.

최석정의 대청인식은 청과의 開市 설치 과정에서 엿볼 수 있다. 1697년 청북지방에 극심한 흉년과 기근으로 백성들이 개시 무역을 원하자, 조정에서 이를 받아들여 책문에서 교역할 수 있도록 청나

---

54) 『숙종실록』 권38, 29년 3월 정사.
55) 『明谷集』 권11, 雜著, 正統論. "春秋之法 中國而用夷禮則夷之 夷而進於中國則中國之 此聖人大公至正之心也"

라에 요청하였다. 이듬해 청에서 쌀 4만 석을 보내왔으나 淸商의 농간으로 그 가격과 품삯이 지나치게 높았다. 게다가 청은 교역미 2만석 이외에 1만 석을 무상으로 주면서 국왕이 국경에 親臨하여 감사의 뜻을 표시하라고 요구하였다. 현실이 다급하여 도움을 요청하긴했지만, 내심 불쾌하게 여기고 있던 신료들은 청의 고압적 자세에불만이 고조되어 갔다. 이때 국왕을 대신하여 최석정이 접반사로 나갔다.

그런데 최석정은 '眷弟'라는 두 글자가 쓰여진 청 사신 陶岱의 名帖과 封書를 거절하지 않은 채 조정에 보고하였다. 이는 대명의리를신봉하는 사람들로서는 도저히 용납할 수 없는 치욕이었다. 게다가청나라 상인들은 자신들이 가져온 私米와 貨物의 교역까지 요구하여 조선은 현실적 실리마저 사라지게 되었다. 모든 책임을 최석정에게 물어 처벌을 요구하는 목소리가 높아 갔다. 이에 최석정은 다음과 같은 논리로 대응하였다.

開市를 청한 것은 만부득이하였지만, 나라를 욕되게 하고 폐를 끼친 것이 이처럼 극도에 이르렀습니다. 더욱이 그 名帖 가운데 있는 한 글자를보니 그 통분함이 어찌 한정이 있겠습니까? 극력 다투고 찢어 버리는 것이마음에 통쾌함을 모르는 것은 아닙니다. 다만 저들의 일이란 정상적인 관례로 대할 수 없으므로 "의당 좋은 말이라 하여 족히 기뻐할 것이 없고 나쁜 말이라 하여 노여워할 것도 없다"는 의리로 대처하였습니다. 지금 만약극력 다투게 되면 저들이 반드시 성을 내어 한없는 근심을 만들어 낼 것입니다. 차라리 극력 다투지 못한 죄를 조정으로부터 받을지언정 감히 나라의 중대사를 무심하게 볼 수 없어서 끝내 물리치지 못하였습니다. 이는 실로 신의 죄입니다.[56]

즉 최석정은 청을 야만시하는 명분보다는 국익을 위해 분란을 야기하지 않으려는 현실을 중시하였기 때문에 저들의 무례함조차도 용납할 수 있다는 것이다. 최석정은 이를 중국이 주변 오랑캐들에게 취한 羈縻策과 동일시하였다. 군사와 국세가 쇠약하므로 기미책을 쓸 수밖에 없고, 따라서 주자가 "먼저 회복의 실질을 닦되 회복의 형식은 보이지 말라"[57]고 한 것을 실천해야 된다는 것이다. 그는 조선의 국세가 청에게 이길 수 없다는 현실 인식을 분명히 하고, 이에 따라 대처하고자 했던 것이다.

국세의 차이를 인정한 바탕 위에 외교를 전개해야 된다는 논리는 대일본인식에서도 엿보인다. 임진왜란 때 당한 치욕보다는 당시 현실을 인정해야 한다는 것이다. 1697년 증조부가 임진왜란 때 순절하였다 하여 체직을 요구하는 부산첨사 李錫의 문제를 논의하는 자리에서 최석정은 이석의 경우 부모의 원수와는 다르며, 일본의 집권세

---

56)『숙종실록』권32, 숙종 24년 5월 신묘. "右議政崔錫鼎還到宣川上疏請譴日 請市之擧 萬不獲已 而辱國貽弊 至於此極 況其名帖中一字 看來痛惋 庸有極哉 非不知苦싹裂壞之爲快於心 而第彼人之事 不可待以常例 宜以善言不足喜 惡言不足怒之義處之 今若力爭 彼必生怒 有無限作梗 寧受不能苦爭之罪於朝廷 不敢恝視於國家重事 終不得退却爭執 此實臣罪也"
57)『明谷集』권15, 疏箚, 在宣川辭職疏.

력이 교체되어 修好를 하고 있으니 신하로서 사사로운 의리를 말할 수 없다고[58]하여 반대 의사를 개진하였다. 이런 논리는 소론 吳道一이 춘추대의를 밝혀야 옳은 일이지만, 이미 중강개시가 관례화되어 있는 현실을 인정해야 된다[59]는 논리를 펼친 것처럼, 소론에게서 공통적으로 볼 수 있는 것이었다. 그러나 최석정의 경우 그 강도는 훨씬 강하였으며 대청 인식도 가장 적극적이었다.

따라서 최석정은 대명의리를 고집하던 노론을 비판적으로 인식하였다. 1714년 최석정이 유생 李匡輔·朴弼顯을 대신하여 윤증에게 올리는 제문을 지어 주면서 송시열의 춘추대의를 공격하였다.[60] 송시열의 복수대의를 "空言은 실천하지 못하였고, 高論은 이룬 것이 없었다"라고 폄하했던 것이다. 춘추대의를 실천하기 위해서는 그 대임을 맡은 자와 시세를 살펴야 하는데, 송시열은 자신과 시세를 헤아리지 않고 한갓 그 명예만 사모하여 책임을 실제로 수행한 적이 없다는 것이다. 최석정의 대청인식은 대명의리의 허구성을 철저히 비판한 데서 나온 것이었다.

그리고 최석정은 대명의리의 표본으로서 상징되던 林慶業의 업적을 부정시하였다. 1697년 임경업의 손자 林重蕃이 조부의 신원을 주장하는 상소를 올렸다.[61] 최석정은 임경업이 尊周의 의리를 밝히려

---

58) 『숙종실록』 권31, 숙종 23년 11월 기축.
59) 『숙종실록』 권32, 숙종 24년 7월 신묘.
60) 『숙종실록』 권55, 숙종 40년 8월 신사; 『숙종실록보궐정오』 권55, 숙종 40년 8월 임오.
61) 『숙종실록』 권31, 숙종 23년 12월 을묘.

한 것보다는 망명하여 국가에 근심과 해를 끼친 것을 중시하여 그의 신원을 반대하였다. 최석정의 논리는 청 사신이 국왕을 핍박하는 국가적 위기 상황에서 일신상의 안위만을 생각하여 도망갔다는 것이다. 이는 최석정이 조부 최명길의 불철저한 대명의리에 대한 비판적 여론을 그토록 부인·강변하려고 했던 점[62]과는 자못 다르다. 즉 최명길이 대명의리에 철저하였다고 주장했다면 임경업의 대응자세와 업적도 적극적으로 선양 포상했어야 옳은 일일 것이나 최석정에게는 대명의리의 천명보다는 국가 현실이 더 소중하였던 것이다.

이러한 대청인식에 따라 최석정은 중국의 제도만을 그대로 따르는 것이 옳지 않다고 보았다. 1696년 왕비와 세자빈이 종묘를 알현하는 문제를 논의하였다.[63] 이는 명분과 의식의 회복을 통해서 국정을 주도하려는 숙종에 의해 제안된 것으로, 조선의 예에는 없고 중국 『大明會典』에 근거한 것이었다. 최석정은 『대명회전』을 조선에 적용하기는 곤란하여 한번도 거행한 적이 없으며, 시행했을 때 절목에 방해되는 점이 많다는 이유를 들어 반대하였다. 최석정은 중국에서 실행하는 천자의 제도는 조선에서 실행하지 않는 것이 '從周'의 뜻이라는 것이다. 이러한 인식은 당시 소론계 관료들이 중국의 제도를 따르는 것이 '從周'의 뜻이라고 인식한 것과는 대비된다.

최석정의 대청인식은 의리명분에 철저하다고 자부하던 노론세력들에게 비판의 대상이 되었다. 1698년 開市시 이조참의 金盛迪과 집

---

62) 『숙종실록보궐정오』 권43, 숙종 32년 3월 정묘.
63) 『숙종실록』 권30, 숙종 22년 10월 임진.

의 鄭澔 등 노론강경론자들은 대명의리를 천명하였다. 특히 정호
는 국가의 계책이란 일시적인 이해를 중시해서는 안된다는 원칙론
에 입각하여 이해와 의리 모든 측면에서 모두 부당하다는 논리를 폈
쳤다.[64] 의리의 면에서 볼 때 춘추대의를 져버리는 것이 되며, 이해
의 면에서는 청의 요구를 만족시킬 수 없다는 것이다. 이런 노론의
공격에 대해 국가와 백성을 위해 어쩔 수 없었다고 숙종이 변호했지
만, 명분론이 강화되어 가는 분위기 속에서 상대세력으로부터 비판
의 강도는 높아져 갔고, 최석정의 대청인식은 상대적으로 그 입지가
좁아졌다.

　1706년 사학유생 宋婺源 등은 최석정에 대한 근원적인 공격을 하
였다.[65] 그는 명나라 황제에게 제사지내는 大報壇에 주화파 최명길
의 손자인 최석정은 나갈 자격이 없을 뿐만 아니라, 명나라를 배반
하는 인식은 집안 내림으로 지난번 개시 때 들어났다는 상소를 올렸
다. 이에 대해 최석정은 "의리는 무궁하기 때문에 한때의 곤란을 당
해서는 권도를 행할 수 있다"는 원칙을 천명하고, 최명길의 주화론
이 정당하였음을 누누이 변호하였다.[66] 최석정의 변론으로 논란이
잠시 중단되었지만, 이것은 언제든지 확대·재생산 될 수 있는 소지
를 안고 있었다. 1714년 윤증의 제문에서 송시열의 춘추대의를 폄하
한 뒤 최석정의 대청인식에 대한 비난은 절정에 달하였다.[67] 유생들

---

64) 『숙종실록』 권32, 숙종 24년 4월 계유; 5월 무인.
65) 『숙송실록』 권44, 숙종 32년 3월 신유.
66) 『숙종실록보궐정오』 권43, 숙종 32년 3월 정묘.
67) 『숙종실록』 권55, 숙종 40년 8월 신사; 『숙종실록보궐정오』 권55, 숙종 40년 8

을 앞세운 노론들이 거세게 항의하였는데, 이때도 그들의 논리는 최명길과 최석정을 주화파의 동일 선상에 두는 것이었다.

17세기 후반 대명의리가 허구임에도 불구하고 현실에서는 오히려 강화되어 가는 상황은 명분을 지나치게 중시했던 말폐라고 할 수 있었다. 이에 반해 최식정은 실리적 인식에 따라 현실문제를 적극적으로 해결하려는 자세를 가졌다고 할 수 있다.

4 政局運營論

최석정이 출사하였던 숙종대는 정치적 격변기였다. 환국을 거치면서 서·남인 간의 갈등은 깊어졌고, 갑술환국 이후에는 노·소론 간의 갈등으로 발전하였다. 붕당 간의 갈등은 명분과 의리를 중시한 풍조와 결부되어 국정 집행을 어렵게 하고 권력이 소수 가문에게 집중되는 문제를 야기했다. 최석정은 앞에서 설명한 바와 같이 현실을 중시하고 변통하려는 인식을 바탕으로 정국운영에서 나타난 문제점을 해결하고자 했다. 이는 붕당 간의 갈등 해소, 효율적인 국정집행, 능력 중시의 인사행정 등으로 나타났다.

1) 朋黨 間의 葛藤 解消

숙종은 문제를 근본적으로 해결하기 위한 국정 운영 논리를 제시하기보다는 표면적인 정국 수습만을 도모하여 정치와 국왕에 대한

월 임오.

불신과 권력 갈등을 심화시켰다. 그래서 특정 정파가 권력을 독점하고, 공론을 수렴하는 장치는 당론을 부식하는 도구로 전락하였다. 당시 당론을 행사하는 근저로 삼사와 銓曹를 지목할 수 있다. 각 붕당은 삼사에 자파 인물을 부식하고, 이를 통해 당론을 행사함으로써 공론의 근본인 삼사가 모두 私黨의 농간에 들어가게 되었다[68]는 비판을 받았다. 대간을 注擬할 때 그 인물의 賢否보다는 논의만을 보았고, 대간의 處置는 사안의 시비보다는 자신의 주장과 異同 여부에 따라 결정되었다. 따라서 대간의 黜昔가 분답하였고, 사헌부의 推考에 대한 해명서를 조사하지 않더라도 처치를 담당하는 사람을 보면 入落을 벌써 알 수 있었다.[69]

삼사의 분란보다 심한 곳이 전조였다. 의리와 명분 논쟁보다는 권력의 향방을 결정하는 인사권을 장악하려는 갈등이 전면에 나타났다. 이런 모습은 1705년 1월 지평 金栽가 조정의 갈등으로 묘당과 전조가 그 핵심에는 놓여 있어서 국정을 주관하는 자는 하루도 편한 날이 없다[70]고 지적한 데서 잘 나타난다. 따라서 전조의 장관이 출사를 기피하고 탄핵과 논박의 집중 대상이 되었던 것이다.[71] 전조뿐만 아니라 군문대장이나, 비변사의 인사권을 행사하던 대신의 집에 奔競이 폭주하였다.[72]

---

68) 『숙종실록』 권34, 숙종 26년 8월 계미.
69) 『숙종실록』 권53, 숙종 39년 5월 을사.
70) 『숙종실록』 권41, 숙종 31년 1월 경술.
71) 『숙종실록』 권53, 숙종 39년 5월 신사. "時吏曹判書宋相琦 參判李萬成以日前洪致中疏 引嫌不出萬成尤力辭 開政命下 凡七日常不擧行 上連下嚴旨 至是萬成始應命開政"

그런데 붕당 간의 갈등은 삼사와 전조의 분란을 심화시켰을 뿐만 아니라 신료들이 조정에 출사하는 것 자체를 꺼리게 만들었다. 붕당의 분란에 빠져들지 않겠다는 것이 그 이유였다. 신하들은 국왕보다 자신의 염치만을 더 소중하게 여기고 국왕의 牌招를 거부하기도 했다.[73] 그들을 의금부에 하옥시키기도 했으나 오히려 이를 고상한 것으로 여기기 때문에 왕권행사의 한계만 노출시켰다.[74] 그래서 최고 국정을 논의하던 비변사의 次對에서 국정에 무관심하거나, 政令이 무상하게 전도되었다는 비난이 쏟아졌다.[75] 붕당 간의 갈등으로 심화된 국정 난맥상을 해결할 필요성이 절실하였다.

숙종은 갑술환국후 노·소론 간의 갈등이 심화되자, 스스로 사방의 표준이 되어 '建極'에 힘쓸 것임을 천명하였다.[76] 신하들도 붕당 간의 갈등이 국왕의 공정하고 일관된 자세가 결여된 데서 비롯되었다고 보고, 국왕이 건극을 세워 공정하게 인사행위와 시비분별할 것을 주장하였다.[77] 나아가 신하들은 국왕이 經筵·輪對에 적극적으로

---

72) 『숙종실록』 권50, 숙종 37년 10월 경오. "持平宋成明上疏專論君臣上下循私之弊 略曰(중략) 以至朝廷之上 私意橫流 無有擔當國事 一心向公做去 廟堂尉薦 輒擧姻族 銓路備擬 多出私干 苟一官缺 奔競者輻輳於黃扉 於是乎 大臣之請 紛乎兩銓之門 兩銓亦不應副 大臣必曰 銓官輕私也 不知其自輕也 故人輕之 甚至軍校吏胥之闕 干囑隨至 此實積久之痼弊"

73) 『숙종실록』 권40, 숙종 30년 9월 정사.

74) 『숙종실록』 권45, 숙종 33년 11월 경술; 『숙종실록』 권47, 숙종 35년 1월 을유.

75) 『숙종실록』 권47, 숙종 35년 6월 무오. "獻納 李縡 上疏曰(중략) 噫 爲治之道 莫先於以實心行實政 而備局次對盡歸空談 慶筵進講 只遵常規 大小事務 一切置之皮膜之外 而政令顚倒 銷刻無常 人心不信 國體益輕"

76) 『숙종실록』 권39, 숙종 30년 5월 신해.

77) 『숙종실록』 권38, 숙종 29년 2월 을유; 『숙종실록』 권41, 숙종 31년 1월 경술.

참여하고, 승정원·비국·육조의 소관 사안을 직접 챙겨 국정을 주도적으로 장악할 것을 요구하였다.[78] 사림정치의 자율성과 복원력을 상실한 결과, 국정의 주도권을 사림 스스로 국왕에게 넘기게 되었던 것이다.

숙종대 내내 관료생활을 한 최석정도 붕당 간의 갈등에서 자유로울 수 없었다. 그 스스로 붕당에 대해 온건한 자세를 견지하고 남에게 원성을 듣지 않도록 조심하였으나, 대신의 지위에 오르고 국왕의 신뢰가 깊어지면서 시기와 원망의 중심에 놓이게 되었다. 갑술환국 이후 노·소론 간의 갈등이 첨예화되면서 국정을 책임진 대신으로 이를 수습하지 않을 수 없었다. 최석정은 역사적으로 볼 때 붕당이 중국의 東漢에서부터 시작되어 唐의 '牛李黨', 宋의 '川洛黨' 등이 있었는데, 결국 망국의 원인이었으며, 본조 중엽에도 사류가 붕당을 나누되 처음에는 언론 간의 갈등에 지나지 않았으나 끝내는 서로 살륙하기에 이르렀고, 끌어들이고 배척하는 것이 모두 당론에 나왔다[79]고 했다. 붕당이 격화된 원인은 그 지위에 있지 않으면서 무리를 지어 이해를 추구한 데 있고, 그 결과 권력의 사적인 독점과 왕권의 약화, 국정체계의 문란을 초래했다[80]고 보았다.

---

78) 『숙종실록』 권47, 숙종 35년 1월 정해.
79) 『明谷集』 권21, 碑銘, 禮曹判書桂村李公神道碑銘(李之翼). "朋黨之論 起自東漢之季 唐有牛李 宋有川洛 率爲亡國之兆 本朝中葉 士類分 朋 其初不過言論舐軋 末流之禍 馴至於呑屠剪滅 其間雖不無臧否得 失之可論 喜同惡異 相助匿非則均焉 正所謂春秋無義戰者 而卿士人 夫不入于彼 必入乎此 鮮能自脫於黨目 其有宅心公平 不落於標榜者 則雖親朋久要 輒相與擊排棄斥 使不容於朝"
80) 『明谷集』 권21, 碑銘, 贈領議政長浦李公神道碑銘(李孝元). "淫朋比德

이러한 인식에 따라 최석정은 스스로 붕당 간의 갈등에서 벗어나고자 하였다. 붕당 간의 갈등을 항상 걱정하여 인사와 국정을 논할 때 자신이 당론을 행사하지 않았음은 길을 가던 사람도 역시 알 것이다[81]라고 자부하였다. 또한 붕당에 비판적었던 인물들을 높이 평가하였고, 은연중에 이들의 현실대응 자세를 본받고자 하였다. 徐必遠·金始振·李之翼 등을 여러 차례의 정국 변동에서도 자신의 견해를 굳게 지키거나 소신에 따라 행동한 인물로 손꼽았다.[82] 이들은 공통적으로 명분보다는 실무를 중시한 관료들로서 최석정의 현실인식과 궤를 같이하였다. 최석정은 붕당 간의 갈등을 해소하는 대책으로 탕평론과 남인의 수용을 제시하였다.

① 蕩平論

최석정이 제시한 붕당 간의 갈등을 해소 방안으로 우선 탕평론을 주목할 수 있다. '蕩平'은 『尙書』洪範九疇에 나오는 '無偏無黨 王道蕩蕩 無黨無偏 王道平平'을 지칭하는 것으로서, 국왕이 지극히 공정한 자세로 국정에 임한다는 의미를 지닌다. 탕평이 정치에서 원론적인 의미를 지니고 있으나, 숙종대 붕당 간의 갈등이 극심해지자 이를 해결하는 방안으로 모색되었고, 갑술환국 이후 실제 정국에 적용

而國禍凶 一同一異 用舍愛憎 顯利私權 歸成其私 主勢日卑 難亡隨之 從古迄今 混混潁波 孰能超然 介立不阿 猗嗟李公 秉持剛方 無畔無援 信心直行 刺擧不避 權貴氣索 世道婆嬗 弗貳其德"

81) 『明谷集』권18, 疏箚, 仍陳所懷疏.
82) 『明谷集』권21, 碑銘, 禮曹判書桂村李公神道碑銘(李之翼).

되었다. 이때 탕평론은 붕당 간의 갈등을 극복하기 위해 국왕이 정치의 주체로서 정치세력을 '調劑保合'한다는 의미였다. 탕평론을 적극적으로 개진한 인물은 박세채였다.[83] 박세채의 탕평론은 李珥의 調劑保合論을 계승한 것으로 '皇極'의 도를 세워 '正邊'·'邪邊'만을 가려 각 붕당의 인재를 모두 조제보합하자는 것이었다. 즉 黜陟을 한 사람에게만 그치게 함으로서 화합하는 경지에 도달하게 하자는 朋黨共助論으로 실제 정국에 깊은 영향을 끼쳤다.[84] 최석정의 탕평론이 박세채의 그것보다 실제 정국에 큰 영향을 끼치지는 못하였지만, 숙종대 정국 수습책으로서의 일정한 의미를 지니고 있다.

최석정의 탕평론은 1694년(숙종 20)을 경계로 하여 차이를 보이고 있다. 1679년의 상소, 1688년의 箴言·箚子 등에서 표방한 탕평론에서 그는 '建極'을 국왕의 수신 도리라고 보았다. 이는 李珥가 탕평론을 '修己'의 입장에서 해석한 것과 일맥상통하며, 아직 탕평론을 정국에 적용할 만한 시기가 아니라고 인식한 데서 기인한다. 즉 『상

---

83) 鄭景姬는 최석정을 포함한 소론의 탕평론을 조정적 탕평론, 박세채의 탕평론을 시비명변후의 탕평론으로 구별하였다(鄭景姬, 「肅宗代 蕩平論과 '蕩平'의 試圖」, 『韓國史論』30, 1993, pp.135~142). 朴光用은 탕평론은 조제보합론을 기초로 하고 있으며, 국왕을 주체로 하는 논리라고 했다. 최석정의 붕당론은 군주가 건극을 세워 公天下의 是非에 입각하여 인재를 조제하면 된다는 것이다. 이는 최명길의 붕당부정론을 계승한 것으로 박세채의 조제보합론과는 다르다고 하였다(朴光用, 「朝鮮後期 蕩平硏究」, 서울대학교 박사학위 논문, 1994. p.32). 禹仁秀는 박세채가 붕당에 대한 부정적 인식에서 군주가 표준을 세우는 皇極蕩平論을 주창하였는데, 인재의 조제를 목적으로 노·소론을 중심으로 남인을 선별적으로 수용하는 것이라고 주장하였다(禹仁秀, 「朝鮮 肅宗朝 南溪 朴世采의 老少仲裁와 皇極蕩平論」, 『歷史敎育論集』19, 1994).

84) 박광용, 앞의 박사학위논문, pp.22~26.

서』탕평론을 인용하여 이것이 국왕의 건극의 도리이고 수신의 방법
이라고 전제하였다. 수신의 도리는 나에게서 올바른 것을 바로 세운
후에 다른 사람의 不正을 올바르게 하고, 공적인 것을 세운 후에 다
른 사람의 不公을 책할 수 있다[85]고 주장하였다. 또 최석정은 건극
을 실천하기 위해서는 국왕의 立志가 필요하다고 보았다. 1688년에
올린 차자에서 당시의 심각한 폐단으로 허위와 번쇄로 가득찬 풍습
및 인심의 타락과 해이해진 국가 기강을 들고, 이것을 바로잡기 위
해서는 국왕의 엄정한 자세가 필요하다고 강조하였다. 나아가 국왕
이 지극히 공정한 자세로 신료들을 대한다면 분열된 조정을 바로잡
을 수 있다[86]고 보았다.

갑술환국 이후 최석정의 탕평론은 변화를 보인다. 1697년에 올린
차자에서 당시 상황을 마치 거대한 집이 겉으로는 웅장한 것 같으나
안으로는 썩어들어가 바람에 곧 쓰러질 것 같은 지경이라서 지금 당
장 고치지 않는다면 무너질 것이라고[87] 인식하였고, 국왕의 수신 차
원을 넘어 현실 정국에 탕평론을 적용해야 할 필요성을 절감하고 있
다. 그리고 그 실천 여부는 오직 국왕에게 달렸다고 보았다. 즉위한

---

85) 『明谷集』 권14, 疏箚, 辭館職兼陳所懷疏 戊午. "書曰 凡厥庶民 無有淫
朋 人無有比德 惟皇作極 又曰 無偏無黨 王道蕩蕩 無黨無偏 王道平平
會其有極 歸其有極 此殿下所當加意者也 夫人君建極之道 不在於他 惟
在此身之修(중략). 臣請言修身之道(중략) 必須在我者極其正而後 可以
正人之不正 極其公而後 可以責人之不公"

86) 『明谷集』 권15, 疏箚, 玉堂箚子.

87) 『明谷集』 권15, 疏箚, 因虹變辭職仍陳戒箚. "人心世道之變遷 如水益下
今年不如往年 明日不如今日 若不及今改圖 惕然自奮 一有所大作爲 則
必將駸駸莘莘 日趨危亡 譬如千間廣厦 歲月滋久 外雖巋然 內實朽敗 一
遇震風 傾覆立至 求保目前之無事 亦不可得 豈不殆哉"

지 20년이 지났어도 국정이 혼란스럽고 백성이 불안해하는 것은 국왕의 뜻이 세워지지 않았기 때문으로 국왕이 공정한 자세로 시비분별하고 재능에 따라 用人한다면, 皇極이 세워지고 붕당이 사라질 것이라고 전망하였다.

그래서 최석정은 국왕 중심의 탕평론을 정국수습책으로 제시하였다. 국왕이 지극히 공평하게 표준을 세워 지난 날의 형적에 얽매이지 말고 오직 유능한 자를 등용하여야 한다는[88] 원칙론을 전제하고, 이에 따라 시비의 대체를 잃지 않고 用捨의 조치를 명백하게 할 것을 주장하였다. 다시 말하면 색목을 논하지 말고 재주에 따라 등용하며, 用捨와 賞罰을 명백하게 한다면, 조정이 대화합은 기대할 수 없다 하더라도 서로 화합하는 경지에 이를 것이라고 기대하였다.[89]

이러한 논리에 따라 최석정은 숙종 후반에 노·소론 연립정국에 적극적으로 참여하였다. 그리고 노론과의 보합에도 노력하여 노론 李畬와 조제를 논의하였고, 노론 강경파인 김창협을 招致하고자 했다. 그래서 이조판서 시 공정하게 인사를 했다는 평을 듣기도 했다.[90]

최석정의 탕평론은 정국의 안정을 중시했다는 점에서 숙종의 의도와 부합되었다. 숙종은 스스로 조정의 분열이 심한 것은 자신이 건극을 실천하지 못한 까닭이라고 반성하고, 재능에 따라 調用하고 그 시비를 명확히 한다면 탕평에 이를 것이라고 기대했다.[91] 그러나 숙

---

88) 『숙종실록』 권30, 숙종 22년 4월 신유.
89) 『숙종실록』 권45, 숙종 33년 11월 갑인; 『明谷集』 권19, 疏箚, 仍陳所懷疏.
90) 鄭景姬, 앞의 논문, pp.165~166.
91) 『숙종실록』 권46, 숙종 34년 1월 계축.

종이 노·소론의 적당한 안배와 균형을 취한 데 비해, 최석정은 궁극적으로 '罷朋黨'을 추구하였다. 또한 붕당의 존재 여부라든지 시비변별에 대해 명확한 입장을 제시하기보다는 단순히 왕권의 역할만을 통해서 붕당타파를 달성하고자 했다. 따라서 붕당의 존재가 용납되었던 상황에서 박세채보다 논리적 타당성이 약하였고, 이 때문에 숙종대는 물론이고 탕평책이 본격적으로 시행되던 영·정조대에 별로 주목받지 못하였다.

②南人 收用

탕평론의 논리에 따라 정국수습책으로 갑술환국 후 남인수용론이 제시되었다. 숙종은 노론으로 하여금 대남인 보복을 확대하지 않도록 調停的 蕩平論을 주문하였는데, 소론이 이에 적극 호응하였다. 일찍이 박세채는 붕당의 폐단은 권력을 장악한 후 출현하는 權奸의 당에 있지 사류들의 당에 있지 않다고 주장하였으며, 윤증은 붕당 간의 怨毒을 풀어야 한다는 논리를 전개하였다. 최석정도 붕당 간의 갈등을 해소하기 위해서는 남인 수용이 필요하다고 생각하였다. 그는 숙종 초반 남인정권하에서도 출사하였고, 경신환국 후 서인의 노·소론 분기시에 淸論을 자임하였다. 역모조작이나 정탐정치를 일삼는 훈척과 결탁한 노론을 비난해 마지 않았으며, 이들에 의해 남인이 탄압당한다고 보았다. 이는 곧 남인에 대해 온건론적인 입장을 견지했으며, 이는 갑술환국 후 남인 수용 논리를 전개하는 바탕이 되었다.

최석정은 갑술환국 후 붕당 간의 갈등을 해소하기 위해 가장 적극적으로 남인들의 죄를 탕척하고자 했다. 그의 논리는 남인의 죄는 무겁기는 하나 모두 고질적인 당파의 풍습에 말려 들어간 것이니 한두 사람의 흉악한 우두머리를 제외하고는 등용하는 것이 王道政治이다[92]라는 것이었다. 이에 따라 갑술환국 후 노론의 대남인 강경책에 맞서, 최석정은 세자 보호라는 명분을 내세워 남인 수용에 적극적인 자세를 보였다. 갑술환국 시에 장희빈이 남인과 연결되었다는 혐의를 받자, 세자를 보호하기 위해서 스승 남구만이 장희재의 처벌을 반대하였고, 신사옥시에는 장희빈의 관련된 혐의를 덮어두고자 최석정은 세 차례의 격절한 상소를 올렸다.

최석정의 남인 수용 의지는 閔黯의 친족에게 연좌율을 적용할 수 없다고 주장한 데서 잘 나타난다.[93] 민암은 갑술환국으로 사사당하였고, 신사옥사시 그 친족이 연좌당하였다. 최석정의 형식적 논리는 正刑에 伏法당한 경우는 연좌율을 적용할 수 있지만, 사사당한 자와 불복하고 죽은 자에게는 연좌율을 적용할 수 없다는 것이었다. 법조문상 최석정의 주장은 타당하였지만, 숙종과 노론의 반박처럼 신사옥시 드러난 민암의 죄상으로 봐서는 극형에 처하는 것이 가능했으므로 연좌율 적용에 이의를 제기할 형편은 아니었다. 최석정의 목적은 남인의 수용에 있었던 것이다.

이후 몇 차례의 소결때마다 남인의 죄상을 탕척하고자 했다. 이

---

92) 『숙종실록』 권32, 숙종 24년 4월 임술.
93) 『숙종실록』 권45, 숙종 33년 12월 무술.

에 따라 李玄逸·李瑞雨·權愈·權大運·鄭惟岳·煥·爀·燦·業同·尹
夏濟·閔彦良·柳命天·柳命賢·睦來善·李玄紀·李雲徵·韓構·沈季
良 등 갑술환국으로 처벌받은 핵심 남인들을 용서하였다.[94] 특히 노
론들이 의리죄인으로 지목하였던 李玄逸에 대해 본정이 모해하려는
것이 아니었다[95]라 하며 석방토록 하였다. 1706년 소결을 끝으로 權
重經·柳命賢·宋尙周·柳命天·睦來善·金德遠 등 남인 대부분 방면
되었다.

그러나 최석정의 남인수용에 대해 노론은 심하게 반발하였다. 소
론이 남인과 결탁하고 있다고 의심하였던 것이다. 1698년 吳始壽 등
남인의 수용을 두고 李畬는 "송시열을 얽어 죽인 이들을 수용한다
면 탕평하고 건극하는 본의에 어긋난다", "仁厚로서 군자를 대접하
고 法制로서 간흉한 무리를 징계해야 하는데 지금은 그 반대이다"[96]
라고 비판하였다. 이는 남인을 군자당인 노론을 탄압한 간흉으로 간
주하고 이들과는 공존할 수 없음을 천명한 것이다. 그리고 최석정이
吳始復 등의 서용을 요청하기 전에 먼저 金昌協 형제에게 의견을 문
의하자, 그들은 "소론이 남인과 결탁하였다", "겉으로는 외면하면서
은밀하게 비호한다"[97]라는 비난을 하면서 반대 의사를 분명히 하였
다. 이런 불만은 1699년 소결시 이현일과 목래선을 放歸田里한 데서

---

94) 『숙종실록』 권33, 숙종 25년 2월 갑진; 권35, 숙종 27년 1월 정미; 권44, 숙종
   32년 9월 을축.
95) 『숙종실록』 권35, 숙종 27년 5월 정미.
96) 『숙종실록』 권32, 숙종 24년 4월 임술.
97) 『숙종실록보궐정오』 권32, 숙종 24년 4월 임술.

절정에 달하였다. 즉 노론 사평에서 이현일과 목래선은 중전을 범하여 죄가 名義에 관계되므로 결코 용서할 수 없는데도 연로하다는 이유만으로 사면토록 하였고, 이 때문에 왕법이 무너지고 의리가 막혔다[98]라고 불만을 토로하였다. 이러한 인식 때문에 최석정의 남인 수용은 한계에 봉착하게 되었다.

이와 같이 최석정은 숙종대 붕당 간을 갈등을 해소하고자 탕평론의 주창, 남인의 수용 등을 제시하였다. 그러나 그는 '和而不流 淡而不厭'하면서 붕당을 싫어하고 평생 온건한 태도를 견지하려고 했지만, 현실정국에 깊이 간여하면서 자의든 타의든 붕당의 혐의를 받게 되었고, 끝내는 자신의 능력으로는 어쩔 수 없다[99]는 한탄을 하게 되었다. 현실인식을 달리하던 노론 강경파와 마찰을 피할 수 없게 되었던 것이다. 이는 곧 최석정의 노력이 가지는 한계점이라고 하겠다.

2) 效率的인 國政執行

사림정치가 성립되는 과정에서 국초의 議政府署事制나『경국대전』에서 규정된 六曹直啓制가 그 운영원리와 구조에서 변화되었다.

---

98)『숙종실록』권33, 숙종 25년 2월 갑진.
99)『明谷集』권19, 疏箚, 因權益平疏出城後陳情辭職箚. "念臣性本孱懦 志在謙愼 常以古人所云平生無怨惡於人自勉 夫是之故 卿列以前 幸免顚沛 及登台輔 侵託累至 十年之間 跋躓相續 初非通介之有殊 亦豈愛憎之遽變 殆是恩深而取群猜 位重而媒衆怨耳 世道日下 論議日乖 吹毛覓釁 傾伐益甚 今雖欲感激知遇 策勵駑鈍 以圖萬一之補報 而坐鎭雅俗 旣非所能 凝衆精神 又無可望 其何以宣布心力 做得國事乎"

16세기부터 사림의 공론을 수렴하여 권간에 대항하는 삼사언관의 기능이 확립되었고, 17세기 사림정치가 확립되면서 비변사가 국정을 집행하는 체제를 갖추었던 것이다. 즉 사림정치의 구조는 사림의 공론을 수렴하는 삼사와 이를 국정에 반영하여 집행하는 비변사가 핵심적 요소라고 할 수 있다. 비변사의 행정처리는 대신을 중심으로 이루어졌지만 논의구조는 제 당상과의 협의를 거쳤다. 삼사는 이조전랑의 통솔하에 避嫌과 處置의 수단으로 언론을 행사하였다. 17세기 삼사와 비변사는 국정 운영에서 최선의 방책을 모색할 수 있는 견제 관계였다. 대외관계, 국내 정책, 정국 운영 등에서 삼사는 원칙과 명분을, 비변사는 현실과 실리를 바탕으로 견제 구조를 유지하는 가운데 점차 삼사 언론을 비변사 논의에 포함시키는 방향으로 나갔다.

그러나 17세기 후반 공론이 허구화되고 붕당 간의 갈등이 심화되면서 비변사와 삼사의 국정집행에서 난맥상이 야기되었다. 최석정은 비변사를 중심으로 한 체통론의 확립과 삼사 운영에서 변통을 주장하였다. 이는 곧 국정집행에서 효율성을 기하자는 것이었다.

① 體統論의 確立

체통론은 三公이 六卿을 통솔하고 육경이 百司를 지휘하여 국정을 운영해 간다는 사상이다. 즉 대신이 국정을 책임지고 주도한다는 것으로, 여기에는 국왕으로부터 권한을 위임받아 집행한다는 '大臣委任論'을 바탕으로 하고 있다. 이는 의정부서사제의 이상을 반영한 것으로 육조직계제가 시행되던 조선전기에는 형식적 구호에 지나지 않았다. 그러나 17세기 사림정치가 확립되면서 육조 기능 중의 상당 부분이 비변사의 통제를 받게 되고, 비변사의 운영과 논의구조가 대신 중심으로 확립되면서 비변사를 중심한 체통론이 등장하게 되었다. 효종대 李敬輿는 대신이 국정 운영의 중심이 되어야 할 당위론을 전개하면서 체통론을 실행하는 장소는 비변사임을 강조하였다.[100] 이경여의 주장은 일반 신하들로부터 광범위하게 지지를 받고 있었으며, 『속대전』에도 반영되어 各司의 변통사안은 반드시 비변사에서 稟處하도록 법제화되었다.[101]

그러나 17세기 후반에 사림정치 구조가 변질되면서 국정운영에서 문제점이 나타났다. 먼저 관원의 잦은 교체로 행정의 연속성이 보장되지 않는 점을 지적할 수 있다. 사림정치의 운영 원리였던 예의와 염치를 지나치게 중시하면서 公私 간에 약간의 혐의라도 받으면 관직을 사퇴하는 것이 당연시되었던 것이다. 이러한 현상은 엄격한 시비분별을 요구하던 언관에서 비롯되었으나 점차 일반 신료들에게도 확산되어 갔다. 현종때 우의정 鄭致和가 罷散者가 많기 때문에 注擬를 할 수 없을 지경이라[102]고 한탄한 점은 이를 단적으로 보여주고 있다.

다음은 비변사 논의의 문제점이 노정되었다. 비변사의 논의는 대

---

100) 『비변사등록』 14책, 효종 1년 12월 18일.
101) 『續大典』 권1, 吏典, 雜令條. "各司事關變通 而不由廟堂直啓者 官員罷職"
102) 『현종실록』 권13, 현종 8년 6월 정해.

신을 중심으로 이루어졌지만, 다수의 논의를 중시하고 대신의 전횡을 용납하지 않으려는 사림정치의 이념에 충실하였기 때문에 반드시 상하 위계가 존중되는 것은 아니었다. 게다가 비변사 운영에서 국왕과 비변사당상들이 연석 회의하여 각자의 의견을 소신껏 개진하는 次對가 중요 국정 논의의 장으로 중시되면서 대신을 중심한 책임행정이 더욱 어렵게 되었다. 이러한 문제점을 해결하기 위해 비변사의 구성원을 증가시키고, 勾管堂上과 都監을 확대해 나갔지만 뚜렷한 성과는 나타나지 않았다.[103]

숙종대 이후 붕당 간의 갈등이 심화되면서 비변사의 운영이 영향을 받았다. 집권 붕당은 비변사에서 이뤄지는 수도와 관방지역의 의천을 자파 세력의 확대에 이용하였고, 비변사의 운영과 차대에서 자파의 이해를 관철시키고자 하였다. 갑술환국 이후 노·소론 연립정국하에서도 대신뿐 아니라 당상 간에도 갈등이 상존하였다. 이 때문에 비변사 坐起와 차대가 무산되거나 열리더라도 한두 명만이 참가하는 경우도 있었다.[104] 그 결과 종래는 붕당 간의 대립이 이념이나 학통 시비에 머물렀으나, 이제는 정책 논의와 집행에까지 영향을 미쳐 논쟁과 번복을 거듭하였다.[105] 이는 1699년(숙종 25) 헌납 李光佐의 비변사 변통에 대한 요구[106]에서 잘 나타난다. 그에 따르면 변통

---

103) 李在喆, 「17世紀 士林政治期 備邊司의 機能」, 『韓國史研究』 99·100합집, 1997.
104) 李在喆, 「肅宗代 備邊司의 性格」, 『大丘史學』 53, 1997.
105) 『숙종실록보궐정오』 권30, 숙종 22년 3월 정묘.
106) 『숙종실록』 권38, 숙종 29년 9월 갑자.

을 처리하는 일은 비변사에서 稟奏하여 국왕의 승낙을 받았다가도 곧 다른 신료의 요청으로 개정해 버린다는 것이다.

이러한 문제점들을 해결하기 위하여 변통론이 제시되었다. 1690년 李鉉錫은 대신과 대간의 갈등으로 국정의 난맥상이 초래되었다고 비판하고, 의정부서사제를 복구하여 조정의 체통을 확립하자고 주장하였다.[107] 그리고 朴世采는 政事뿐만 아니라 禮樂·文章의 논의까지도 비변사에서 나옴을 비판하고, 비변사를 中書堂으로 고치고 대신이 여기서 서무를 署決하는 국초의 의정부서사제로 복귀할 것을 제시하였다.[108] 그러나 부정적인 조정의 분위기에 압도되어 박세채는 이 사안의 논의 시 처음과는 달리 비변사의 명칭이 올바르지 못하다는 점만을 제기하여 현실과 타협된 인식을 보였다. 서사제는 공론을 반영하기에는 부적합한 구조일 뿐만 아니라, 사림정치의 견제 대상인 권간의 출현할 가능성이 있었기 때문이다.

최석정도 이러한 문제점들을 해결하기 위해서 비변사에서 체통론을 확립하고자 했다. 그는 당시 체통론보다는 공론에 의해 운영되는 비변사의 문제점을 정확하게 파악하고 있었다. 즉 자신의 지위에 따른 역할이 아니면서도 붕당을 지어 권력을 행사한다는 것이다. 設官分職을 준수하라는 뜻으로, 관직에 따라 주어진 소임과는 무관한 업무에 관여하는 것을 비판한 것이다. 이는 바로 체통론을 확립하고자 하는 이론적 근거가 되었다.

---

107) 『숙종실록』 권22, 숙종 16년 2월 정해.
108) 『숙종실록보궐정오』 권19, 숙종 14년 5월 을묘.

최석정이 구상한 체통론은 비변사에서 대신이 육조와 留守 등 핵심 부서를 장악하는 것이다. 즉 그는

국초에 삼공의 서사 규정이 있었는데, 임진왜란 후에 署事廳을 파하고 비변사를 설치하여 宰臣 중 군무를 아는 자를 당상으로 삼고, 무신으로 글자를 아는 자를 낭청을 삼아 변무에 응하도록 하였다. 그래서 조정의 政令이 부득이 비변사에 돌아가게 되어 邊務 籌劃에 그치지 않고 일반 국정이나 인사 사안까지 모두 처리하니 비변사의 소관이 아니다. 名號가 바르지 않고, 말이 不順하며, 일이 이루어지지 않게 되었다. 또한 임시로 설치하여 사안이 구차스럽고, 명호가 일치하지 않으며, 체통이 존중되지 않으니 식자들이 지적한 바 오래다. 나의 생각으로는 서사의 규칙이 중간에 폐지된 지 오래되어 지금 갑자기 회복하기 어려울 것이다. 반드시 비변사를 門下司라 개칭하고, 삼공으로 하여금 領門下平章事를 겸대케 하고, 찬성·참찬은 재신 가운데 겸대케 하여 요즘 재신이 비변사당상을 예겸하는 것처럼 한다. 5조판서와 兩都留守를 모두 門下平章事로 삼고, 이외에 재신 중에 才識이 있는 자를 엄선, 아울러 平章事를 맡게 하고, 유사당상 2명으로 전담하게 한다. 통정대부로 有司를 差下한 자는 門下僕射라 칭하고, 아울러 政目 중에 下批한다. 사인·검상은 당하관에서 才望이 있는 자를 선발하여 門下給事를 겸하게 하여 문서를 전담하게 한다. 이외 문신 3명, 무신 8명으로 門下主事를 겸하게 하여 낭청의 임무를 무겁게 한다. 이와 같이 하면 名號가 바르고 권한이 스스로 구별되어 국정을 논의하는 곳에 운용의 효과가 있을 것이다.[109]

라고 주장하였다. 이 주장의 핵심은 당시 비변사가 실질적으로 국정을 총괄하는 것을 인정하고, 비변사라는 명칭에서 초래되는 대외변무적 의미를 탈색시키자는 것이다. 또한 대신과 당상간의 통제없고 무질서한 논의구조를 대신—당상—낭관의 계서적인 구조로 바꾸자는 것이다. 현실적인 기능을 인정하되, 비변사 내에서 대신 중심의 체통론을 확립하자는 것이다. 최석정의 구상은 이전에 의정부서사제로의 복귀를 지향하는 박세채의 주장이 실현되지 않고 난 뒤 이를 어느 정도 절충한 대안으로 판단된다.

이를 실행하기 위해서는 대신의 역할이 중요한데, 최석정은 대신의 역할에 대해 다음과 같이 제시하였다.

輔相의 직임은 모든 책임이 모이는 곳이다. 옛날에 이르기를 도를 논하고 나라를 다스린다고 하니, 그 막중한 책임은 육부나 각사에 비교할 바가 아니다. 크게는 君德의 득실과 생민의 휴척이고, 작게는 정령과 서사의 잘 잘못이니, 모두 보상에 관계되지 않는 바가 없다. 이 때문에 과거부터 治

---

109) 『숙종실록』 권33, 숙종 25년 4월 을축. "我國初有三公署事之規 壬辰亂後 罷署事廳 設備邊司 以宰臣之知軍務者爲堂上 武臣之識字爲郎廳 以爲酬應邊機之地 而朝家政令 不得不幷歸於備局 夫軍務一事不止於邊籌 而民憂國計 及進退人物等事 皆非備邊之所關 夫名不正 則言不順而事不成 權設之地 事多苟簡 名號不稱 體統不尊 識者言之久矣 臣之愚意 署事之規 中廢已久 今難猝復 宜將備邊司改稱門下司 以三公兼領門下平章事 贊成參贊 以卿列中諳鍊治體者擇差兼帶 如近日 卿宰兼備局之爲 如五曹判書兩都留守皆同門下平章事 此外宰臣之有才識者 廟堂極擇兼任 並同平章 而其中有司堂上二員 俾令專掌 以通政而差有可者 稱門卜僕射 並於政目卜批 舍人檢詳 極擇堂下官有才望堪大用者 兼門下給事 俾管文書 此外文臣三員及武臣八員 皆兼門下主事 以重郎廳之任 如此則名號旣正 事權自別 謀國論政之地 庶有精神運用之效矣"

道를 논하는 자는 오직 보상의 현명한 지의 여부를 보고서 세도의 잘잘못을 점쳤다.[110]

즉 대신이 국정을 총괄하여 책임지고 이끌어 간다는 것이다. 체통론의 실시 여부는 대신의 권한에 달려 있었기 때문이다. 최석정은 실제로 자신의 변통론을 국정에 반영하였다. 1701년 각사의 중대하고 긴요한 문서 이외는 비변사에서 품의, 처리하도록 했다.[111] 이는 비변사에서 대신이 국정을 장악한다는 것인데, 비변사의 체통론을 확립하고자 하는 노력을 확인할 수 있다.

그런데 체통론을 실현하기 위한 대신권의 확보는 쉽지 않았다. 사림정치에서 대신의 주장은 공론을 표방하는 당상들의 다양한 논의를 우선할 수 없었다. 공론에서 비판받으면 관직의 고하를 막론하고 스스로 물러나는 염치를 소중히 여기었다. 더구나 대신은 일반 신료와는 다르므로 탄핵과 비난을 무릅쓰고 관직에 나갈 수 없었다.[112] 1699년 借書하여 拔榜당한 洪重疇 사안을 처리하는 과정에서 예조참판 宋昌이 좌의정 최석정의 의견에 따라 覆啓하였다.[113] 該曹에서

---

110) 『明谷集』 권15, 疏箚, 辭右議政疏, 再疏. "輔相之職 百責所萃 古稱論道經邦 其任之重 不比六部百職各有所司 大而君德得失 生民休戚 小而政令庶事之修弊 莫不關係於輔相 是以自古論治道者 惟視輔相之賢否 以卜世道之否泰"

111) 『숙종실록』 권35, 숙종 27년 2월 갑자.

112) 『明谷集』 권16, 疏箚, 辭左議政疏, 五疏. "苟有人言之疵讁 則毋論官序之崇庳 必爲之引分自處 乃所以重廉恥也 至於具瞻之地 事異庶僚 其不可冒詆斥耐彈紏而晏然就列也明矣"

113) 『숙종실록』 권33, 숙종 25년 3월 임진.

사안을 처리하는 과정에서 통상적으로 대신에게 품의하는 경우였다. 그러나 대사간 閔鎭厚는 해조에서 대신의 분부로 復科시킬 것을 啓請하였으니 대신의 권세가 있다고 비판하였다. 이에 대해 최석정은 '權'이란 太上이 군중을 주재하고, 與奪을 주관하는 神機인데, 대신으로 權柄을 마음대로 휘두른다면 처벌을 받아 마땅하다[114]고 하였다. 여기서 특정 인물이 권력을 전횡하는 것을 부정하는 사림정치의 인식을 엿볼 수 있다.

게다가 갑술환국 이후 노·소론의 갈등이 심화되면서 대신이 운신할 수 있는 폭은 매우 제한되어 있었다. 1707년 최석정은 조정의 논의가 나누어져 국가의 고질적인 폐단이 되었기 때문에 왕이 자신에게 調劑의 책임을 맡겼으나 어려움이 크다고 토로하였다.[115] 숙종의 두터운 신임을 받던 최석정 자신도 여덟 번이나 영의정에 올랐지만, 그 재직 기간은 길지 않아서 소신껏 국정을 집행할 수 없었던 것이다. 이 때문에 吳道一과 李眞儉은 대신을 선발하는 것이 하찮은 벼슬자리의 薦望보다 못하다고 하거나,[116] 최석정의 『예기류편』을 장려하였다가도 그를 싫어할 때는 죄주고 책까지 태워버린다고 비판

---

114) 『숙종실록』권33, 숙종 25년 3월 임진.

115) 『明谷集』권18, 疏箚 因左相金昌集箚 請勘處疏 四處·五疏. "且朝廷者 衆賢所聚 而輔相爲之領袖 必其情志有以相通 可否有以相濟然後 方可以措一分國事 而近來朝議之分携 誠是國家難祛之痼弊 乖阻積漸 觸處做病 日甚一日 歲甚日歲 宜聖上之深憂永歎 至形於批諭也 然若以調劑之事 責勉於愚臣 則竊恐其未或深思 今日之弊 除非大賢君子爲一世所敬信 而又必不落標榜 如在岸上人者 莫可以任斯責 如臣智不足以識時 信不足以格人 橫遭疑謗 轉轉至此 自身已在風波蕩激之中矣"

116) 『숙종실록』권32, 숙종 24년 7월 신묘.

하였던 것이다.[117]

비변사의 체통론은 현실적으로 실현되지 못했지만, 비변사에서 국정집행의 효율을 기하고자 비변사 내에 행정 집행을 위한 장치가 확대되어 갔다. 예컨대 都監, 勾管堂上制, 형조판서의 例兼堂上化 등이 그것이다. 그러나 이에 대해 임시기구나 특정 인물을 통해서 권력이 집중된다는 점과 조정의 위계와 체통이 무너진다는 점[118]을 들어 대체로 부정적 입장이었다. 그 결과 최석정의 비변사 변통 노력에도 불구하고 국정의 난맥상은 해소되지 못하였다. 비변사의 논의는 으레 인순고식하고, 비변사에 올린 문서는 휴지에 불과하다[119]거나, 비변사의 논의가 불일치하고 변개가 무상하다[120]라는 비판은 이를 잘 나타낸다.

② 三司 運營의 變通

최석정의 효율적인 국정집행의 또 다른 방안으로 삼사 운영의 변통책을 들 수 있다. 사림정치 이후 언론의 기능이 강화되고 언론행사의 제도적 장치가 보장되었다. 즉 이조전랑의 堂下淸望權과 自代制가 그것이다.[121] 이는 권간의 전횡을 방지하기 위한 장치였는데,

---

117) 『숙종실록』 권49, 숙종 36년 8월 갑자.
118) 『숙종실록』 권14, 숙종 9년 2월 신묘; 『숙종실록보궐정오』 권19, 숙종 14년 5월 을묘.
119) 『숙종실록』 권39, 숙종 30년 6월 무술.
120) 『숙종실록』 권40, 숙종 30년 9월 정묘.
121) 宋贊植, 「朝鮮朝 士林政治의 權力構造 -銓郎과 三司를 中心으로-」, 『經濟史學』 2, 1978.
    金宇基, 「朝鮮前期 士林의 銓郞職 진출과 그 역할」, 『大丘史學』 29, 1986.

차츰 이조전랑과 삼사의 권한이 대신권을 압도할 정도로 강성하여 갔다.[122] 붕당이 나눠진 뒤로는 이조전랑을 둘러싸고 분란이 끊이지 않아 여러 차례 폐지를 시도하였지만, 사림의 공론을 존중한다는 점 때문에 쉽게 성사되지 않았다. 삼사도 언론의 집단행사로 강력한 힘을 발휘하기 위하여 논의를 일치시켜 행사하는데, 이 과정에서 의견을 달리하는 경우나 자신의 신상에 혐의가 있다고 생각되면 피혐하였다. 보통 양사의 피혐은 홍문관에서 처치하였고, 갈등이 심한 정치사안의 경우 피혐과 처치를 수차례 반복하기도 했다.[123] 이런 현상은 숙종대 절정에 달하였다.

삼사의 논의는 이미 공론이라기보다는 당론에 치우쳐 있었다. 1697년 사간 李鼎命이 대사간 朴泰淳의 비리를 탄핵하면서 스스로 대간의 논의는 공정하다고 강조하였지만, 숙종은 대간이 당론만을 행사한다[124]고 비판하였다. 삼사의 논의가 당론으로 왜곡되면서 공정성도 자연히 의심받았던 것이다. 게다가 당론을 고집하면서 국왕도 이를 통제할 수 없는 지경에 빠졌다. 숙종 스스로 과거의 대간은 국왕의 말을 믿고 따랐는데, 지금의 대간은 색목이 같으면 무조건 말에 따르고, 다르면 반드시 조그마한 흠이라도 찾으려 한다[125]라고 비난하였다. 따라서 처치와 피혐을 둘러싼 분란이 심하였다.

崔異敦, 『朝鮮中期士林 政治構造 硏究』, 一潮閣, 1994.
122) 『擇理志』, 人心條.
123) 李在喆, 「遲川 崔鳴吉의 經世觀과 官制變通論」 『朝鮮史硏究』1, 1991, p.74.
124) 『숙종실록』 권31, 숙종 23년 5월 신묘.
125) 『숙종실록』 권49, 숙종 36년 윤7월 정유.

최석정은 먼저 사림의 공론을 수렴하던 장치인 피혐과 처치는 관원의 잦은 교체와 조정의 분란을 야기하므로 변통할 것을 주장하였다.[126] 피혐은 국왕으로부터 엄하게 질책을 받거나 명확히 배척받은 경우에만 허용하고, 처치는 홍문관의 관례처럼 의견이 다른 사람을 위해 각자 상소하는 것을 인정하자고 주장하였다. 이미 상소하여 혐의가 있는 사람은 별도로 陳啓하도록 하면 될 것이라고 하였다. 즉 피혐과 처치를 인정하되, 그것의 범위를 제한하여 피혐과 처치를 둘러싼 붕당 간의 갈등을 해소하자는 것이다. 이는 사림정치를 부정한 것이라기보다는 그 운영상의 문제점을 해결하려는 것으로 보인다. 이에 대해 대부분의 조정 신료들은 부정적인 인식을 보였다. 南九萬·尹趾善은 피혐과 처치의 변개는 폐단이 있다고 하였고, 尹趾完은 단지 변통의 필요성만 언급하였다.[127] 최석정은 분란을 야기하는 삼사운영을 변통하여 국정의 효율성을 높이고자 했지만, 변질된 정치구조의 운영 관행을 바로 잡기에는 역부족이었던 것이다.

3) 能力 重視의 人事行政

17세기 붕당 간의 갈등이 심화·고착되면서 지방 사림은 몰락의 길을 걸었고, 권력은 소수 벌열 가문에게 집중되어 갔다.[128] 사림정치의 몰락을 상징하는 현상이었다. 사림계가 척리와 결합하여 '寒門

---

126) 『숙종실록』 권33, 숙종 25년 4월 을축.
127) 『숙종실록』 권33, 숙종 25년 4월 계사.
128) 車長燮, 『朝鮮後期 閥閱硏究』, 一潮閣, 1997.

後進'과 대비되는 '世家大族'이라는 특권적 정치집단이 나타나게 되었다. 이들 가문은 대대로 서울을 중심으로 한 경기지역에 거주하는 경향이 일반화되었으며, 1686년 蕩平傳敎에서는 '遐遠地人'과 구분되어 '京華子弟'라고 호칭되고, 이에 대한 비판적 기사가 자주 등장한다. 이에 대해 기호지방의 직업적 관료 가문이 주도했다고 생각되는 소론과 영남 및 기호지방의 중소지주적 사림을 기반으로 한 남인은 노론을 사대부체제를 파괴하는 세가벌열이 주도하는 '小人黨'이라고 공격하였다.[129]

벌열이 권력을 장악하는 방법으로 인사권을 이용하였는데, 이에 대한 비판적 지적이 자주 나타났다. 1701년 형조판서 嚴緝은 관리를 선발하는 원칙으로서 문지와 화려한 글을 중시함으로써 한미한 가문과 實德을 갖춘 사람은 거의 조정에 나올 수 없고, 게다가 붕당 때문에 인사는 대개 情實에 따른 분경이 조장되었다[130]고 비판하였다. 이를 해결하기 위해 1703년 사간 李世維는 인사에 있어서 붕당을 구분하지 말고 용인의 기준을 가문과 언론에서 벗어나 실질을 중시할 것을 요구하였다.[131] 숙종도 공정한 인사를 하도록 전조에 지시하였지만, 제대로 시정되지 않았다. 최석정은 양반지배체제를 붕괴시키는 이러한 권력집중에 대해 변통론을 제시하였다.[132]

최석정이 교유한 인물은 한미한 가문의 출신이 많았다. 스승 남

---

129) 박광용, 앞의 논문, p.28.
130) 『숙종실록』 권35, 숙종 27년 5월 갑자.
131) 『숙종실록』 권38, 숙종 29년 11월 임술.
132) 『숙종실록』 권38, 숙종 29년 2월 을유.

구만은 몰락 양반으로 스스로 "우리 집안은 여러 세대동안 현달하지 못하였다"[133]라고 하였고, 정치적 행보를 같이한 유상운도 전라도 출신의 한미한 가문이었다. 이러한 현실인식을 바탕으로 최석정은 문벌과 붕당 위주의 인사관행에서 벗어날 것을 촉구하였다. 인재 등용이 과거와 문벌에 의존하고, 또 붕당의 이해에 따라 달라지므로 유능한 인재를 수용하기 어렵다고 여겼기 때문이다. 따라서 그는 과거를 통하지 않고도 경학에 밝고 행실이 착한 자를 선발할 것[134]과 조정 신료들뿐만 아니라 수령의 賢否도 신중히 살필 것을 주장하였다. 또한 과거의 新進과 음직의 初仕에 반드시 가계와 인품을 살펴 두루 인재를 수용할 것을 주장하였다.[135] 모든 사람의 재주에는 장단점이 있으니 이를 살펴 등용하자는 것이었다.

문벌 위주의 인사관행을 탈피하고자 하는 노력은 능력을 중시하는 인사행정으로 나타났다. 최석정은 하늘이 인재를 낼 때에 귀천에 차이를 둔 것이 아니다[136]라는 원칙을 천명하고 능력에 따른 인재수용을 주장하였다. 특히 한미한 시골 인물과 서얼 출신의 등용에 적극적인 자세를 보였다. 그는 인조때 서얼 출신을 淸職은 아니지만 要職에 등용하도록 법제화하였으나 제대로 지켜지지 않고 있는 현실을 비판하였다. 서얼 중에도 宋翼弼·申喜季·禹敬錫·柳時蕃 등과

---

133) 『藥泉集』 권25, 家乘, 先考通訓大夫行金城縣令淮陽鎭管兵馬節制都尉府君行狀.
134) 『숙종실록』 권19, 숙종 14년 3월 갑오.
135) 『숙종실록』 권45, 숙종 33년 11월 갑오.
136) 『숙종실록』 권30, 숙종 22년 7월 을해.

같이 뛰어난 인물이 있었으나 모두 그 재능을 제대로 펼치지 못하였다는 것이다. 최석정은 전조에 있으면서 서얼 출신 관직 임용을 법제화하였다. 1697년 三望을 모두 서얼로 備擬하여 그중 李禥을 호조좌랑으로 임명하였다.[137] 이와 더불어 능력보다는 재산에 따른 納贖受職은 폐지할 것을 주장하였다.[138] 이는 곧 능력을 중시한 인재 수용이라 하겠다.

이러한 최석정의 주장은 주로 소론들에 의해서 긍정적으로 수용되었다. 윤지선은 서얼의 납속수직은 원래 금석과 같은 법이 아니니 마땅히 제거할 만하다[139]고 찬성하였다. 유상운도 재능이 뚜렷이 뛰어난 서얼을 등용하고, 業儒·業武를 文·武 서얼의 칭호로 삼자고 제안하였다.[140]

그리고 최석정은 능력에 따른 인재 수용을 위해 관리들의 久任을 주장하였다. 능력이 검증된 인물을 장기간 그 관직에 종사케 함으로써 행정의 효율성을 높이자는 것이었다. 중요한 직임은 반드시 구임하게 하되, 刑政과 재정을 관장하는 자는 재능에 따라 그 성과를 책임지우도록 하며, 외관은 자주 옮기지 말 것을 주장하였다. 구임은 형조·한성부·장례원 등의 아문에서 시작하되, 이들 부서의 장관의 임기는 20개월로 한정하고, 낭관은 2주년으로 정할 것을 제안하였다. 능력이 모자라면 체직시키고, 직무에 충실하면 전조에서 영전토

---

137) 『숙종실록』 권31, 숙종 23년 1월 경진.
138) 『숙종실록』 권30, 숙종 22년 7월 을해.
139) 『숙종실록』 권37, 숙종 22년 8월 병술.
140) 『숙종실록』 권30, 숙종 22년 9월 경진.

록 하여 재능을 장려토록 했다. 또한 호조낭관과 병조의 軍色은 20개월로 정해서 서리의 농간을 막고 업무를 익히게 하며, 각사의 낭관 1명은 상관이 직접 데려와 20개월로 한정하여 구임케 할 것을 제안하였다. 실제로 최석정은 인사에서 구임을 실천하고자 하였다. 반대 세력으로부터 국제를 무너뜨린다는 비판을 무릅쓰고 숙종 33년 수령의 연한인 65세를 넘긴 전 목사 李昌齡과 전 현령 李濟說을 특별히 調用하였다.[141]

최석정은 또 능력이 뛰어난 참하관이 참상관으로 승진하기 어려운 구조를 변통하고자 했다. 당시 참하관은 증가한 반면에, 참상관은 줄었기 때문에 散職에 머무는 문무 당하관이 1,000여 명이나 되었던 것이다. 구체적으로 보면, 동반 당하관 120명을 줄이고 초사관 100여 명을 늘여 참상관의 자리가 줄어든 반면에, 참하관은 敎官·監役·別檢·都事 및 잡직 출신 이외에 直長 22명·察訪 8명·奉事 26명·參奉 78명 등이 있어서 승진의 통로가 매우 좁았다. 특히 봉사는 26명인데 비해 참봉은 78명이나 되어 참봉에서 봉사로의 승진은 더욱 힘들었다. 또한 능관은 승진에 필요한 30개월을 근무하고서도 절반만 인정하여 불평을 사고 있었다. 이를 해결하기 위해서는 참하관을 줄이고 참상관을 늘일 것, 참봉을 줄이고 봉사·직장을 늘일 것, 재랑의 근무 일수를 줄여 경관과 같이할 것 등을 제안하였다. 世室·五廟의 능관 2명을 7·8품으로 바꾸고, 오묘의 능관 8명을 직장으로 하며, 세실 10명을 봉사로 하면 직장 20명, 봉사 36명, 참봉 53명이

---

141) 『숙종실록』 권45, 숙종 33년 12월 무술.

되어 승진에 막힘이 사라질 것이라고 예상하였다. 찰방 8명은 직장을 거치지 않고 바로 6품으로 승진하고, 재랑의 근무는 15개월로 할 것을 주장하였다.[142]

이 주장을 1699년 관제변통에서도 다시 제기하여 참봉 승진의 적체현상을 해결할 것과 재랑의 승진에 필요한 기간을 단축하는 변통론을 제시하였다. 京外 참봉은 모두 117명인데 비해 봉사·직장은 오히려 감소함으로써 참봉의 승진이 적체된다는 것이다. 이를 해결하기 위해 태조와 4대 이하 9릉, 影殿 3곳에 직장을 각각 1명씩 두고, 세실 9릉에 봉사를 1명씩 둘 것을 제안하였다. 재랑의 승진에는 다른 京官의 두 배인 30개월이 소요되므로 15개월로 정할 것을 제안하였다.[143] 이에 대해 국왕은 참하인 찰방은 만 45개월에 6품으로 옮긴 뒤에 그대로 참상관으로 정하도록 했다.[144]

그러나 참상관의 부족 현상은 이후에도 계속되었다. 1703년 이조판서 李濡는 참하관 수십 자리를 줄여 참상관 10여 자리를 늘리면, 적체될 우려도 없고 탁용할 도리도 있을 것이라고 주장하여 그대로 시행되었다. 이에 따라 의금부도사 참하 5명 중 3명은 經歷으로, 빙고별검 4명 중 2명은 別提로, 典設別檢 3명 중 2명은 별제로, 重林·挑源·金井·麒麟 찰방을 모두 참상으로, 掌苑·司圃의 별검 각 2명 중 1명은 직장으로, 1명은 봉사로, 司饔·社稷 참봉 각 2명 중 1명은

---

142) 『숙종실록』 권30, 숙종 22년 7월 을해.
143) 『숙종실록』 권33, 숙종 25년 4월 을축.
144) 『숙종실록』 권30, 숙종 22년 9월 경진.

직장으로, 1명은 봉사로, 典獄참봉 1명을 봉사로 각각 올렸다.[145]

요컨대 최석정은 사림정치가 변질되어 권력이 소수 벌열에게 집중되는 문제점을 해결하고자 서얼의 등용, 구임, 인사적체의 해소 등 능력에 따른 인사를 주장하였고, 이를 실천에 옮기기도 하였다.

5 맺음말

17세기 후반은 사림정치의 문제점이 노정되었던 시기였다. 붕당 간의 갈등, 공론 수렴 장치의 말폐, 국정 집행의 혼선, 책임 행정의 부재 등 사림 정치 운영상의 문제점과 사회·경제적 변화, 대명의리의 위기 등 사림정치 기반의 동요가 곧 그것이었다. 崔錫鼎(1645~ 1715)은 숙종대의 정국을 이끌어가면서 이러한 문제점들을 해결하고자 노력한 대표적인 재조 관료이었다. 본고에서는 최석정의 현실인식을 통해서 개혁방안이 어떻게 구체화되었는가를 살펴보았다.

최석정은 소론계 인물들과 교유하였으며, 경신환국 후 淸議를 내세우는 젊은 사류의 입장을 견지하였고, 노·소론이 분기되는 과정에서 소론을 표방하였다. 갑술환국 후 이조판서, 우의정, 좌의정을 거쳐 영의정을 여덟 번이나 지냈다. 노·소론의 갈등이 심화되는 가운데, 이를 해결하고자 문벌과 붕당 중심의 인사에서 벗어난 탕평책을 주장하였다. 그리고 관제변통론과 관제, 과거, 전제, 군사 등 국

---

145) 『숙종실록』 권38, 숙종 29년 7월 을묘.

정 전반에 대한 개혁을 주장하였다. 체통론에 입각한 국정운영, 능력을 중시한 인재 수용, 국가 재정의 확보, 군문의 축소 등이 그것이다. 그 외 宮家 折受의 제한, 『國朝寶鑑』·『輿地勝覽』·『大典續錄』 등의 편찬, 영동과 관서지방의 양전 실시, 『禮記類編』의 경연 교재로의 채택, 啓聖廟의 설립 등을 통해서 자신의 의지를 관철시켜 나갔고, 소론의 입장에서 남인의 수용을 주도하였다. 그러나 신사옥사시 세자보호를 자임한 점, 林溥옥사·李潛옥사시 노론의 혐의를 증폭시킨 점 때문에 노론의 공격을 받게 되었다. 이와 더불어 開市시 청의 실체를 인정한 점, 송시열의 춘추대의를 비난한 점, 『예기류편』의 편찬 등으로 대명의리에 어긋났다는 비난을 받게 되어 점점 운신의 폭이 좁아져 갔다. 최석정은 관직생활을 노·소론 분란이 극심한 가운데 보냈었기 때문에 자신의 경륜과 大志를 제대로 펼 수 없었다.

또 그는 脫朱子的이며 실용적인 학문을 바탕으로 현실에 문제점이 있다고 판단되면, 원칙을 준수하기보다는 변통을 통해 해결하려는 의지를 보였다. 조종의 성헌이라도 폐단이 생긴 것은 고치고, 폐지되어 시행되지 않는 것은 개선함으로써 백성에게 이로움을 가져다 줄 수 있는 것이 조종의 마음이라고 확신하였다. 나아가 숙종의 변통 의지만 굳게 선다면 최석정 자신이 변통의 주체가 되어 실천하겠다는 자신감을 보였다. 그러나 그의 변통론은 현실 상황을 지나치게 중시함으로써 변통과정에서 원칙과 법에서 벗어나는 한계점을 내포하고 있었고, 조정 신료들의 변통의지 또한 미약하였기 때문에 사실

상 별 성과를 거두지 못하였다.

최석정은 성리학적인 대의 명분론에 따른 대명관계를 고집하기보다는 국익을 위해 이미 중원을 차지한 청나라의 실체를 인정하고자 했다. 그는 조선의 국세가 청에게 이길 수 없다는 현실 인식을 분명히 하고, 이에 따라 대처하고자 하였다. 최석정의 대청인식은 대명의리의 허구성을 철저히 비판한 데서 나온 것이었다. 대명의리의 표본으로서 상징되던 林慶業의 업적을 부정하였고, 중국의 제도만을 그대로 따르는 것이 옳지 않다고 보았으며, 송시열의 북벌대의를 허구라고 비난하였다.

최석정이 출사하였던 숙종대는 사림정치의 운영원리가 위기를 맞는 시기였다. 특정 정파가 권력을 독점하고 공론을 수렴하는 장치는 당론을 부식하는 도구로 전락하였고, 의리와 명분 논쟁보다는 권력의 향방을 결정짓는 인사권을 장악하려는 갈등이 전면에 노출되었다. 전조뿐만 아니라 군문대장, 주요 관방지역의 인사권을 행사하던 비변사에서도 마찬가지였다. 이 때문에 조정에 벼슬하는 것 자체를 꺼리게 되었다. 붕당 간의 갈등을 해결하기 위해 숙종을 비롯한 당국자들은 군주가 '建極'을 세워 공정하게 인사행위와 시비변별할 것을 주장하였다.

최석정은 갑술환국 이후 노·소론 간의 갈등이 첨예화되면서 국정을 책임진 대신으로 이를 수습하지 않을 수 없었다. 최석정은 붕당이 격화된 원인은 그 지위에 있지 않으면서 무리를 지어 이해를 추구한 데 있고, 그 결과 권력의 사적인 독점과 왕권의 약화, 국정 체계의 문란을 초래한다고 보았다. 최석정은 스스로 붕당 간의 갈등에서 벗어나고자 하였고, 붕당을 기피하였던 인물들을 높이 평가하였다. 붕당 간의 갈등을 해소하려는 최석정의 노력은 탕평론의 주창, 남인의 수용, 삼사의 변통 등으로 나타났다.

'蕩平'은 국왕이 지극히 공정한 자세로 국정에 임한다는 것으로 정치에서 원론적인 의미를 지니고 있었으나, 숙종대 붕당 간의 갈등을 해결하는 방안으로 모색되었다. 최석정의 탕평론은 1694년(숙종 20)년 이전에는 '建極'을 국왕의 수신의 도리라고만 보았으나 갑술환국 이후에는 국왕의 수신의 차원을 넘어 현실정국에 실천하고자 했다. 건극을 주로 하여 재주에 따라 등용하며 用捨·賞罰을 명백하게 한다면, 조정이 서로 도우는 경지에 이를 것이라고 전망하였다. 그러나 최석정의 탕평론은 궁극적으로 罷朋黨을 추구하였고, 붕당의 존재 여부라든지 시비명변에 대한 명확한 입장에 근거하기보다는 단순히 왕권의 역할 증대만을 통해서 이뤄지도록 하는 것이었다.

탕평론의 논리에 따라 정국수습책으로 제시된 것이 갑술환국 후 남인수용정책이었다. 최석정은 갑술환국 후 붕당 간의 갈등을 해소하기 위해 기사남인들의 죄를 탕척하여 수용하고자 하였다. 그의 논리는 남인의 죄가 무겁기는 하나 처음에는 모두 고질적인 당파의 풍습에 말려 들어간 것이니 한두 사람의 흉악한 우두머리를 제외하고는 탕척하고 선발 등용하자는 것이었다. 그래서 세자보호를 위해서 신사옥시에는 세 차례의 격절한 상소를 올렸고, 법조무을 자의적으로 해석하면서까지 閔黯의 친족에게 연좌율을 적용할 수 없다고 주장하였으며, 몇 차례의 소결때마다 남인의 죄상을 탕척하였다.

　사림정치가 성립되는 과정에서 국정을 집행하는 체제가 변화하였다. 17세기 비변사가 국정을 집행하는 체제를 갖추었고, 점차 삼사 언론을 비변사 논의에 포함시키면서 비변사를 중심한 體統論이 확립되었다. 그러나 17세기 후반에 사림정치 구조가 변질되면서 국정 운영에서 관원의 잦은 교체, 비변사 논의에서 대신의 주도권 상실, 붕당 간의 갈등, 공론 중시 등의 문제점이 나타났다. 이러한 문제점을 해결하기 위하여 李畩錫이나 朴世采는 의정부서사제로의 복귀를 시도했지만 받아들여지지 않았다. 최석정은 체통론보다 공론에 의해 운영되는 비변사의 문제점을 파악하고 비변사에서 대신이 육조 및 핵심 관서를 장악·통제하는 체통론을 복구할 것을 주장하였다. 이를 실행하기 위해서는 대신에게 국정을 총괄하여 책임지고 이끌어 가도록 하는 '大臣委任論'을 구상하였다. 최석정의 체통론은 국정 집행의 효율을 높이는 데는 이상적이었지만, 사림정치 관행상 실현하기 어려웠다.

　최석정의 효율적인 국정집행을 위한 또 다른 방안으로 삼사 운영의 변통책을 들 수 있다. 避嫌은 국왕이 엄하게 질책하거나 명확히 배척받은 경우에만 허용하고, 處置는 홍문관의 관례처럼 의견이 다른 사람을 위해 각자 상소하는 것을 인정하자고 주장하였다. 그리고 이미 상소하여 혐의가 있는 사람은 별도로 陳啓하도록 하면 될 것이라고 하였다. 이는 사림정치의 부정이라기보다 그 운영상의 문제점을 해결하려는 것으로 피혐과 처치를 둘러싼 붕당 간의 갈등을 해소하려는 것이었다.

17세기 붕당 간의 갈등이 심화 고착되면서 지방사림은 몰락의 길을 걸었고, 권력은 소수 벌열 가문에게 집중되어 갔다. 사림정치의 몰락을 상징하는 현상이었다. 최석정은 인재등용이 과거와 문벌에 의존하고, 붕당의 이해에 따라 달라지므로 인재를 수용하기 어렵다고 여겼다. 따라서 그는 과거를 통하지 않고도 경학에 밝고 행실이 착한 자를 선발할 것과 조정 신료들뿐만 아니라 수령의 賢否도 신중히 살펴야 한다고 주장하였다. 또한 과거의 新進과 음직의 初仕에 반드시 가문과 인품을 살펴 두루 인재를 수용할 것을 주장하였다. 문벌 위주의 인사관행을 탈피하고자 하는 노력은 서얼의 등용, 久任 제도의 실시, 참하관의 참상관으로 승진 적체의 해소 등으로 나타났다.

요컨대 최석정은 붕당 간의 갈등의 심화, 대명의리의 허구화, 벌열의 권력 집중 등으로 사림정치가 붕괴되던 17세기 후반에 관료생활을 하면서 현실 중시의 인식론을 바탕으로 문제점을 해결하고자 하였다. 그가 추구한 이상은 단순한 사림정치의 복귀라기보다는 현실을 인정한 대외관계, 효율적인 국정 집행과 언론 행사, 능력 중시의 인사행정 등에서 나타나는 것처럼 합리적 논리를 바탕으로 양반 지배층이 공존하는 체제였다고 하겠다. 이를 위해 여러 차례 변통책을 제시하였지만 붕당 간의 갈등을 해결할 수는 없었다. 자의든 타의든 소론의 당목에서 벗어날 수 없었고, 성리학적 명분론이 강화되어 가는 조선후기 사회를 그의 현실 중시의 인식으로 대응하기에는

역부족이었다고 하겠다. 이는 그의 변통책을 제한하는 한계점이라
하겠다.

| 이재철 | 2000, 『李樹健敎授停年紀念論叢, 2009.『朝鮮後期 士林의 現實認識과 政局運營論』(集文堂) 게재 논문 |

숙종대 소론 변통론의 계통과 탕평론

明谷 崔錫鼎을 중심으로

김용흠(연세대 국학연구원 연구교수)

1 머리말

정치세력의 이합집산과 정치적 대립·갈등은 어느 시대나 있는 일이다. 여기에는 개인적 또는 집단적 이해관계나 권력욕 등이 작용하기 마련이다. 특히 교통·통신이 발달되지 못한 전근대에는 혈연이나 지연과 같은 요인에 의해 좌우되는 것을 피하기 어렵다. 그리고 朝鮮王朝와 같이 儒敎·朱子學이라는 세련된 정치 이론이 지배하는 사회에서는 學緣이 매우 중요한 요인으로 작용하기도 하였다. 그렇지만 政治史 연구가 이들 요인들의 작용을 밝히는 것에서 멈춰서는 안 될 것이다. 정치 세력의 분연과 대립·갈등에는 思想과 政策의 차이에 의해 초래된 측면도 분명히 존재하기 때문이다. 정치사에서 이런 측면을 밝혀내지 못한다면 日帝 植民史觀의 黨派性論을 극복할 수 없게 되고, 이는 결국 오늘날 정치 현실 속에 만연해 있는 정치에 대한 허무주의와 정치적 무관심을 방조하는 결과를 초래할 수 있다.

朝鮮時期 朋黨의 성립과 분열, 그들 사이에 전개된 대립·갈등 역시 그 저변에는 사상적 차이가 깔려 있다고 보아야 할 것이다. 16세기 후반부터 나타난 東人과 西人, 南人과 北人 등의 분열과 갈등은 朝鮮朱子學이 정착되는 과정에서 드러난 학문적 사상적 개성과 체질의 차이에 의해 초래된 것이었다. 그런데 肅宗代 西人이 老論과 少論으로 분열되기에 이른 것은 우선 시기적으로 앞서의 분열과 100여 년의 차이가 날 뿐만 아니라 몇 가지 측면에서 이전과는 다른 배경 속에서 전개되었다.[1]

---

1) 肅宗代의 정치사에 대해서는 다음 논고가 참고된다. 金相五, 1974, 「懷尼師生論의 是非와 丙申處分에 대하여」, 『論文集』 1, 전북대 문리대 ; 鄭奭鍾, 1983, 『朝鮮後期社會變動研究』, 一潮閣 ; 洪順敏, 1986, 「肅宗初期의 政治構造와 換局」, 『韓國史論』 15, 서울대 국사학과 ; 李銀順, 1988, 「朝鮮後期黨爭史研究」, 一潮閣 ; 禹仁秀, 1993, 「朝鮮 肅宗代 政局과 山林의 機能」, 『國史館論叢』 43 ; 鄭景姬, 1993, 「肅宗代 蕩平論과 '蕩平'의 시도」, 『韓國史論』 30, 서울대 국사학과 ; 禹仁秀, 1994, 「朝鮮 肅宗朝 南溪 朴世采의 老少仲裁와 皇極蕩平論」, 『歷史教育論集』 19, 慶北大 師範大學 歷史教育科 ; 朴光用, 1994, 「朝鮮後期 '蕩平' 研究」, 서울대 박사논문 ; 金世奉, 1995, 「朝鮮 肅宗初 老少分岐에 대한 一考察」, 『史學志』 第28輯 檀國大史學會 ; 鄭景姬, 1995, 「숙종 후반기 탕평 정국의 변화」, 『韓國學報』 79, 일지사 ; 李熙煥, 1995, 『朝鮮後期黨爭研究』, 國學資料院 ; 김용흠, 1996, 「朝鮮後期 老·少論 分黨의 思想基盤」, 『學林』 17, 연세대 사학과 ; 정홍준, 1996, 『조선 중기 정치권력구조 연구』, 高麗大 民族文化研究所 ; 金駿錫, 1997, 「탕평책 실시의 배경」, 『한국사』 32, 국사편찬위원회 ; 車長燮, 1997, 『朝鮮後期閥閱研究』, 一潮閣 ; 金駿錫, 1998, 「18세기 蕩平論의 전개와 王權」, 『東洋 三國의 王權과 官僚制』, 國學資料院 ; 李迎春, 1998, 『朝鮮後期 王位繼承 研究』, 集文堂 ; 洪順敏, 1998, 「붕당정치의 동요와 환국의 빈

첫째는 己丑獄事(1589)와 仁祖反正(1623)에 의한 사상적 지형의 변화이다. 16세기 후반에 李滉과 李珥에 의해 소위 '朝鮮朱子學'이 형성된 이후에도 徐敬德의 花潭學派, 曺植의 南冥學派와 같은 程朱理學에 이질적인 학문 조류가 분명히 존재하였다.[2] 이들이 이황의 퇴계학파와 함께 東人으로 묶여 있다가 퇴계학파의 남인과 분리되어 북인을 형성하게 된 중요한 원인도 그 사상적 차이에서 찾아져야 할 것이다. 그런데 기축옥사와 인조반정에 의해서 이들이 정계의 주도권을 상실한 것은 程朱理學 일변도로 정계와 사상계가 재편되었음을 의미한다. 즉 17세기 후반 서인의 분열은 朱子學 진영 자체의 내부 분열의 성격을 갖고 있다는 것이다. 이것은 老·少論의 분열이 이전 시기의 분열에 비해 학문 내적인 측면보다는 학문 외적 측면에 의해 초래될 가능성이 상대적으로 더 크다는 점을 시사하는 것으로

발」,『한국사』30, 국사편찬위원회; 朴光用, 1999,「肅宗代 己巳換局에 대한 검토」,『東洋學』29, 단국대 동양학 연구소; 禹仁秀, 1999,『朝鮮後期 山林勢力 硏究』, 一潮閣; 김용흠, 2000,「朝鮮後期 肅宗代 老·少論 對立의 論理」,『韓國史의 構造와 展開』, 河炫綱敎授定年紀念論叢, 혜안; 김용흠, 2001,「肅宗代 後半의 政治 爭點과 少論의 內紛」,『東方學志』111; 李在喆, 2001,『朝鮮後期 備邊司硏究』, 集文堂; 윤정, 2004,「숙종대 端宗 追復의 정치사적 의미」,『韓國思想史學』22, 韓國思想史學會; 이상식, 2005,「숙종 초기의 왕권안정책과 경신환국」,『朝鮮時代史學報』33, 朝鮮時代史學會; 이상식, 2005,「조선 肅宗代 君師父一體論의 전개와 왕권강화」,『韓國史學報』20, 高麗史學會; 윤정, 2006,「숙종대 太祖 諡號의 追上과 政界의 인식」,『東方學志』134, 延世大 國學研究院; 尹晶, 2006,「숙종대『聖學輯要』進講의 경위와 의미」,『南冥學硏究』21, 慶尙大學校 慶南文化研究院 南冥學研究所; 김용흠, 2009,「조선후기의 왕권과 제도정비」, 이태진교수 정년기념논총간행위원회,『국왕, 의례, 정치』, 태학사.

2) 화담학파와 남명학파의 사상적 특징에 대해서는 신병주, 2000,『남명학파와 화담학파 연구』, 일지사; 정호훈, 2004,『朝鮮後期 政治思想 硏究』, 혜안 참조.

볼 수 있다.

둘째로, 서인의 분열이 이전 시기에 비해 아주 더디게 일어났다는 점이다. 사실 선조대 이후 정치 과정에서 집권 세력은 반드시 분열하는 일이 공식처럼 반복되었다. 동인이 남인과 북인으로 분열한 것이나, 북인이 대북과 소북으로 분열되고, 또 대북이 골북과 육북으로 분열된 것이 그러하였다. 그리고 이들의 분열은 모두 붕당이 발생한 지 50년 안에 모두 일어났다. 그런데 인조반정을 주도하여 집권한 서인 세력이 노론과 소론으로 분열하기까지 50여 년 이상의 기간이 경과되었다. 물론 그 사이에 서인이 단일한 정치집단으로서 단결되어 있었던 것만은 아니었다. 반정 초에 이미 功西와 淸西, 老西와 少西의 명목이 나왔으며, 仁祖 말에는 原黨과 洛黨, 孝宗·顯宗 연간에는 漢黨과 山黨 등의 명목도 등장하여 그때그때 정치적 갈등의 중심이 되었다. 그러나 이러한 색목들은 단기적으로 명멸하였을 뿐 노론과 소론처럼 장기적이고 지속적인 정치적 구심점을 마련하지는 못하였다. 17세기 말에 등장한 노론과 소론은 18세기 蕩平 政局을 주도한 주요 정치 세력이었으며, 19세기 勢道政治期에도 그 명맥을 이어가고 있었다.

이러한 몇 가지 측면을 고려해 볼 때 서인의 분열은 학문적 사상적 개성이나 체질보다는 현실인식과 정책의 차이가 보다 우선적으로 작용하여 초래되었을 수도 있다. 인조반정 이후 서인 세력은 程朱理學이라는 동일한 사상적 지평 속에 포섭되어 있었다. 특히 '反正'의 명분으로 朱子學 名分論과 義理論을 선양하면서 집권하였으므로, 朱子學 政治思想 가운데서도 명분론적인 지향이 강화될 수밖에 없었다. 그러나 '兩亂期'의 변화하는 국내외적 현실과 관련하여 주자학 명분론과 의리론만으로는 조선왕조가 직면한 국가적 위기에 대처해 나가는데 많은 한계를 노출하였다. 그러자 서인 가운데 그것만을 고집하지 않고 의리론을 凡儒敎的 차원으로 확대 해석하면서 현실에 적합한 대처 방안을 모색하고 정치적 행동으로 표출하려는 官人·儒者들이 속속 등장하였다. 이들이 내세운 것이 바로 變通論이었다. 그리하여 인조대 이래 주자학 정치론이 義理論과 變通論의 대립 구도 속에서 분화되었는데, 그것이 정치세력의 분화로 귀결된 것이 바로 숙종대 노론과 소론의 분열이 아닌가 한다.[3]

본고에서는 이러한 시각에서 崔錫鼎(1646~1715)을 중심으로 소론의 계보를 추적하여 그연원과 계통을 밝히고, 소론 변통론과 노론 의리론의 대립 갈등이 조선후기 정치사에서 진보와 보수의 대립이었음을 드러내고자 한다. 최석정은 반정 공신으로서 인조대 정국을 주도했던 崔鳴吉(1586~1647)의 손자이다.[4] 최명길은 잘 알려진 것처럼 두 차례의 胡亂에서 主和論을 주도하였는데,[5] 소론의 중심이 된 尹拯

---

3) 인조대 정치를 이러한 시각에서 접근한 논고로서 金容欽, 2006, 『朝鮮後期 政治史 硏究』I, 혜안이 참고된다.
4) 崔錫鼎에 대해서는 다음 논고가 있다. 신병주, 1994, 「17세기 후반 소론학자의 사상」, 『역사와 현실』 13 ; 姜信曄, 1994, 「崔錫鼎의 政治思想」, 『東國史學』 28 ; 同, 「崔錫鼎의 生涯와 思想」, 『芝邨金甲周敎授華甲紀念史學論叢』 ; 李在喆, 2000, 「朝鮮後期 明谷 崔錫鼎의 現實認識과 政局運營 方案」, 『李樹健敎授停年紀念 韓國中世史論叢』, 597~639쪽 ; 姜信曄, 2001, 『朝鮮後期 少論 硏究』, 봉명.
5) 崔鳴吉에 대해서는 다음 논고가 있다. 吳洙彰, 1985, 「仁祖代 政治勢力의 動向」, 『韓國史論』 13, 서울대 국사학과 ; 李綺南, 1992, 「崔鳴吉의 政治活

(1629~1714)은 당시에 斥和論을 주도했던 尹煌·尹宣擧 집안에 속하였다. 노론과 소론의 분열과 갈등에는 宋時烈과 尹拯의 대립·갈등을 밝히는 것도 중요하지만, 최석정과 윤증이 선대에는 주화파와 척화파로 그 입장을 달리하였는데 어떻게 후대에 소론이라는 동일한 당색을 이루게 되었는가도 밝혀져야 할 것이다. 인조대 주화파와 척화파의 대립은 효종·현종대 한당과 산당의 대립으로 이어졌으며, 이러한 흐름이 결국 숙종대 소론과 노론의 분열로 귀결되었는데, 여기에는 변통론과 의리론의 대립이 그 저변에 깔려 있었다. 본고에서는 이것을 소론 변통론의 계통을 통해서 밝히고, 최석정의 정치노선을 통해서 숙종대에 등장한 탕평론의 성격을 규명해 보고자 한다.

2 숙종대 소론의 형성과 변통론

1) 서인의 분열과 소론의 형성

숙종대 서인이 노론과 소론으로 분열된 것은 庚申換局(1680) 직후의 일이었다.[6] 甲寅禮訟(1674)에서 남인들의 예론을 지지했던 金

動과 權力構造 改編論」,『擇窩許善道先生停年紀念韓國史學論叢』, 一潮閣;李在喆, 1992,「遲川 崔鳴吉의 經世觀과 官制變通論」,『朝鮮史研究』1;조성을, 1992,「17세기 전반 서인관료의 사상」,『역사와 현실』8, 역사비평사;金泰永, 2003,「遲川 崔鳴吉의 現實 變通論」,『道山學報』9, 道山學研究院;배우성, 2003,「사회정책적 논의의 정치적 성격」, 한국역사연구회 17세기 정치사 연구반,『조선중기 정치와 정책』, 아카넷;金容欽, 2006,「遲川 崔鳴吉의 責務意識과 官制變通論」,『朝鮮時代史學報』37;원재린, 2007,「遲川 崔鳴吉의 학문관과 정치운영론」,『韓國思想史學』29. 인조대 胡亂 당시의 主和·斥和 논쟁에 대해서는 金容欽, 2006, 앞의 책, 제4장 참조.

6) 老·少論의 분열에 대해서는 앞의 주 1)에 제시된 논고와 함께 그 이전에 나온 다음 연구가 있어 참고가 된다. 幣原坦, 1907,『韓國政爭志』, 三省堂

錫胄·金萬基 등 척신세력은 남인 영수 許積을 중심으로 군사권 장악 음모가 노골화되자 숙종과 함께 남인을 내치고 송시열과 金壽恒 등 서인 세력을 불러들인 것이 바로 경신환국이었다. 환국 이후 이들 척신 세력은 남인 세력을 뿌리째 뽑아버리기 위해 譏察과 告變을 통한 偵探政治까지 동원하는 것을 마다하지 않았다. 삼사의 언관들이 이를 비판하면서 서인 내에서 노론과 소론의 명목이 처음 등장하였다. 경신환국 이후의 이러한 서인의 분열은 臺閣과 廊廟의 대립이라는 양상으로 전개되었는데, 이는 士類와 勳戚의 대립이라는 16세기 전반 士禍 당시의 사림파와 훈구파의 대립과 유사한 형태로도 인식되었다.[7] 즉 삼사에 포진한 年少 淸流들이 훈척의 정탐정치를 비판한 것은 士林政治의 원칙인 公論政治를 내세우면서 전개되었던 것이다.

그런데 당시에 사림정치의 상징적 인물이자 서인 산림을 대표하는 宋時烈이 연소 청류의 기대를 저버리고 훈척을 지지하였다. 송시열이 사림정치와 공론정치의 원칙을 저버리고 훈척의 정탐정치를 긍정한 것은 南人을 축출하는 것이 다른 어떤 문제보다도 중요하다는 논리에 근거한 것이었다.[8] 즉 송시열은 자신의 君子 一朋黨論을 실현하는 것이 사림정치와 공론정치의 원칙을 지키는 것보다 중요하

書店；小田省吾, 1923,「李朝政爭略史」,『朝鮮史講座』分類史, 朝鮮史學會；玄相允, 1949,『韓國儒學史』, 民衆書館；李丙燾, 1958,『韓國儒學史草稿』(프린트 本), 서울대 문리대 국사연구실；成樂熏, 1965,「韓國政爭史」,『韓國文化史大系』[2], 高麗大 民族文化硏究所 編；姜周鎭, 1971,『李朝黨爭略史』, 서울대 출판부.
7)『肅宗實錄補闕正誤』권14, 숙종 9년 癸亥 윤6월 28일 戊辰.
8)『肅宗實錄』권14, 숙종 9년 癸亥 3월 2일 甲辰.

다고 판단한 것이었다.[9]

송시열의 이러한 논리와 입장은 재야와 재조를 막론하고 서인 내부에서 큰 파장을 일으켰다. 삼사의 연소한 언관들을 포함하여 조정에 포진한 관료들 사이에서도 이에 대한 찬반이 서로 나뉘었다. 당시 재조 관료들의 분열은 효종·현종대 경세 관료와 산림 계열 관료 사이의 대립의 연장선상에서 전개되었다. 이른바 '懷尼是非'라고 칭해지는 송시열과 윤증의 대립 역시 그러한 송시열의 입장과 밀접한 관련이 있었는데, 이것은 결국 서인 산림의 분열을 의미하는 것이었다. 이와 같이 서인이 노·소론으로 분열된 것은 연소배와 훈척의 대립에서 경세 관료와 산림 계열 관료의 대립, 나아가서는 서인 산림의 분열로까지 확대된 결과였다.

인조대 主和論과 斥和論의 대립은 朱子學 政治論이 變通論과 義理論의 대립 구도로 분화된 것을 반영한 것이었다. 반정 초의 개혁 국면에서 국가의 유지·보존을 통한 保民을 모색하는 변통론자들에 의해 量田과 大同, 號牌와 均役이 논의되고, 官人·儒者 사이에서 점차 지지자를 확대시켜 갔다. 이들은 호패법 시행에 역량을 집중시켜 나가고자 하였지만 의리론자들의 반발과 丁卯胡亂으로 호패법은 결국 결실을 보지 못하고 폐기되고 말았다. 제도 개혁을 통한 국가체제의 재정비와 그를 통한 국방력 강화가 지지부진한 상황에서 後金=淸과 정면으로 맞서는 것은 무모한 일이었다. 여기에 변통론자들이 主和

---

9) 金駿錫, 2003, 『朝鮮後期 政治思想史 研究』, 혜안, 283~291쪽 ; 김용흠, 2000, 앞의 논문, 662쪽.

論을 취하게 되는 필연성이 있었다. 이에 대해 의리론자들은 주자학 명분론과 華夷論으로 대표되는 자신들의 이념을 국가 그 자체보다 중시하면서 斥和論의 입장에 섰다.[10]

효종대에는 그러한 대립 구도가 漢黨과 山黨의 대립으로 나타났다. 대동법 시행을 두고 金堉·趙翼 등 변통론자들이 金集·金尙憲 등 의리론자들과 서로 대립한 것이 그것이었다.[11] 현종대에도 대동법의 확대 시행과 士族收布 문제가 논의되는 가운데 변통론과 의리론의 대립 구도는 의연히 지속되었다. 이때는 효종대의 김육을 이어서 그 아들인 金佐明과 徐必遠 등이 대동법 시행에 적극적이었는데, 송시열 등 의리론 계열에서는 貢案 개정을 내세우면서 이를 반대하거나 소극적 자세를 보였다.[12] 보다 중요한 것은 이 시기 변통론 진

---

10) 金容欽, 2006, 앞의 책.

11) 효종대 정국 동향에 대해서는 다음을 참조. 車文燮, 1973, 『朝鮮時代軍制研究』, 단대출판부 ; 李離和, 1975, 「北伐論의 思想史的 檢討」, 『創作과 批評』 38 ; 平木實, 1982, 『朝鮮後期奴婢制研究』, 知識産業社 ; 李泰鎭, 1985, 『朝鮮後期의 政治와 軍營制 變遷』, 韓國研究院 ; 金安淑, 1986, 「孝宗年間 奴婢推刷都監 설치의 배경과 성격」, 『嶠南史學』 2 ; 李京燦, 1988, 「조선 효종조의 북벌운동」, 『淸溪史學』 5 ; 全炯澤, 1989, 『朝鮮後期奴婢身分研究』, 一潮閣 ; 禹仁秀, 1990, 「朝鮮 孝宗代 北伐政策과 山林」, 『歷史教育論集』 15 ; 鄭萬祚, 1992, 「17世紀 中葉 山林勢力(山黨)의 國政運營論」, 『擇窩許善道先生停年紀念 韓國史學論叢』 ; 吳恒寧, 1993, 「朝鮮 孝宗代 政局의 變動과 그 性格」, 『泰東古典研究』 9 ; 李根浩, 1993, 「孝宗代 執權西人의 賦稅制度變通論」, 『北岳史論』 3 ; 李迎春, 1998, 「붕당정치의 전개」, 『한국사』 30, 국사편찬위원회 ; 鄭萬祚, 1999, 「17세기 중반 漢黨의 정치활동과 國政運營論」, 『韓國文化』 23, 서울대 ; 崔完基, 1999, 「17世紀 危機論과 孝宗의 經濟政策」, 『國史館論叢』 86 ; 한국역사연구회 17세기 정치사 연구반(이하 '한역연'으로 줄임), 2003, 『조선중기 정치와 정책』, 아카넷 ; 김용흠, 2009, 앞의 글.

12) 현종대 정국 동향에 대해서는 다음을 참조. 李泰鎭, 1985, 앞의 책 ; 李迎春, 1989, 「제1차 禮訟과 尹善道의 禮論」, 『淸溪史學』 6 ; 鄭萬祚, 1991, 「朝鮮 顯宗朝의 私義·公義 論爭」, 『韓國學論叢』 14, 國民大 ; 李成茂,

영에서 대동법과 사족수포론을 정치의 중심 현안으로 제기한 것에 대해서 의리론 진영에서는 명분과 의리 문제로 정치 쟁점을 치환시켰다는 점이다. 효종 9년 김육이 죽자 김좌명 형제가 묘에 隧道를 써서 장례를 치른 것을 송시열 일파가 僭禮라고 탄핵한 것,[13] 병자호란 당시 祖母의 殉節을 이유로 청국 사신의 접대를 거부한 金萬均의 私義論을 옹호하면서 서필원 등 公義論을 주장하는 신료들과 대립한 것 등은 그 대표적인 경우였다.[14] 숙종대 정국에서 이들 변통론 계열의 관료들은 몇 사람의 예외를 제외하고 대체로 소론의 입장에 섰다.

서인 산림의 연원을 이루었던 인조대 척화파 내부에도 변통론자가 없었던 것은 아니었다. 尹煌(1571~1639)·兪伯曾(1587~1646)·趙錫胤(1606~1655) 등은 변통론을 주장했음에도 불구하고 주화론자들과 공조하지 못하고 척화론의 입장에 섰다.[15] 그렇지만 이들의 입장은 丁丑年 城下之盟 이후 형성된 西人 山林 내부의 변통론 계열로 이어졌다. 즉 효종대에는 反淸斥和 義理論의 본영이었던 서인 山林 계열 내부에서도 변통론과 의리론의 대립 구도가 발생하였던 것이다. 정축년에 당한 성하지맹의 치욕을 씻기 위해서는 제도 개혁을 통해서

1992, 「17世紀의 禮論과 黨爭」, 『朝鮮後期 黨爭의 綜合的 檢討』, 韓國精神文化研究院 ; 鄭萬祚, 1992, 앞의 논문 ; 禹仁秀, 1992, 「朝鮮 顯宗代 政局의 動向과 山林의 役割」, 『朝鮮史研究』 1 ; 정홍준, 1996, 앞의 책 ; 禹仁秀, 1999, 앞의 책 ; 李迎春, 1998, 앞의 글 ; 鄭萬祚, 1999, 앞의 논문 ; 한역연, 2003, 앞의 책 ; 김용흠, 2009, 앞의 글.
13) 『孝宗實錄』 권21, 효종 10년 己亥 4월 戊戌.
14) 鄭萬祚, 1991, 앞의 논문.
15) 金容欽, 2006, 앞의 책, 235~245쪽.

부국강병을 달성해야 한다고 주장한 변통론자들의 입장은 복수설치의 의리 그 자체를 자신만의 정치적 명분으로 독점하려는 의리론적 지향과 갈등하였다. 尹宣擧와 兪棨가 전자의 변통론적 입장을 대표한다면 宋時烈·宋浚吉은 후자의 의리론적 지향을 대표하였다.[16]

이 시기에 송시열 계열에서는 남인에 대한 공격을 강화하여 조정에서 배제하려 하였는데, 이는 윤선거의 강력한 비판에 직면하였다. 특히 송시열이 尹鑴를 異端으로 규정하고 공격하자 윤선거는 변통론을 실현하기 위해서는 윤휴를 포용하여 등용해야 한다고 주장하였다. 즉 송시열이 주자학 의리론의 핵심인 闢異端論을 내세우면서 윤휴로 대표되는 남인을 정국 운영에서 배제하려는 君子 一朋黨論을 지향하였다면 윤선거는 변통론의 입장에서 破朋黨論을 강력하게 주장하면서 이를 비판하였던 것이다. 숙종대에 표면화된 이른바 '懷尼是非', 즉 송시열과 윤증의 대립은 효종·현종 연간의 송시열과 윤선거의 대립의 연장선상에서 전개된 것이었는데, 이는 의리론과 변통론, 군자 일붕당론과 파붕당론의 대립이기도 하였던 것이다.[17]

이렇게 본다면 인조대에는 주화파와 척화파로 대립하였던 崔鳴吉과 尹煌 집안이 숙종대에는 변통론이라는 공감대 위에서 서로 공조할 수 있는 가능성이 열린 셈인데, 조정에서 이를 실천한 것이 최명길의 손자인 崔錫鼎·崔錫恒 형제였다. 이들은 경신환국 이후 삼사에서 활동하면서 훈척의 정탐정치를 비판하는 年少 名類의 일원이

---

16) 김용흠, 2005,「17세기 政治的 갈등과 朱子學 政治論의 分化」, 오영교 편,『조선후기 체제변동과 속대전』, 혜안.
17) 김용흠, 2005, 위의 논문.

되었다. 그리고 尹宣擧의 墓碣銘을 둘러싼 송시열과 윤증 사이의 갈등이 조정에까지 비화되자, 윤선거와 윤증을 적극적으로 옹호하였다.[18] 이로써 인조대 이래로 주화파와 척화파로 계열을 달리하였던 두 집안이 숙종대에는 변통론과 파붕당론의 공감대 위에서 동일한 정치세력의 일원이 될 수 있었던 것이다. 요컨대 인조대 이래 주자학 정치사상에 입각하여 정국을 주도해 오던 유력한 정치 집단이었던 西人은 산림과 관료를 막론하고 모두 의리론과 변통론의 대립 구도 속에서 분화되어, 숙종대 이르러서는 노론과 소론이라는 서로 다른 정치 세력으로 분화되기에 이른 것이다.

2) 최석정과 소론 변통론의 계통

최석정은 南九萬(1629~1711)과 朴世采(1631~95)의 제자이고 李慶億(1620~73)의 사위였다. 李慶億·李慶徽(1617~69) 형제는 현종대 경세 관료로 활동하면서 송시열 등의 산림 계열과 대립하였다. 이들은 고려시대 益齋 李齊賢의 후손으로서 5대조 李公麟은 사육신 朴彭年의 사위였고, 그 아들 李黿은 金宗直·金宏弼의 문인으로서 戊午·甲子士禍 피화인이었다.[19] 최석정 집안 역시 고려시대 이래의 유서 깊은 관료 집안이었지만 사화의 피해를 입은 자는 없었다.[20] 즉 최석정 집안으로서는 이경억 집안과의 혼인이 義理論을 보강하는 의미가

---

18) 신병주, 1994, 앞의 논문 ; 李在喆, 2000, 앞의 논문.
19) 『明谷集』 권28, 「華谷李相國行狀」, 民族文化推進會 편, 『標點影印 韓國文集叢刊』 154집 440쪽(이하 '총간 154-440'로 줄임).
20) 『明谷集』 권29, 「先祖領議政完城府院君文忠公行狀」, 총간 154-450.

있었다고 보여진다. 이경억의 부 李時發(1569~1626)은 선조·광해군 대의 군사 전문가로서 李恒福·李德馨 등의 깊은 신임을 받았으며, 인조반정 이후 최명길 등과 함께 국방력 강화에 노력하였다.[21]

이경억·이경휘 형제는 효종대부터 당시의 국가적 위기를 타개하기 위해서는 각종 법과 제도의 변통과 개혁이 반드시 필요하다고 주장하였다.[22] 그리고 이것을 실현하기 위해서는 붕당이 반드시 타파되어야 한다고 보고 있었다.[23] 그런데 이들의 이러한 지향에 대하여 남인보다 오히려 서인 가운데 산림 계열 관료가 제동을 거는 일이 많았는데, 그 중심에 송시열이 위치하고 있었다. 현종대 들어서 이들 형제들이 송시열과 갈등한 것은 바로 이 때문이었다. 앞서 언급한 김만균의 일로 서필원이 송시열과 갈등한 것은 그 대표적인 사례인데, 이들 형제들은 金始辰(1618~67)·李尙眞(1614~90) 등과 함께 徐必遠(1614~71)을 지지하는 입장에 섰다.[24]

현종 4년 修撰 金萬均이 淸使의 접대를 거부하면서 시작된 이 논쟁은 私義論과 公義論의 대립이라는 성격을 띠고 있었다. 즉 병자호란 당시 강화도에서 순절한 祖母에 대한 복수의 의리로 보아 김만균이 청사 접대를 거부하는 것은 정당하다는 私義論에 대해서, 人臣으

---

21) 『藥泉集』 권23, 「刑曹判書李公請謚行狀」, 총간 132-355~6.
22) 『孝宗實錄』 권15, 효종 6년 乙未 7월 21일 癸卯, "願殿下 勿徒諉之傅會 而亟思所以修明政敎 迓續景命爲治 則毋狃於苟安 毋憚於更張 征謀 治法 講究靡遺 以戒偸差猶豫之失."
23) 『明谷集』 권28, 「華谷李相國行狀」, 총간 154-443, "請卜勤學正心 求賢詰 戎 立紀綱 破朋黨."
24) 『明谷集』 권23, 「吏曹判書春田李公神道碑銘」, 총간 154-321 ;『西溪集』 권13, 「禮曹參判金公墓碣銘」, 총간 134-266.

로서 개인적인 의리를 내세워서 國事를 저버리는 것을 용납해서는 안 된다는 公義論의 대립이었다. 여기에는 名分論과 現實論, 世道論과 尊君論의 갈등이 내포되어 있었는데, 신료들 내부에서도 峻論과 緩論의 대립으로 확대되고 있었다.[25] 이경억 형제를 포함한 완론자들 대부분이 당시의 국가적 위기를 타개하기 위해서는 변통과 경장이 시급하다는 입장이었으므로 주자학 명분론과 의리론을 극대화시켜서 국사를 도외시하려는 사의론은 용납하기 어려운 일이었다. 이것은 인조대 斥和論과 主和論의 대립과 유사한 성격을 띤 것으로서 그 저변에는 義理論과 變通論의 대립 구도가 깔려 있었다고 볼 수 있다.

이경휘·이경억·이상진은 송시열·송준길과 함께 金集의 문인이었고,[26] 서필원 역시 김집과 鄭弘溟에게 배웠으며,[27] 김시진도 젊었을 때 송시열·송준길과 '情好不疎'한 관계였다.[28] 따라서 이들은 모두 李珥·成渾에서 金長生·金集으로 이어진 朱子學 政治思想을 공유하고 있다고 보아야 할 것인데, 그럼에도 불구하고 이들이 갈등을 일으킨 것은 현실인식의 차이에서 나온 것이었다. 즉 양란 이후의 국가적 위기에 대처하는 방안으로서 주자학 명분론과 의리론을 강화시킬 것인가 아니면 전반적인 제도 개혁을 우선할 것인가를 두고 발생한 인식의 차이에서 비롯된 것이었다. 이 시기 관인·유자들을

---

25) 鄭萬祚, 1991, 앞의 논문.
26) 禹仁秀, 1999, 앞의 책, 47쪽.
27) 『六谷遺稿』 권6, 附錄, 「神道碑銘」, 총간 121−622.
28) 『西溪集』 권13, 「禮曹參判金公墓碣銘」, 총간 134−265.

지배하고 있던 주자학 정치론은 이처럼 현실 인식을 매개로 하여 의리론과 변통론의 대립 구도로 분화되고 있음을 이 사건은 분명하게 보여 주었다.

이들 가운데 이경휘 형제를 비롯하여 서필원과 김시진 등은 모두 현종대에 死去하였고, 이상진만이 숙종대까지 살아남았는데, 잘 알려진 것처럼 그는 서인이 노론과 소론으로 분열될 때 소론의 입장에 섰다. 그는 숙종 9년 김석주·김익훈 등의 정탐정치를 비판하는 삼사의 언관을 지지하였고, 숙종 13년에는 洪宇遠 등 남인들을 용서해야 한다고 주장하여 金萬吉·李頤命·韓聖佑 등 노론 언관의 배척을 받았다.[29] 숙종 14년에는 송시열 문인들이 윤증을 '背師'로 공격하는 것에 대해 그가 '黨比偏私'라고 비판한 것 등이 그것이다.[30]

최석정은 이경휘·이경억 집안과 혼인 관계일 뿐만 아니라 이상진의 '門墻'에 출입하면서 그의 '知奬'을 받았다고 한다.[31] 또한 앞서 언급한 바와 같이 최석정은 남구만의 문인이기도 하였는데, 남구만은 이경휘 형제의 아비인 李時發의 시호를 청하는 행장을 지어서 인조반정 직후 국방력 강화를 위한 그의 노력을 높이 평가하면서, 그가 좀 더 오래 살았더라면 丁卯·丙子胡亂에 보다 잘 대처할 수 있었을 것이라고 아쉬워하였다.[32] 남구만은 김시진과는 이웃하여 살면서 평생 존경하는 관계였다고 한다.[33] 그는 당시의 현실적인 모순을 타개

---

29) 『明谷集』 권34, 「右議政李公諡狀」, 총간 154-557.
30) 위와 같은 책, 총간 154-558.
31) 위와 같은 책, 총간 154-561.
32) 『藥泉集』 권23, 「刑曹判書李公請諡行狀」, 총간 132-359.

하기 위해서는 근본적인 개혁이 필요하다는 입장이었다.[34] 이를 위해서는 반드시 붕당의 폐단이 타파되어야 할 뿐만 아니라 정치 안정이 필수적이라고 생각하였다. 그리하여 김만균의 일에 대해서 기본적으로 그의 有罪를 인정하는 입장이었지만 그로 인한 정치적 파장이 확대되는 것은 막으려 하였다.[35] 경신환국 직후 남구만은 李尙眞과 함께 尹鑴를 賜死하는 것에 반대하였다.

남구만은 기사환국까지는 송시열 계열과의 대립을 회피하였지만 그의 매부 朴世堂(1629~ 1703)의 아들인 朴泰維·朴泰輔는 경신환국 이후 송시열의 정치노선을 가장 적극적으로 비판하면서 노·소론 분당의 주역이 되었다. 박세당은 현종대에 이경휘·이경억 형제를 비롯하여 서필원·김시진·이상진 등과 정치 노선을 같이하였다.[36] 그리고 박세당은 李景奭(1595~1671)이 三田渡 碑文을 지은 일을 풍자한 송시열을 비판하였다가 갑술환국 이후 노론의 공격을 받고 결국 죽음을 맞이하기에 이르렀다.[37] 특히 박세당은 최명길의 주화론과 元宗追崇 論爭에서 견지하였던 別廟論을 긍정적으로 평가하였다.[38] 인

33) 『藥泉集』 권16, 「禮曹參判金公墓誌銘」, 총간 132-203.
34) 남구만에 대해서는 다음 논고를 참조. 姜信曄, 1991, 「南九萬의 國防思想」, 『民族文化』 4; 同, 1993, 「南九萬의 政治思想」, 『素軒南都泳博士古稀紀念歷史學論叢』; 朴仁鎬, 1993, 「南九萬과 李世龜의 歷史地理硏究」, 『歷史學報』 138; 李在喆, 2001, 「士林政治期 南九萬의 現實認識과 政局運營論」, 『歷史敎育論集』 26.
35) 鄭萬祚, 1991, 앞의 논문, 5쪽.
36) 김용흠, 1996, 앞의 논문.
37) 李銀順, 1988, 앞의 책, 139~185쪽; 김용흠, 1996, 앞의 논문.
38) 『西溪集』 권7, 「遲川集序」, 총간 134-145 참조. 최명길의 주화론과 원종추숭 당시 그의 처신에 대한 자세한 내용은 金容欽, 2006, 앞의 책 참조.

조대 박세당의 조부인 朴東善(1562~1640)이 정묘호란 당시 척화론을 앞장서서 주장하였던 尹煌과 정치 노선을 같이하였고, 원종 추숭에 반대하는 입장이었다는[39] 점을 상기하면 이것은 중요한 인식의 변화였다.

숙종 연간까지도 士類, 또는 淸流로 자처하는 사람들 대부분은 주화론과 원종 추숭에 대해 곱지 않은 시선을 보내고 있었다. 그런데 박세당이 이를 벗어난 것은 역시 당시 지배적이었던 주자학 명분론과 의리론에 얽매이지 않고 현실의 모순 그 자체를 직시하려는 그의 현실인식에서 나온 것으로 보아야 할 것이다.[40] 박세당의 형 朴世垕(1627~50)는 尹拯(1629~1714)의 누이와 혼인하여 두 가문은 인척 관계를 맺었는데, 박세후가 후사 없이 죽자 박세당은 아들인 박태보를 양자로 들여보냈다.[41] 박세당·박태보 부자는 이처럼 윤증과 돈독한 관계를 유지하면서 당시의 정치를 비롯한 각종 현안에 대하여 서신을 통해 의견을 교환하고 입장을 조율하고 있었다.[42] 그 과정에서 당시의 현실에 대한 공감대를 마련해 나갔을 것으로 생각되는데, 여기서 최명길의 주화론과 예론에 대한 박세당의 새로운 인식은 윤증에게도 일정한 영향을 미쳤을 것으로 보인다. 이렇게 본다면 최명길 가문과 윤황 가문의 화해는 박세당 가문이 매개가 되었다고도 말할

---

39) 『藥泉集』 권15, 「左參贊朴公墓誌銘」, 총간 132-174.
40) 박세당의 현실인식에 대해서는 다음을 참조. 김용흠, 1996, 앞의 논문 ; 金駿錫, 1998, 「西溪 朴世堂의 爲民意識과 治者觀」, 『東方學志』 100 ; 金駿錫, 1998, 「17세기의 새로운 賦稅觀과 士大夫生業論」, 『歷史學報』 158.
41) 『明齋遺稿』 권36, 「潘南朴君墓誌銘」, 총간 136-249.
42) 김용흠, 1996, 앞의 논문.

수 있을 것이다. 1687(숙종 13)년에 송시열이 상소하여 사문난적인 윤휴를 도와 주자를 배반하였다고 윤선거를 공격하자, 박태보는 이에 맞서서 윤선거·윤증 부자를 변론하는 상소를 지어 올려 1684(숙종 10)년 崔愼 상소로 시작된 이른바 '懷尼是非'가 더욱 격화되기에 이르렀다.[43]

이 상소문에서 박태보는 윤선거가 강화도에서 '반드시 죽어야 할 의리는 없었다[無必死之義]'는 윤증의 주장을 적극 대변하였다.[44] 이는 현실론 또는 상황론이라고도 할 수 있는데, 윤증이 송시열의 윤선거 공격을 계기로 하여 주화론의 핵심 논리를 긍정한 셈이었다. 인조대 주화론은 對明義理論이나 '尊周의 義理' 그 자체를 부정한 것이 아니라 당시 국가가 처한 현실적인 상황에 비추어 講和가 불가피하다는 입장이었던 것이다.[45] 나아가서 윤증은 송시열이 청나라에 대한 복수설치의 의리를 절대화하고 자신의 정치적 명분으로 독점하려는 경향에 대하여 강하게 비판하였다.[46] 이렇게 본다면 이른바 '회니시비'는 인조대 주화론과 척화론의 논쟁이 숙종대에 형태를 바꾸어 재현된 것으로 볼 수도 있을 것이다. 인조대에는 척화론의 입장에 섰던 윤황의 후손인 윤증이 주화론의 핵심 논리를 긍정하면서

---

43) 김용흠, 1996, 앞의 논문, 71쪽.
44) 『甲乙錄』 권2, 「明齋答羅顯道兼示朴和叔」, 李離和 편, 『朝鮮黨爭關係資料集』 8, 驪江出版社 影印本, 1985, 200~1쪽(이하 『甲乙錄』 인용 쪽수는 이 영인본 쪽수를 가리킨다) ; 同, 권3, 「前縣監羅良佐等疏」, 228쪽.
45) 金容欽, 2006, 앞의 책, 제4장 「主和論과 斥和論의 대립」 참조.
46) 『甲乙錄』 권1, 「擬與懷川書」(辛酉), 164~7쪽 참조. 이것이 이른바 '辛酉擬書'이다.

송시열의 척화론에 대항하는 형국이 전개된 것이었다. 효종대 이래 윤선거가 변통론과 파붕당론을 주장하면서 송시열의 의리론과 군자일붕당론에 맞선 것을 상기하면 이는 결국 변통론과 의리론의 대항 관계가 그 저변에 깔려 있음을 알 수 있다.

최석정은 기사환국 이전에 두 차례에 걸쳐 윤증 부자를 변론하는 상소를 올렸다. 첫번째는 1685(숙종 11)년 윤증이 실록청에 보낸 편지를 찾아내어 朝野에서 윤선거·윤증 부자를 공격하려는 노론의 움직임이 본격화되었을 때였다.[47] 이때 최석정은 숙종 앞에서 영의정 김수항에 맞서서 윤증을 변론하였지만 예문관 관원의 파직을 막지 못하였다.[48] 이에 상소하여 노론 당인들이 '허구를 날조하여 사람을 모함한다'고 공격하였다가 파직당하기에 이르렀다.[49] 두번째는

---

47) 경신환국 이후 서인 집권 세력은 남인이 중심이 되어 편찬한 『顯宗實錄』을 고쳐서 『顯宗改修實錄』을 편찬하는 과정에서 윤증에게 윤선거의 강화도에서의 일에 대해 편지로 질문하였던 것 같다. 이에 대해 윤증이 답장을 보낸 것은 1681(숙종 7)년이었는데(『甲乙錄』 권2, 「明齋答羅顯道兼示朴和叔」, 200~1쪽), 그 내용을 문제 삼는 통문이 四學에서 처음 나온 것은 1684(숙종 10)년 12월이었다(同, 「四學通文」, 202쪽). 이듬해인 1685년에는 충청도 유생들이 통문을 돌려(同, 「沃人 通文」, 202~3쪽 ; 「報恩 通文」, 205쪽) 報恩 幼學 李震顔의 상소가 나오기에 이르렀다(同, 「報恩 幼學 李震顔 疏」, 205~7쪽). 이에 대해 소론 측에서도 四學 儒生 金盛大를 정거시키고(同, 「翰苑 簡通」, 203~4쪽), 성균관에서 통문을 돌려 이들의 논리를 비판하였으며(同, 「太學 通文」, 204~5쪽) 이진안 상소를 반박하는 상소를 올려 그에게 停擧 처벌이 내려졌다(同, 「待敎 沈權 檢閱 柳尙載 等疏」, 207~8쪽). 이에 대해 領議政 金壽恒이 숙종에게 윤증의 잘못을 지적하면서 이진안에 대한 처벌을 번복하고 오히려 예문관의 관원이 처벌을 받게 하자 최석정이 상소를 올리게 된 것이다. 이때 윤증의 편지에서 문제가 된 내용은 '栗谷 李珥는 入山하여 (불교를 믿은) 잘못이 있지만 윤선거는 죽어야 할 의리가 없었다'는 것이다. 이를 두고 노론에서는 윤증이 '윤선거이 허물을 덮으려고 율곡을 모함하였다'고 비판하였다.
48) 『甲乙錄』 권2, 「召對時筵說」, 208~9쪽.
49) 『甲乙錄』 권2, 「副提學崔錫鼎疏」, 210~12쪽.

1687(숙종 13)년 박태보가 지은 상소로 인해 그 疏頭인 羅良佐 등이 처벌받자 이들을 변론하는 상소를 올렸다가 관직에서 쫓겨난 일이 었다.[50] 이때 최석정이 윤선거·윤증 부자를 옹호하는 논리 역시 상황론에 입각하여 윤증이 내세운 '無必(可)死之義'를 긍정하는 것이었다.[51] 이것은 최석정이 인조대 주화론자였던 최명길의 후손임을 감안하면 지극히 자연스러운 일이기도 하였다.

남구만 이외에도 최석정은 박세채를 스승으로 섬겼다.[52] 박세채의 반남 박씨 가문은 명문이라고 할 만하였다. 先祖 朴尙衷은 鄭夢周 등과 함께 활동하였던 신진 사대부였고, 8대조 朴訔은 태종대 佐命 功臣이 되었으며, 左議政까지 지냈다. 고조 朴紹는 金安國·朴英 등 金宏弼 門人과 교류하였고, 趙光祖의 인정을 받았으며, 훈구인 金安老와 대립하였고, 李彦迪 등과 함께 활동하였다.[53] 從曾祖 朴應順은

---

50) 『甲乙錄』 권3, 「副提學崔錫鼎疏」, 232쪽.

51) 『甲乙錄』 권2, 「崔副學錫鼎與友人書」, 209~10쪽.

52) 朴世采에 대해서는 다음 논문이 참조된다. 姜信曄, 1990, 「朝鮮後期 南溪 朴世采의 禮治論」, 『慶州史學』 9 ; 同, 1990, 「17世紀 後半 朴世采의 蕩平策」, 『東國歷史敎育』 2 ; 鄭萬祚, 1992, 「朝鮮時代 朋黨論의 展開와 그 性格」, 『朝鮮後期 黨爭의 綜合的 檢討』, 韓國精神文化硏究院 ; 鄭景姬, 1993, 「肅宗代 蕩平論과 '蕩平'의 시도」, 『韓國史論』 30, 서울대 國史學科 ; 朴光用, 1994, 「朝鮮後期 '蕩平' 硏究」, 서울대 박사논문 ; 禹仁秀, 1994, 「朝鮮 肅宗朝 南溪 朴世采의 老少仲裁와 皇極蕩平論」, 『歷史敎育論集』 19 ; 정경희, 1994, 「17세기 후반 '전향 노론' 학자의 사상」, 『역사와 현실』 13 ; 金成潤, 1997, 『朝鮮後期 蕩平政治 硏究』, 지식산업사, 54~76쪽 ; 金駿錫, 1998, 「18세기 蕩平論의 전개와 王權」, 朝鮮時代史學會 편 『東洋 三國의 王權과 官僚制』, 國學資料院, 268~71쪽 ; 姜信曄, 2001, 『朝鮮後期 少論 硏究』, 봉명 ; 김용흠, 2008, 「南溪 朴世采의 變通論과 皇極 蕩平論」, 『東方學志』 143.

53) 『南溪集』 外集 권15, 「高祖司諫院司諫贈領議政治川先生朴公行狀」, 총간 142-54~58.

宣祖의 장인이었고, 祖父 朴東亮(1569~1635)은 임진왜란 때 선조를 호종한 扈聖功臣이었으며, 伯父 朴瀰는 선조의 駙馬였으니, 勳戚 가문이라고도 할 수 있었다.[54] 박세채 본인은 山林으로 자처하였지만 훈척에 대해서도 선입견을 갖지 않고 당대의 명사들과 두루 교류하였던 것도 이러한 가문의 영향으로 보인다.

그리고 朴知誡 문인이자 元斗杓의 형인 元斗樞의 딸과 혼인하였을 뿐만 아니라 金克亨·李義吉 등의 박지계 문인들과도 광범위하게 교류하였다.[55] 그는 인조대 원종추숭논쟁에서 서로 대립하였던 박지계와 金長生의 예론 모두에 대해서 그 문제점을 지적하였지만 박지계 예론의 타당성을 보다 인정하는 입장이었다.[56] 특히 주목되는 것은 그가 李貴의 更張論에 깊은 공감을 표시하고, 정묘호란 당시 이귀의 主和論이 軍政을 變通하여 '自强復雪'하기 위한 것임을 인정하였다는 점이다. 그는 당대의 이름난 '公卿'들이 '軍國大計'는 도외시한 채 詩賦나 일삼으면서 행세하려는 세태를 비판하고, 이귀의 수많은 상소문들이 '學問에 근원을 두고 事功에 베풀어진 것'[原於學問 而施於事功]이라고 높이 평가하였다.[57] 그가 윤선거의 變通論에 공감하면서[58] 송시열의 처신을 비판한 것은[59] 바로 이러한 배경이 있었기 때

---

54) 『屏山集』 권11, 「錦溪君朴公諡狀」, 총간 177-237.
55) 『南溪集』 권73, 「工曹正郎贈戶曹參判金公墓碣銘」, 총간 140-479~80 참조.
56) 『南溪集』 권57, 「集平日偶記」 丁未 12월 3일, 총간 140-176 참조. 원종추숭논쟁과 박지계의 예론에 대해서는 金容欽, 2006, 앞의 책, 제3장 ; 同, 2006, 「잠야(潛冶) 박지계(朴知誡)의 효치론(孝治論)과 변통론」, 『역사와 현실』 61 참조.
57) 『南溪集』 권66, 「忠定公章疏序」, 辛酉 6월 8일, 총간 140-359~60.

문이었다.

숙종대 서인이 노·소론으로 분열되기에 이른 것은 이처럼 삼사 언관들이 주장한 사림정치와 공론정치의 원칙에 대한 찬반을 넘어서, 인조대 이래 국가적 위기에 대한 대처 방안을 두고 나타난 현실 인식의 차이에서 유래되고 있었던 것이다. 主和論과 斥和論, 公義論과 私義論, 尊君論과 世道論, 破朋黨論과 君子 一朋黨論의 대립은 朱子學 政治論이 이러한 현실 인식을 매개로 變通論과 義理論의 대립 구도 속에서 분화되고 있음을 보여준다. 이러한 분화는 조정과 재야를 막론하고 모두 일어났다. 효종·현종 연간에는 李慶徽·李慶億 형제를 비롯하여 李尙眞·金始辰·徐必遠 등과 함께 南九萬·朴世堂 등이 變通論 진영에서 활동하다가 숙종대 들어서 이상진·남구만·박세당 등이 모두 소론으로 좌정한 것은 국정 운영의 방향에 대한 이러한 공감대 위에서 나온 것이었다. 서인 산림에서 尹宣擧와 宋時烈의 분열 역시 이러한 대립 구도에서 나온 것이었는데, 朴世采는 윤선거의 입장에 동조하면서 소론의 '宗主'가 되었다.[60] 최석정이 선대에서는 주화론과 척화론으로 대립하였음에도 불구하고 윤선거·윤증 부자를 옹호한 것도 이러한 變通論 진영의 현실 인식의 동질성을 반영한 것이었다.

숙종대 형성된 소론 당인들은 인조대의 주화파, 효종·현종대의

58) 『南溪集』 권81, 「成均生員 贈吏曹參議魯西先生尹公行狀」, 총간 141–116.
59) 정경희, 1994, 앞의 논문, 91~2쪽.
60) 『肅宗實錄』 권14, 숙종 9년 癸亥 4월 17일 己丑 ; 『肅宗實錄補闕正誤』 권14, 숙종 9년 癸亥 3월 2일 甲辰.

경세관료들이 견지한 변통론을 계승 발전시켜 조정에서 실천하려는 세력이 중심이 되었으며, 이들의 정치론은 박세채의 황극탕평론으로 집약되고 있었다. 박세채는 숙종대에 조정에 진출하여 皇極蕩平論을 적극 주장하였는데, 이것은 인조대 이귀·최명길 등의 王權論·破朋黨論·變通論을 계승·발전시킨 것이었다.[61]

3 황극탕평론과 새로운 국가 구상

1) 변통론의 내용과 황극탕평론

박세채는 숙종대의 현실을 국가적 위기로 간주하고, 變通과 更張을 적극 주장하였는데, 이를 실현하기 위해서는 붕당 간 대립은 종식되어야 할 것으로 보았다. 즉 破朋黨論은 變通論 실현의 전제로서 주장되었는데, 이것은 栗谷 李珥(1536~84) 이래 서인 계열 변통론의 오랜 전통을 이은 것이었다. 明宗 末에서 宣祖 初에 戚臣 정치의 잔재 청산에 진력하였던 이이는 그 연장선상에서 中宗·明宗 年間 勳戚 정치에 의해 국가가 위기에 직면하였다고 진단하고 이를 해결하기 위한 방안으로서 누적된 弊法의 改革, 즉 變通論을 강력하게 제기하였다.[62] 그는 선조대 士林이 집권한 뒤 이러한 폐정 개혁에 앞장서지 않고 修身 위주 義理論을 내세우면서 是非 논쟁에 몰두하여 士類의 분열을 조장하는 정치 행태에 대해 매우 비판적이었다.

---

61) 김용흠, 2008, 앞의 논문.
62)『栗谷全書』권3,「玉堂陳時弊疏」(己巳), 총간 44-60~5 ; 同,「陳弭災五策箚」, 총간 44-65~67.

그는 우선 이러한 현상이 당시 執權 官人·儒者 일반에게 治者로서의 責務意識이 결여되었기 때문에 초래되었다고 보고 大臣 주도의 責任政治를 역설하였다.[63] 그리고 東·西 分黨 사태에 직면해서는 '東正西邪'를 公論=國是로 내세우는 東人들을 비판하고, 兩是兩非論에 입각한 調劑保合論을 주장하였는데, 그는 이러한 사림의 대립이 '浮議'에 의해 격화되었다고 보고 賢者=大臣에게 '委任責成'해야만 '政在臺閣', '政在浮議'의 폐단을 극복하고 '罷朋黨'을 실현할 수 있을 것이라고 주장하였다.[64]

李珥가 이처럼 罷朋黨을 실현하고 變通=更張을 실천할 수 있는 관건으로서 제기한 大臣 責任政治는 大臣이 百官을 통솔하여 '各執其職'하게 함으로써 구현되는 것이었으므로 銓曹 郎官의 通淸權이나 自薦制를 폐지하라고 주장하는 것은 지극히 당연한 것이었다.[65] 또한 그의 이러한 주장이 治者의 責務意識에 기초하고 있었으므로 臺諫의 呈病을 억제하고 避嫌하는 관행을 금지하여 官職久任論을 제기한 것도 같은 맥락에서 나온 주장이었다.[66]

이러한 이이의 변통론과 파붕당론을 가장 적극적으로 계승 발전

---

63) 당시 治者로서의 責務意識의 결여에 의한 士類 일반의 無責任性에 대한 비판은 李珥의 거의 모든 상소문에서 나타난다. 『栗谷全書』 권3, 「陳弭災五策箚」(己巳), 총간 44-66 ; 同, 권5, 「辭直提學疏 三疏」(癸酉), 총간 44-94 ; 同, 「玉堂陳戒箚」(癸酉), 총간 44-95 ; 同, 총간 44-96 ; 同, 총간 44-97 ; 同, 「萬言封事」(甲戌), 총간 44-101, '臣鄰無任事之實' 항목 ; 同, 44-105.

64) 『栗谷全書』 권7, 「陳時弊疏」(壬午), 총간 44-146, '政亂於浮議者何謂也' 항목 ; 同, 총간 44-149 ; 同, 권4, 「論朋黨疏」(壬申), 총간 44-87, "殿下以罷朋黨之責 委重於大臣."

65) 『栗谷全書』 권8, 「辭吏曹判書 三啓」(壬午), 총간 44-169.

66) 李先敏, 1988, 「李珥의 更張論」, 『韓國史論』 18, 서울대 국사학과, 246~7쪽.

시킨 것은 인조대 李貴(1557~1643)와 崔鳴吉(1586~1647)이었다. 선조대 이미 동인 삼사의 공격으로부터 스승인 李珥·成渾을 가장 적극적으로 변론하였던 이귀는 인조반정 직후에는 變法的 經世論을 강력하게 제기하였다. 이귀는 李元翼·尹昉·申欽 등 당시 정승들의 무책임성을 비판하고 相臣 한 사람을 선택하여 국사를 담당하게 해야 한다고 특유의 '得賢委任'論을 줄기차게 주장하였다. 그의 得賢委任論은 調劑論에 입각한 破朋黨論의 일환으로서 그의 지론인 變法的 經世論을 실현하기 위해 제기한 것이었다.[67] 이귀의 得賢委任論을 발전시킨 것이 최명길의 관제변통론이었다.

崔鳴吉의 官制變通論은 朱子學 名分論과 義理論에 기초한 朱子學 政治論과 현실 정치 사이의 모순을 制度改革을 통해서 극복하려는 노력의 소산이었다. 丙子胡亂과 그에 이어진 丁丑年 城下之盟에 이르는 과정에서 그것은 극단적으로 드러났다. 당시 횡행했던 '國君死社稷之說'은 朱子學 名分論과 義理論을 절대화하는 官人·儒者 일반의 治者로서의 責務意識의 방기, 政治에 대한 無責任性을 잘 보여준다. 이때 主和論을 제기하여 이에 대항하였던 최명길은 備邊司 체제와 三司 언론의 제도와 관행이 이러한 모순을 부채질하였다고 보고 大臣權 강화, 郎薦權 폐지, 三司 言官의 避嫌 금지 등을 골자로 하는 官制變通論을 제출하였다. 그의 이러한 官制變通論은 破朋黨論, 王權論과 함께 '國事와 民事의 일치를 지향하는 保民論'을 실현하기 위

---

67) 金容欽, 2006, 앞의 책, 73~81쪽, 116~120쪽, 331쪽 ; 김용흠, 2007, 「延平 李貴의 政治論과 學問觀」, 『韓國思想史學』 29.

한 變通 指向 經世論으로서 제기되었다.[68]

인조 반정 초의 개혁 국면에서 量田과 大同, 號牌와 均役이 논의되었는데, 이귀는 號牌法 시행이 우선이라고 주장하였다. 그리고 이와 함께 국방력 강화를 위한 軍政變通論을 줄기차게 제기하였다. 李貴는 後金의 鐵騎에 맞서 邊方防禦는 불가능하다는 전제 아래 거주지에서 근거리에 위치한 山城에서의 據險淸野 전술을 기본 방어전략으로 보고 이를 위해 전국적인 범위에서의 鎭管體制 復舊論을, 그리고 都城防禦는 불가능하다고 보고 江華島와 南漢山城을 保障으로 삼는 首都 防禦 戰略을 내놓았다. 이를 위하여 民의 자발성에 기초한 精銳兵의 선발, 重內輕外의 원칙에 의거해 수도 방위를 위한 정예부대의 편성, 全國의 鎭管體制와 首都 防衛를 유기적으로 결합시킬 수 있는 全國的으로 一元化된 中央集權的 軍士制度의 창설 등을 주장하였다. 그의 이러한 구상을 관통하는 일관된 원칙은 '國事와 民事의 일치를 지향하는 保民論'의 구현에 있었다. 그는 당시의 생산력 조건과 사회적 정서를 고려하여 철저하게 民의 자발성을 극대화하는 방향에서 군병을 확보하기 위한 방안을 모색하였다. 여기에는 士族收布論이 포함되어 있어 兩班士族의 身分的 특권은 인정되지 않았으며, 그로 인한 양반사족의 불만을 최대한 무마하기 위해 보다 유리한 조건 속에서 군역을 마칠 수 있는 방안으로서 禁衛軍의 편성을 제안하였다.[69]

---

68) 金容欽, 2006, 「遲川 崔鳴吉의 責務意識과 官制變通論」, 『朝鮮時代史學報』 37.
69) 金容欽, 2006, 앞의 책, 5장 2절, 「延平 李貴의 軍政變通論과 保民論」 참조.

또한 趙翼(1579~1655)·李植(1584~1647) 등은 조정에서 대동법과 사족수포론을 강력하게 주장하였으며,[70] 산림에서는 朴知誠(1573~1635)가 이에 동조하였다. 특히 조익과 박지계는 당시의 인재 등용과 과거제도의 폐단을 극론하고 공교육을 강화시키고 이를 시험 제도와 긴밀하게 연결시켜 관리를 선발하는 학교 제도를 구상하였다.[71] 인조대 전반에는 주로 主和論 계열 官人·儒者들이 이러한 변통론을 적극 제기하였는데, 병자호란을 전후해서는 尹煌·兪伯曾(1587~1646)·趙錫胤(1606~55)·趙復陽(1609~71)·金益熙(1610~56) 등 斥和論 계열에서도 이들과 유사한 변통론을 제기하기에 이르렀다.[72]

특히 丁丑年 城下之盟 이후에도 지속되는 국가적 위기 상황에서 많은 관인·유자들은 大同法과 士族收布와 같은 大更張이 국방력 강화를 위해 반드시 필요하다고 보고 있었다. 이것은 당시의 지식인들이 그때까지 조선왕조를 지탱해왔던 양대 중심축인 지주제와 양반제의 모순을 어떤 방식으로든 해소 또는 완화해야만 국가를 유지 보존할 수 있다는 인식에 도달한 것을 의미하였다. 兩亂을 전후한 시기에 나타난 이러한 일련의 變通 指向 經世論은 君主 修身만을 일방적으로 강조하는 道學的 經世論과는 분명하게 구별된다.[73]

---

70) 金容欽, 2001,「浦渚 趙翼의 學問觀과 經世論의 性格」,『韓國實學의 새로운 摸索』, 景仁文化社 ; 金容欽, 2006, 앞의 책, 279~80쪽.
71) 김용흠, 2006,「잠야(潛冶) 박지계(朴知誠)의 효치론(孝治論)과 변통론」,『역사와 현실』61.
72) 金容欽, 2006, 앞의 책, 374~81쪽.
73) 이 시기의 경세론을 變法的 經世論과 道學的 經世論으로 구분하여 이해하려는 시도에 대해서는 金容欽, 앞의 책, 5장 참조.

인조 말년에는 청국의 압력으로 변통과 경장을 위한 시도가 실현되기 어려웠는데, 명·청 교체가 완료되어 중원의 정세가 어느 정도 안정기에 접어든 효종·현종 연간에도 앞서 살펴본 바와 같은 의리론자들의 반발에 의해 제도 개혁은 지지 부진한 채 붕당간 갈등만 격화되어 갈 뿐이었다. 그리하여 마침내 현종 말 숙종 초에는 반복되는 환국에 의해 변통과 경장은 더욱 난관에 봉착하고 있었다. 이에 박세채는 황극탕평론을 제출하여 이를 타개하고자 한 것이다.

박세채의 황극탕평론은 『尙書』「周書」의 洪範編에 그 근거를 두고 있는데, 여기에는 유교의 정치원리와 經世 理論이 포괄적으로 집약되어 있었다.[74] 그 가운데서도 황극 탕평은 군주에게 '建極'으로 표현되는 '大中의 道' 또는 '至極한 標準'을 세우도록 요구하였는데, 이는 군주의 책임과 동시에 권능을 명시한 것이었다. 박세채는 이것을 王道의 실현을 위해서는 王權을 높이고 이를 중심으로 君臣 상하가 大公至正하고 無偏無黨한 정치를 펴야 한다는 의미로 해석하였다. 이는 朱子가 황극을 군주의 도덕적 책임을 강조하는 방향에서 해석하여 군주권 견제의 논리로 활용한 것과 달리 원시 유교경전에 입각하여 군주권 강화를 통해서 주자학 정치론의 모순을 극복하려는 시도였다.[75]

박세채는 이러한 황극탕평론에 의거하여 주자의 朋黨論을 비판하고 調劑論을 통하여 궁극적으로 朋黨을 타파해야 한다고 주장하였

---

74) '洪範' 편에 입각한 탕평의 원리에 대해서는 金成潤, 1992, 「蕩平의 原理와 蕩平論」, 『釜大史學』15·16합집, 부산대, 442~53쪽 참조.
75) 金駿錫, 1998, 앞의 논문, 270~1쪽.

다.[76] 그는 庚申換局 이후의 정국에 대하여 '蕩平'을 내세워 仁祖의 등용 방식을 모범으로 삼아 西人과 南人의 인재가 함께 참여하는 정치를 복원시켜야 한다고 주장하였다. 그는 是非의 分別은 色目 전체를 그 대상으로 삼아서는 안 되며, 따라서 처벌은 색목 안의 '權奸'으로만 제한되어야 하고, 나머지 '어질고 능력있는 인재[賢能可用者]'는 죄를 蕩滌하고 등용하여 '인재가 등용되지 못하여 원한을 품고 있다는 탄식[抱冤遺才之歎]'이 없게 해야 한다는 것이다.[77]

여기서 주목되는 것은 그가 주자의 붕당론뿐만 아니라 宋代의 調停論 역시 분명히 부정하였다는 점이다.[78] 인조대에도 金瑬와 李貴 사이에 이를 두고 논쟁이 있었는데, 調停論과 調劑論은 모두 현실적으로 존재하는 붕당을 인정하면서도 궁극적으로 破朋黨을 지향하는 공통점이 있었다. 그러나 조정론이 당색간의 안배를 통한 세력균형에 초점을 맞추는 것에 비해서, 조제론은 당색을 고려한 인재 등용이 아니라 '재능에 따른 인재 등용'을 주장한다는 점에서 차이가 있었다.[79] 박세채도 조정론을 부정하고 조제론을 주장하였는데, 그가 말하는 재능있는 인재란 바로 '大變革'·'大更張'을 추진할 수 있는 사람을 가리킨다.[80] 즉 박세채의 황극탕평론은 단순히 서인과 남인이

---

76) 鄭萬祚, 1992, 앞의 논문, 144~6쪽.

77) 『南溪集』 권16, 「(癸亥熙政堂) 啓箚 二」, 총간 138-313~4.

78) 『南溪集』 권12, 「陳時務萬言疏」 癸亥 5월, 총간 138-235, "旣非程子熙豊同事之道 又與范純仁元祐調停之論不同 尤恐有符於洪範惟皇極之義矣."

79) 鄭萬祚, 1992, 앞의 논문, 130~41쪽 ; 金容欽, 2006, 앞의 책, 118~20쪽.

80) 『南溪集』 續輯 권3, 「進別單啓箚四本箚」 甲戌 6월 4일, 총간 142-133, "爲殿下今日計 正宜因此大變革大更張之會... 惟賢惟才 可以擇任而爲國 濟濟相讓 無少朋比之習."

조정에서 공존하는 정국운영론의 차원을 넘어서 變通과 更張을 추진할 수 있는 인재를 등용하여 당시 국가체제의 혁신을 지향한 점에 그 특징이 있었다고 볼 수 있다.[81]

1683(숙종 9)년 박세채는 이를 위해 장문의 상소문을 올렸는데, 여기서 그가 제기한 변통론에는 인조대 崔鳴吉의 官制變通論, 李貴의 軍政變通論, 趙翼·朴知誠의 公敎育 强化論이 모두 포함되어 있었다. 그가 '8. 制治法' 항목에서 '議政府故制'를 복구하기 위해 먼저 備邊司를 中書堂으로 고쳐서, 三公이 6부의 사무를 각각 分掌하게 하고, 六卿과 三司長官, 八道監司에게 '各得其職 委任責成'하게 해야 한다고 한 것은 최명길의 관제변통론을 계승한 것이었다.[82] '11. 修軍政' 항목에서 조선전기의 五衛와 鎭管體制를 복구하고 국왕 親兵을 精選할 것을 주장한 것, '12. 專守禦' 항목에서 山城을 쌓아서 '據險淸野'할 것을 주장한 것 등은 이귀의 軍政變通論과 흡사하다고 볼 수 있다.[83] '6. 求賢才' 항목에서 당시 用人의 폐단을 거론하면서 薦擧制를 주장한 것이나, '10. 法先王' 항목의 '學校'條에서 詞章에 치우친 과거제도의 폐단을 거론하고 제시한 '選士法'과 '貢擧' 제도는 조익과 박지계의 공교육 강화론을 연상시킨다.[84]

그는 여기서 한 걸음 나아가서 인조대 변통론자들에게서는 보이지 않던 주장이 두 가지 더 있었다. 하나는 그가 당시 토지제도의 모순

---

81) 김용흠, 2008, 앞의 논문.
82) 『南溪集』 권12, 「陳時務萬言疏」, 총간 138-239.
83) 위와 같은 책, 총간 138-245~9.
84) 위와 같음, 총간 138-236~7, 243~4.

을 지적하고 井田制에 관심을 보이고 있다는 점이다. '10. 法先王' 항목의 '經界'條에서 '經界不正 井地不均'한 상태에서는 恒産을 통한 利用厚生이 불가능하다고 보고, '부유한 자들의 토지는 州와 縣에 걸쳐 있지만 가난한 자들은 송곳 꽂을 땅도 없는[富者跨州縣 而貧者無立錐之地]' 현실에서 어떻게 '天之赤子'를 救恤할 수 있겠느냐고 통탄하였다. 그는 이에 대한 대책으로서 周의 '井田之法'이 좋은 제도라고 보고 南宋代 張載가 주장한 井田制를 시행한다면 국가와 농민에게 두루 유익할 것이라고 제안하였다.[85] 이는 그의 변통론이 인조대 변통론자들의 '國事와 民事의 일치를 지향하는 保民論'을 계승 발전시켜 토지 문제로까지 그 관심의 영역을 확장시킨 것으로 볼 수 있다.

다른 하나는 李珥가 변통과 경장의 중심 기구로서 설치를 제안하였던 '經濟司'를 설치하여 새로운 법전을 편찬하자고 주장한 점이다. '9. 述祖典' 항목에서 '設經濟司'條를 설정하고, 『續大典』 편찬을 주장한 것이 그것이다.[86] 그는 『經國大典』이 편찬된 지 이미 오래 되어 많은 폐단이 발생하고 있다고 보고, 『경국대전』 편찬 당시 참고했던 『經濟六典』을 다시 참고하고, 이후에 나온 『續錄』·『後續錄』 등을 첨입한 새로운 법전이 필요하다고 역설하였다. 이때 그는 선조와 인

---

85) 위와 같음, 총간 138-243, "今當一倣張子遺意 漸爲之經理 庶幾制土之權 出於國家 而耕獲之實 歸於本主 略如丘濬所謂占田之法 則官民之際 不至大妨矣." 張載이 井田論에 대해서는 金容燮, 1985, 「朱子의 土地論과 朝鮮後期 儒者」, 『延世論叢』 21 참조. 박세채의 토지론에 대한 보다 자세한 분석은 김용흠, 2008, 앞의 논문 참조.
86) 『南溪集』 권12, 「陳時務萬言疏」, 총간 138-241~2.

조대 이래 변통론을 주장한 여러 신하들의 상소문에서 주장된 것 가운데 반대론자들에 의해 저지되어 시행되지 못한 것을 반영한 새로운 법전을 반포해야 한다고 주장하였다. 그는 그 법전의 이름까지도 『續大典』이라고 지어서, 지난날의 폐단을 혁파하고 새로운 제도를 제정해야 '國治於上 民安於下'할 수 있는 '變通治法'이 완성될 수 있다고 누누이 강조하였다.[87] 이를 통해서도 박세채의 탕평론이 '國事와 民事의 일치를 지향하는 保民論'을 구현하기 위한 것임이 분명하게 드러나는데, 잘 알려진 바와 같이 이는 영조대 탕평 정국하에서 『續大典』 편찬으로 실현되었다.[88]

이와 같이 박세채의 황극탕평론은 단순한 정국운영론을 넘어서 당시의 국가체제를 혁신하려는 의지를 담고 있었으므로 기존의 국가체제를 유지·고수하고자 하는 송시열과는 그 지향을 달리 할 수밖에 없었다. 경신환국 이후 다시 정계에 복귀한 송시열은 이전에 남인의 공격 대상이 되었던 자신의 禮論이 지닌 약점을 의식하고, 남인을 정국에서 배제하는 일에 몰두하였는데, 그 과정에서 의리론적 지향은 더욱 강화되었다. 그가 孝宗의 위패를 不遷位의 世室로 삼자

---

87) 김용흠, 2008, 앞의 논문.

88) 정호훈, 2005, 「18세기 전반 蕩平政治의 추진과『續大典』의 편찬」, 오영교 편, 앞의 책. 물론 박세채가 변통론만 주장한 것은 아니었다. 어쩌면 그에게서도 도학적 경세론으로 볼 수 있는 요소가 변통 지향 경세론보다 더 많을 수도 있을 것이다. 그리고 그는 송시열보다 더 보수적인 주자학자라는 평가도 있다(정경희, 1994, 앞의 논문). 그러나 그에게서 송시열의 경세론과 유사한 도학적 경세론이 아무리 많이 있다고 하더라도 여기서 살핀 바와 같은 변통 지향적 측면의 의미를 과소 평가할 수는 없을 것이다. 오히려 이러한 현실인식에 입각하여 박세채의 학문론은 재검토가 필요하다고 생각된다.

고 주장한 것은 효종의 정통성을 부정하려 한다는 남인들의 공격을 의식한 것이 분명하였다.[89] 그는 그 연장선상에서 太祖 徽號 加上 논의, 文廟 釐正 논의 등을 주도하여[90] 그러한 혐의로부터 벗어나려 하였다. 특히 정탐과 고변을 통해서 남인들을 일망타진하려는 김석주·김익훈 등 척신 세력을 지지한 것은 그가 군자 일붕당론을 실현하기 위해 사림정치의 원칙마저도 저버린 처사로 인식되어 삼사의 언관으로부터 격렬한 비판을 받았음은 앞서 언급한 바와 같다. 이러한 송시열에 대해서 박세채가 사사건건 異論을 제기하면서 윤증과 함께 소론을 주도한 것은 우연이 아니었던 것이다.[91]

이는 박세채와 송시열이 變通論 대 義理論, 破朋黨論 대 君子 一朋黨論, 王權論 대 臣權論으로 현실인식과 지향점을 달리한 것의 필연적 귀결이었다. 박세채의 황극탕평론이 趙光祖에서 李珥를 거쳐 李貴·崔鳴吉 등으로 이어지던 士林 계열 變通論의 계보를 이은 것이라고 한다면, 송시열 계열의 반탕평론은 조광조에서 이이를 거쳐 金長生·金集으로 이어지는 사림 계열 義理論을 계승한 것이었다.[92]

---

89) 『肅宗實錄補闕正誤』 권14하, 숙종 9년 癸亥 6월 12일 癸未. 송시열은 변통론을 주도적으로 제기한 적이 없을 뿐만 아니라(김용흠, 2005, 앞의 논문), 의리론으로 정치 쟁점을 치환시켰다는 것을 이 시기 왕실 전례 논의에서도 볼 수 있다. 이것은 효종대 이래 송시열의 정치 행적에서 보이는 중요한 특징이었다. 의리론과 변통론은 모두 유교·주자학의 중요한 구성요소였고, 그 논리 구조 속에서 이 두 범주가 꼭 대립적으로만 존재한 것은 아니었지만, 현실 정치에서는 이처럼 첨예하게 대치하고 있었다는 점에 이 시기 정치의 특징을 볼 수 있다.

90) 禹景燮, 2005, 「宋時烈의 世道政治思想 硏究」, 서울대 박사논문, 314~323쪽.

91) 정경희, 1994, 앞의 논문, 90쪽.

92) 김용흠, 2008, 앞의 논문.

이것은 이들이 모두 趙光祖에서 李珥로 이어지는 서인 계열 朱子學 政治思想을 계승하고 있으면서도 17세기 '國家再造' 방략과 관련하여 進步·改革 노선과 保守·改良 노선으로 분화되고 있음을 반영한 것이었다.[93]

2) 최석정의 탕평론과 새로운 국가 구상

국가체제의 혁신을 지향하는 박세채의 황극탕평론은 甲戌換局 이후 조성된 탕평 정국에서 최석정에 의해 가장 적극적으로 주장되었다. 사실 조정에서 탕평론을 제기한 것은 박세채보다도 최석정이 먼저였다. 최석정은 갑인예송 이후 남인이 득세하던 시기에 '法度의 紊亂'으로 인해 국가가 위기에 빠졌다고 진단하고 탕평의 원리에 입각하여 군주가 建極之道를 실천해야 한다고 하면서, 남인들에 의해 처벌당한 송시열과 김수항을 변론하다가 削黜되었다.[94] 경신환국 이후에는 서인이 득세한 시기였지만 역시 '君臣上下 恬憘度日'하여 '法度가 무너지고 紀綱이 쇠퇴하였다'고 군주와 신료들의 나태한 태도를 비판하고,[95] '大變則大益 小變則小益'이라는 程子의 말을 인용하면서 '足國裕民'을 위한 '大變通'의 필요성을 역설하였다.[96]

이러한 최석정의 태도는 갑술환국 이후에 더욱 적극성을 띠었다. 그는 이때를 군주가 '大作爲'·'大有爲'할 수 있는 일대 기회라고 강조

---

93) 金駿錫, 2003, 『朝鮮後期 政治思想史 硏究』, 지식산업사.
94) 『肅宗實錄』권7, 숙종 4년 윤3월 8일 戊申 ; 『明谷集』권14, 「辭館職兼陳所懷疏」戊午, 총간 154-131 참조.
95) 『明谷集』권14, 「玉堂因災異進戒箚」, 총간 154-135.
96) 『肅宗實錄』권9, 숙종 6년 庚申 7월 15일 壬寅.

하고 숙종에게 '皇極'을 세워서 국가체제의 혁신에 매진할 것을 촉구
하였다.[97] 그는 갑술환국 이후 이조판서가 되자 구체적인 시무책을
건의하기 시작하여[98] 정승이 된 뒤에도 줄기차게 주장하였다.[99] 숙
종이 자신의 건의에 무관심하자 몸소 原任大臣들의 견해를 물어 奏
達하기도 하고,[100] 영의정이 되어서는 자신이 주장한 '保民과 經國
의 大要'가 번번이 무산되어서 출사할 수 없다고, 이를 자신의 진퇴
를 걸고 주장하기도 하였다.[101] 이로써 숙종대 최석정의 탕평론 역
시 박세채의 그것과 마찬가지로 단순히 남인을 등용하고 노론과 소
론을 보합하는 정국운영론의 차원을 넘어서 법과 제도의 개혁을 통
한 새로운 국가체제의 형성을 위한 것이었으며, 그 방향은 '國事와
民事의 일치를 지향하는 保民論'의 실현에 있었음을 알 수 있다.

우선적으로 주목해야 할 것은 최석정이 박세채의 『續大典』 편찬론
을 실천에 옮겨서 숙종대 법전 정비 사업을 주도하였다는 점이다.
1698(숙종 24)년 『受敎輯錄』과 1706(숙종 32)년의 『典錄通考』 편찬이 그
것이다. 『수교집록』은 六典體制의 형식을 따라서 『大典後續錄』 이후
시행된 제 수교와 명령을 정리한 것이고, 『전록통고』는 『경국대전』과
그 뒤에 나온 법령집인 『대전속록』・『대전후속록』・『수교집록』의 조문

---

97) 『明谷集』 권15, 「因虹變辭職仍陳戒箚」, 총간 154-161~2.
98) 『肅宗實錄』 권30, 숙종 22년 丙子 7월 21일 乙亥 ; 『肅宗實錄』 권31, 숙종
    23年 丁丑 정월 15일 丁卯.
99) 『肅宗實錄』 권33, 숙종 25年 己卯 4월 26일 乙丑.
100) 『肅宗實錄』 권33, 숙종 25년 己卯 5월 24일 癸巳.
101) 『肅宗實錄』 권38, 숙종 29년 癸未 3월 12일 丁巳 ; 『明谷集』 권17, 「辭領
    議政三疏」 癸未, 총간 154-193.

을 분류·통합한 통일법전의 형식을 취한 것이었다.[102] 잘 알려진 것 처럼 영조대 『續大典』은 이러한 사업의 연장선상에서 나온 것이었는 데, 탕평 정국에서 이러한 법전이 편찬되었다는 것은 탕평책의 지향 과 관련하여 중요한 의미가 있었다. 그것은 일차적으로 당시 지배층 이었던 兩班·地主·土豪에 의해 자행되는 專橫이 朱子學에 입각한 敎化論만으로는 제어되지 않는 현실을 극복하기 위한 시도였으며, 아울러 주자학 정치론에 근거한 公論政治의 폐단을 넘어서고자 하 는 노력이기도 하였다.[103]

즉 이 시기 법전 편찬은 탕평론이 그러하듯이, 주자학 정치사상 이 당시의 현실과 모순되거나 괴리된 부분을 극복하기 위한 노력이 었던 것이다. 이것은 탕평책이 말로만 '탕탕평평'을 외치고, 당색을 보합하는 단순한 정국운영론에 머문 것이 아니라는 것을 잘 보여준 다. 최석정이 탕평론을 말할 때 항상 '法度의 紊亂'을 국가적 위기의 근원으로 파악하고 있는 것에서 그러한 문제의식을 분명하게 볼 수 있다.

최석정이 이러한 법전 편찬에 적극적이었던 것은 박세채의 영향도 있었지만 최명길로부터 내려오는 家學의 전통도 무시할 수 없는 요 인이었다.[104] 그의 관제변통론 역시 최명길의 그것을 계승하여 大臣

---

102) 조선후기 법전 편찬에 대해서는 다음을 참조. 한상권, 1994, 「조선시대 법 전편찬의 흐름과 각종 법률서의 성격」, 『역사와 현실』 13 ; 洪順敏, 1998, 「조선후기 法典 編纂의 推移와 政治運營의 변동」, 『韓國文化』 21 ; 조윤 선, 2002, 『조선후기 소송연구』, 國學資料院 ; 정호훈, 2005, 앞의 논문.
103) 정호훈, 2005, 앞의 논문. 탕평정치기의 법전 편찬이 갖는 의미에 대해서 는 보다 더 면밀한 검토가 요구된다고 생각된다.
104) 원재린, 2007, 앞의 논문.

權을 강화시키는 방향에서 備邊司를 개혁하고, 삼사 언관이 避嫌하는 폐단을 제거하고자 하였다.[105] 이것은 삼사의 언관이 당론의 주요 담당자라는 당시의 정치 현실을 극복하기 위한 노력으로서 비슷한 시기에 나온 송시열의 世道宰相論과는 그 성격이 전혀 다른 것이었다. 최명길-박세채-최석정으로 이어지는 대신 책임론은 變通論·破朋黨論·王權論에 입각한 것이라면 송시열의 세도재상론은 義理論·君子 一朋黨論·臣權論에 입각한 것이어서 그 지향점이 다르다는 것은 앞서 지적한 바와 같다. 이것은 결국 이들이 지향하는 國家體制가 서로 다르다는 것을 말하는 것이었다. 최석정 등의 대신 책임론이 柳壽垣·李瀷 등의 實學者들에 의해 거론되고, 영·정조대 탕평책으로 구현되었는데, 이는 송시열의 朱子 道統主義를 계승한 노론 당인들이 그에 입각하여 반탕평론을 견지한 것과는 분명하게 구별된다.[106]

군사제도와 관련해서는 李貴의 軍政變通論을 계승한 박세채와 기본 입장을 같이 하면서도, 현실적으로 중앙군인 五衛를 복구할 수 없더라도 鎭管體制는 복구해야 할 것으로 보고 있었다.[107] 여기서 그는 이귀가 주장했던 것처럼 營將을 '客官'이라고 비판하고, 主鎭에는 營將 대신 中軍을 두고, 수령이 親兵을 거느려서 주민과 밀착된 군사훈련이 필요하다고 생각하였다. 최석정의 이러한 진관체제

---

105) 李在喆, 2000, 앞의 논문. 최석정은 최명길이 거론한 郎薦權 폐지 문제는 거론하지 않고 있는데, 그 이유는 분명하지 않다.
106) 김용흠, 2006, 앞의 논문.
107) 『明谷集』 권16, 「四條政弊箚子」, 총간 154-181.

복구론은 이귀가 제시한 據險淸野 위주의 山城防禦論과 일맥 상통하는 것이었다. 따라서 수도 방위 역시 이귀의 그것과 같이 江華島와 南漢山城을 保障으로 보는 방어 전략을 유지해야 할 것으로 보았으므로 막대한 재정이 소요되는 都城 修築을 끝까지 반대하였던 것이다.[108]

토지제도와 관련해서는 당시 확대 일로에 있던 지주제의 모순을 의식하고, '每一夫 受田百畝'하여 '十而取一'한 '三代之法'을 '民産을 齊一'하게 할 수 있는 이상적인 제도로 보았으며,[109] 箕田과 井田에 대해서도 긍정하는 태도를 보였다.[110] 그가 토지제도의 개혁에 대해 적극적인 주장을 내놓지는 않았지만, 그 대신 조부 최명길이 甲戌量田을 주도한 것을 본받아서 양전사업을 적극적으로 추진하였다. 1697(숙종 23)년 이조판서가 되자 올린 '時弊十條'의 맨 첫째 조항에서 양전의 필요성을 제기하고, 숙종 27년에는 영의정으로서 黃海監司 兪集一의 方田法을 적극 지원하였다.[111] 노론 당인의 반발로 방전법 시행이 좌절된 뒤에도 숙종 34년에는 江原監司 宋廷奎를 추천하여 부임하게 한 뒤, 강원도 양전을 독려하였다.[112] 이때 그는 갑술

---

108) 신병주, 1994, 앞의 논문, 135쪽. 여기서는 도성수축 반대가 최석정이 실각한 원인이라고 지적하였다.

109) 『明谷集』 권20, 「陳時務四條箚」 戊子, 총간 154-254, "三代之法 每一夫 受田百畝 十而取一 欲令民産齊一 無甚富甚貧之家. 秦漢以後 此法毁廢 我國齊民無法 貧富固已不齊."

110) 『明谷集』 권3, 「井田」, 총간 153-468 ; 同, 권5, 「謁箕子墓」, 총간 153-515.

111) 『肅宗實錄』 권35, 숙종 27년 辛巳 7月 15일 庚子 ; 同, 9월 10일 甲午. 유집일의 방전법에 대해서는 崔潤晤, 1993, 「肅宗朝 方田法 시행의 역사적 성격」, 『國史館論叢』 38 참조.

112) 『肅宗實錄』 권46, 숙종 34년 戊子 9월 25일 戊戌 ; 同, 10월 3일 乙巳 ; 同,

양전 이후의 문란해진 田品 登第를 바로 잡아서 탕평의 원리를 구현하려 하였다.[113] 이는 1716년 丙申處分 이후 노론이 일방적으로 주도하던 정국에서 추진한 庚子量田이 전품 등제의 문란을 방치한 채로 주로 영세농민의 개간으로 발생한 加耕地를 出稅 實結數로 확보하는 것에 치중하여, 대토지소유자와 토호들의 기득권을 인정해 준 것과는 달랐다.[114]

주목되는 것은 그가 전세 수취에서 比摠制를 처음으로 주장하였다는 것이다. 그는 먼저 양전을 위한 均田使난 均田御使의 파견에 반대하고 각읍 수령이 句管하게 한 뒤, 各道 監司를 均田使로 삼고, 都事를 均田郎廳으로 삼아서 직접 列邑을 돌아다니면서 감독하게 하는 것이 좋다고 주장하였다.[115] 이는 이전까지 시행된 敬差官 踏驗

12월 13일 乙卯.

113)『肅宗實錄』권46, 숙종 34년 戊子 9월 25일 戊戌.

114) 庚子量田에 대해서는 다음을 참조. 李哲成, 1991,「肅宗末葉 庚子量田의 實態와 歷史的 性格」,『史叢』39 ; 吳仁澤, 1992,「肅宗朝 量田의 推移와 庚子量案의 성격」,『釜山史學』23 ; 1996,「17·18세기 量田事業 硏究」, 부산대 박사논문 ; 김건태, 1999,「갑술·경자 양전의 성격」,『역사와 현실』31 ; 송찬섭, 2000,「숙종대 재정 추이와 경자양전」,『역사와 현실』36 ; 염정섭, 2000,「숙종대 후반 양전론의 추이와 경자양전의 성격」, 위와 같음 ; 김건태, 2000,「경자양전 시기 가경전과 진전 파악 실태」, 위와 같음 ; 최윤오, 2000,「조선후기 양안과 행심책」, 위와 같음.

115)『明谷集』권16,「四條政弊箚子」, 총간 154-178. 都事는 종5품관으로서, 전국 각 도에 각각 1인씩 배치되었는데, 주요 임무는 관찰사를 보좌하여 수령을 규찰하고 文簿를 처결하는 것이었으므로 亞使라고도 불렸다. 관찰사의 유고시는 그 직임을 대행하기도 하여 亞監司라고도 불렸다. 특히, 중앙의 주요 관아에 있던 도사와는 달리, 관찰사를 보좌하는 도사는 가 도의 영역을 관찰사와 함께 나누어 그 소관지역을 巡歷하고 규찰하는 分道의 임무까지 맡게 되었다. 최석정은 균전사 또는 경차관을 파견하는 대신 도사에게 양전을 실질적으로 주관하게 하고 그 책임을 감사가 지게 하여 양자의 상호 견제를 꾀한 것이 아닌가 한다.

制가 吏胥들에 의한 중간 수탈을 구조적으로 방조하는 폐단을 시
정하기 위한 의도에서 나온 것이었다.[116] 다음 경차관 답험 대신 廟
堂에서 각도와 각읍의 田結 總數를 파악한 뒤, 그 해의 풍흉을 상·
중·하 3등급으로 나누어 收租實數를 정해둔 뒤, 각도 감사가 그 해
의 풍흉을 보고해 오는 것에 따라서 수조액을 결정하면 된다는 것이
다.[117] 이것은 결국 감사가 전정을 주관하되 호조에서 미리 획정한
당해연도의 實總과 災摠을 바탕으로 실총에 준한 수세와 급재결수
의 분표가 이루어지던 比摠制 바로 그것이었다.[118] 그는 이것을 夏
의 貢法과 같은 취지라고 주장하면서, 그가 오랫동안 생각해서 나온
방안이라고 강조하였다.

　　양역의 폐단과 관련해서 최석정은 戶布와 丁錢이 民에게 실질적인
도움이 되지 않는다고 보고[119] '校布之法'을 시행하자고 주장하였다.
그는 숙종 29년에 설치된 良役釐整廳에서 이듬해 마련한 「校生落講
者徵布節目」 가운데 考講을 통과하지 못한 校生에게 罰布 2필을 거
두는 규정이 가혹하다고 보고 1필로 줄여서 징수하자고 주장하였다.
이것은 향촌의 양반 사족은 제외하고 良人 가운데 鄕校나 書院에 들
어가서 군역을 면하려는 자들의 부담을 덜어주자는 것인데, 그는 이
들에게서 1필만 거두더라도 逃故를 代定하지 못해서 생기는 재정 부

---

116) 李哲成, 1993, 「18세기 田稅 比摠制의 實施와 그 성격」, 『韓國史硏究』
　　81, 76쪽.
117) 『明谷集』 권16, 「四條政弊箚子」, 총간 154-178~9.
118) 李哲成, 1993, 앞의 논문, 75쪽.
119) 신병주, 1994, 앞의 논문, 133쪽.

116) 李哲成, 1993, 「18세기 田稅 比摠制의 實施와 그 성격」, 『韓國史硏究』
　　81, 76쪽.
117) 『明谷集』 권16, 「四條政弊箚子」, 총간 154-178~9.
118) 李哲成, 1993, 앞의 논문, 75쪽.
119) 신병주, 1994, 앞의 논문, 133쪽.

152　명곡 최석정의 정치사상과 학문세계

족은 충분히 보충할 수 있다고 보고 있었다.[120] 이것은 당시에 심각하게 문제가 되고 있던 白骨徵布나 隣徵·族徵과 같은 良役의 폐단을 극복하는 방안으로서는 호포나 정전과 같은 대변통론에 비해 매우 타협적이고 사소한 방안처럼 보인다. 그러나 주목해야 할 것은 당시 양역의 폐단을 극복하기 위해 그가 마련한 방안은 따로 있었다는 것이다. 그것은 바로 里定法의 시행이었다. 즉 物故와 逃故의 代定을 統首와 面任에게 맡겨서 統內에서 代定하게 하자는 것이 바로 그것이다.[121] 그의 이 제안은 1711(숙종 37)년에 「良役變通節目」으로 실현되었다.[122] 이것은 소론 탕평파가 대변통론을 대신하여 양역의 폐단에 대해 마련한 방안으로서, 당시의 사회경제 변동으로 향촌에서 새롭게 성장하는 세력을 끌어들여서 관 주도의 향촌 통제를 강화하여 이에 대처하려는 것이었다.[123] 즉 양반과 지주의 반발로 인해 시행되기 어려운 호포·결포·정전 대신 饒戶·富民 등 향촌에서 새롭게 성장하는 세력을 끌어들여 국가의 지방통제를 강화함으로써 양역의 폐단을 극복해보자는 것이었다. 물론 그렇다고 해서 富民들

---

120) 『明谷集』 권20, 「陳時務四條箚」 戊子, 총간 154-255~6.

121) 위와 같음, 총간 154-253.

122) 鄭萬祚, 1990, 「肅宗朝 良役變通論의 展開와 良役對策」, 『國史館論叢』 17, 154~5쪽.

123) 이해준, 2000, 「'관 주도' 지방지배의 심층화」, 한국역사연구회 조선시기 사회사 연구반(이하 '사회사 연구반'으로 줄임), 『조선은 지방을 어떻게 지배했는가』, 아카넷 ; 정진영, 2000, 「국가의 지방지배와 새로운 세력」, 같은 책 참조. 李光佐 등 소론 탕평파기 주도하여 편찬한 18세기의 대표적 牧民書인 『牧民攷』에서는 양역의 폐단을 제거하는 데 이정법이 대변통론 못지 않은 효과적인 방안임을 강조하고 있다(『牧民攷』, 「里定報草」, 金仙卿 편, 1986, 『朝鮮民政資料叢書』, 驪江出版社, 463쪽).

의 이익을 일방적으로 지원한 것이 아니라는 점은 그가 錢貨의 폐단
을 거론하면서 다수의 貧民을 보호하기 위해 '代錢取息'하는 잘못된
규정을 금지하자는 데서도 드러난다.[124]

최석정이 제안한 比摠制와 里定法은 국가의 집권력 강화를 통한
공적 영역의 확장, 공법 질서의 확립에 의한 국가체제의 혁신을 통
해서 양반제와 지주제의 모순을 해소하고자 하는 노력의 일환이었
다. 이것은 18세기 탕평책의 중요한 특징이었는데, 최석정에 의해
서 그러한 방향성이 확고하게 제시되었던 것이다.[125] 이러한 최석정
의 구상은 숙종 후반 갑술환국 이후 탕평 국면에서 각종 제도과 규
정이 마련되는 것으로 현실화되었다. 숙종 29년에 良役釐正廳이 설
치되어 이듬해「5군문군제변통절목」,「수군변통절목」,「군포균역변통
절목」,「교생낙강자징포절목」 등이 반포되고, 숙종 34년 해서 대동법
이 공포된 것, 그리고 숙종 37년 「양역변통절목」이 반포되어 이정법
이 제도화된 것들이 바로 그것이었다.[126]

그렇지만 이처럼 최석정이 탕평책을 통해서 각종 법과 제도를 개

---

124) 『明谷集』 권20, 「陳時務四條箚」 戊子, 총간 154-254~5. 이것은 高利貸
의 폐단을 없애자는 것이지 화폐 그 자체를 폐지하자는 것이 아니라는
점이 주의를 요한다(신병주, 1994, 앞의 논문, 132~3쪽).
125) 이 시기 국가권력의 성격 변화에 대해서는 사회사 연구반, 2000, 앞의 책,
아카넷에 실린 여러 논고가 참고된다.
126) 이와 관련하여 숙종대의 정책을 재난에 대한 대응이라는 측면에서 접근
한 여러 논고가 『조선 숙종대 사회경제정책』이라는 제목으로 『역사와 현
실』 25, 1997년 9월호에 특집으로 마련되어 있어 참고된다. 각 논문은 다
음과 같다. 김성우, 「17세기의 위기와 숙종대 사회상」; 정형지, 「숙종대
진휼정책의 성격」; 권내현, 「숙종대 지방통치론의 전개와 정책운영」; 이
욱, 「숙종대 상업정책의 추이와 성격」.

혁하여 국가체제를 혁신하려는 노력은 노론 의리론자들의 강력한 반발을 받았다.[127] 특히 그를 탄핵하는 상소문에서 '舊章을 변경하였다'는 항목이 빠지지 않았다는 것은 제도 개혁에 대한 그들의 반발 정도를 보여준다.[128] 최석정은 1714년 윤증이 사거하자 그 제문에서 송시열이 복수설치의 의리를 내세웠지만 전혀 성과가 없었다고 비판하였다가 노론 당인들의 반발을 받고 정계에서 물러나 결국 이듬해 죽고 말았다. 이후 1716년 丙申處分으로 노론이 득세한 가운데 경자양전은 대지주와 토호들의 기득권을 인정하는 타협적인 형태로 추진되었다. 경종대 소론 당인에 의해 이에 대한 비판이 횡행하는 가운데 노·소론의 대립·갈등은 결국 辛丑年과 壬寅年의 일련의 옥사라는 극단적인 형태로 표출되었다. 이후 영조대에 다시 戊申亂(1728)을 거치고서야 탕평론이 논의되고 탕평책이 추진되었는데, 이때 박세채와 최석정의 일련의 국가구상은 법제화의 과정을 밟게 된다.

4 맺음말

숙종대 서인이 노·소론으로 분열되기에 이른 것은 삼사 언관들이 주장한 사림정치와 공론정치의 원칙에 대한 찬반을 넘어서, 인조대 이래 국가적 위기에 대한 대처 방안을 두고 나타난 현

---

127) 김용흠, 2000, 2001, 앞의 논문 ; 이재철, 2000, 앞의 논문, 602~5쪽.
128) 『肅宗實錄』권47, 숙종 35년 戊子 5월 12일 壬午 ; 同, 권48, 숙종 36년 己丑 3월 7일 壬申.

실 인식의 차이에서 유래되고 있었던 것이다. 主和論과 斥和論, 公義論과 私義論, 尊君論과 世道論, 破朋黨論과 君子 一朋黨論의 대립은 朱子學 政治論이 이러한 현실 인식을 매개로 變通論과 義理論의 대립 구도 속에서 분화되고 있음을 보여준다. 이러한 분화는 조정과 재야를 막론하고 모두 일어났다. 효종·현종 연간에는 李慶徽·李慶億 형제를 비롯하여 李尙眞·金始辰·徐必遠 등과 함께 南九萬·朴世堂 등이 變通論 진영에서 활동하다가 숙종대 들어서 이상진·남구만·박세당 등이 모두 소론으로 좌정한 것은 국정 운영의 방향에 대한 이러한 공감대 위에서 나온 것이었다. 서인 산림에서 尹宣擧와宋時烈의 분열 역시 이러한 대립 구도를 반영한 것이었는데, 朴世采는 윤선거의 입장에 동조하면서 소론의 宗主가 되었다.

이는 박세채와 송시열이 變通論 대 義理論, 破朋黨論 대 君子 一朋黨論, 王權論 대 臣權論으로 현실인식과 지향점을 달리한 것의 필연적 귀결이었다. 박세채의 황극탕평론이 趙光祖에서 李珥를 거쳐 李貴·崔鳴吉 등으로 이어지던 士林 계열 變通論의 계보를 이은 것이라고 한다면, 송시열 계열의 반탕평론은 조광조에서 이이를 거쳐 金長生·金集으로 이어지는 사림 계열 義理論을 계승한 것이었다. 이것은 이들이 모두 趙光祖에서 李珥로 이어지는 서인 계열 朱子學 政治思想을 계승하고 있으면서도 17세기 '國家再造' 방략과 관련하여進步·改革 노선과 保守·改良 노선으로 분화되고 있음을 반영한 것이었다. 최석정이 선대에서는 주화론과 척화론으로 대립하였음에도 불구하고 윤선거·윤증 부자를 옹호한 것도 이러한 變通論 진영의 현실 인식의 동질성을 반영한 것이었다. 숙종대 형성된 소론 당인들은 인조대의 주화파, 효종·현종대의 경세관료들이 견지한 변통론을 계승 발전시켜 조정에서 실천하려는 세력이 중심이 되었으며, 이들의 정치론은 박세채의 황극탕평론으로 집약되고 있었다.

최석정은 스승 박세채의 황극탕평론을 계승하여 법과 제도의 개혁을 통해서 새로운 국가 체제를 구축하고자 시도하였다. 특히 그가 박세채의 『續大典』 편찬론을 이어서 각종 법전 정비와 제도 마련에 심혈을 기울인 것은 당시의 지배층이었던 兩班·地主·土豪의 전횡이 朱子學 敎化論만으로는 제어되지 않는 현실을 극복하기 위한 노력이었다. 그가 조부인 최명길의 관제변통론을 계승하여, 비변사의 개혁을 통해서 王權論에 입각한 大臣 責任政治를 구현하고자 한 것 역시 주자학 정치론에 입각한 公論政治의 폐단을 극복해 보려는 시도였다.

또한 그는 지주제의 모순에도 관심을 기울여 箕田이나 井田에 대한 긍정적 인식을 갖고 兪集一의 方田法을 적극 지지하였다. 아울러 강원도의 양전사업을 적극 추진하여 甲戌量田 이후 문란해진 田品登第를 바로 잡아서 蕩平의 원리를 구현하려 하였다. 나아가서 그가 比摠制와 里定法를 주장한 것은 국가 권력을 강화시켜 양반과 지주의 특권을 부정하려는 시도였다.

결국 최석정은 봉건국가의 집권력 강화를 통한 공적 영역의 확장, 공법 질서의 확립에 의한 국가체제의 혁신을 통해서 양반제와 지주제의 모순을 극복하고자 시도한 것이다. 이것은 이후 18세기 탕평책의 중요한 특징이었는데, 최석정에 의해서 그러한 방향성이 확고하게 구축되었던 것이다. 갑술환국 이후 최석정의 이러한 새로운 국가구상은 노론 의리론자들의 집요한 반발에 직면하여 충분히 구현되지 못하였지만 영·정조대 탕평책을 통해서 점차 그 모습을 드러내게 된다.

김용흠 2009, 『韓國思想史學』 32(韓國思想史學會) 게재 논문

17세기 중·후반 소론 학자의 사상

윤증·최석정을 중심으로

신병주(건국대학교 사학과 교수)

1 머리말

노론(老論)과 소론(少論)의 분열의 지니는 정치적·사상적 의미에 대한 검토는 17세기 후반 이후 정치사와 사상사를 체계화함에 있어서 중요한 과제가 되고 있다. 기존의 노소분당에 대한 연구는 정치사연구에서 우선적으로 이루어졌다. 그리고 그것은 그 분열 원인에 중점이 두어졌는데,《당의통략(黨議通略)》을 비롯한 각 당론서에서 제시하고 있는 것처럼 송시열(宋時烈)에 대한 윤증(尹拯)의 背師 문제에 초점이 맞추어졌다.

그러나, 사상사연구에 있어서 노론과 소론의 대립의 과정을 설명하는 연구는 아직 부족한 실정이다. 이러한 원인으로는 17세기 후반 이후 사상사의 주요 과제를 실학의 대두라는 측면에서 찾고 실학을 추구한 학자들과 지배층의 사상적 대립의 측면에 비중을 둔 점을 지적할 수 있다. 따라서 당시 지배층의 입장에 있었던 노론과 소론의 대립에 대한 연구는 정치적 측면에서만 관심을 두었지 학문적 입장의 차이나 사회정책의 차이 등에 대해서는 크게 연구가 진행되지 않았다.

16세기말 이래로 정파가 분열하게 되는 주요한 계기는 학파를 모집단으로 하는 학파–정파의 긴밀한 연계와 이에 따른 정치노선의 차별성에 있었다.[1] 이러한 점을 염두에 둔다면 정파의 분열이 다양화되는 이 시기 사상사연구는 정치사연구와 더욱 표리관계를 갖는다고 볼 수 있으며 그 만큼 사상사연구는 더 큰 의미를 지니고 있다. 최근의 한 연구에서는 노론이 주자성리학의 명분론에 치중한 반면에 소론은 양명학을 기반으로하여 실천성을 견지했다는 견해가 제시되고 있으나[2] 이러한 구도를 뒷받침하는 실증성이 수반되지 않고 있다.

소론계열은 17세기 후반 노론의 일당전제가 추구되는 정국의 구도하에서 시종일관 소론적 입장을 지키는 인사들이 있는가 하면 김간(金榦), 유득일(兪得一)을 비롯한 朴世采의 문인들중 일부는 소론에서 이탈하여 노론으로 전향하는 등[3] 그 내부에서 일정한 진통을 겪게

---

1) 鄭玉子, 1993, 〈조선후기사상사연구의 방향〉《조선후기역사의 이해》
2) 李銀順, 1992, 〈朝鮮後期 老少黨論의 對立과 政論〉《朝鮮後期黨爭의 綜合的 檢討》, 정문연.
3) 갑술환국 이후 박세채계·노론의 입장이 일치하게 된 결과 이후 박세채계는 노론으로 전향하였다. 원래 박세채는 경신환국 이후 노론과 정치적 입장을 달리하여 소론의 영수로 지칭되고 있었지만, 노·소를 별개의 당이라고 생각하지 않았으며 자신을 소론으로 고정시키는 논의에 대해서도 반발하고 있었다(정경희, 1993, 〈숙종대 탕평론과 '탕평'의 시도〉《한국사론》 30, 143쪽).

된다. 또한 사상적 측면에서도 최석정(최석정)·박세당(朴世堂) 등과 같이 주자성리학 이외의 다양한 학문에 관심을 갖는 부류가 있는 반면에, 윤증의 경우 처럼 주자성리학의 철학적 측면과 예론에 침잠하면서도 무실(務實)과 실심(實心)을 강조하는 부류가 있다. 그러나 전반적으로 송시열의 문인이 중심이 된 노론계열과는 달리 성리철학의 이론적 심화라는가 명분론에 중점을 두기 보다는 실심을 강조하고 다양한 학문에 관심을 갖는 경향이 두드러졌다.

본고에서는 소론 학자의 입장을 잘 드러내고 있다고 판단되는 최석정과 윤증을 연구의 대상으로 삼았다. 이들은 정파로서의 소론의 영수의 역할을 했다는 점에서 정치사적으로도 17세기 후반을 연구하는데 필수적인 인물이며, 많은 저술을 남기고 있다는 점에서 사상적으로도 연구에 적합한 인물이다.

본고는 이들의 학문과 정치관의 특색을 살펴보는 한편 이들과 정치적 입장을 함께 하여 '소론청류(少論淸流)'로 지칭되었던 한태동(韓泰東)·조지겸(趙持謙)·오도일(吳道一) 등의 인물들에 대해서도 개략적인 검토를 해 봄으로써 이들의 사상과 정치관이 가지는 시대적 의미에 대해 접근해 보고자 한다.

2 정치적 입장

주자성리학에 충실했던 이이의 학통을 계승한 서인이 주도하고 이황의 제자들인 남인들이 협력하여 이루어진 인조반정

으로 이단적인 요소를 강하게 지니고 있었던 북인 세력은 정치세력
으로서의 의미를 완전히 상실하고 17세기 중·후반 50여 년간 서인·
남인의 연립정권을 구성하였다. 서인·남인의 정국 구도는 2차례의
예송논쟁을 거치면서 더욱 공고히 되었으나, 1680년 경신환국으로
서인이 다시 정권을 잡자 자체내에 갈등 요인이 부각되면서 노론·
소론의 노선 분립이 이루어지게 된다.[4]

　노론과 소론이 분립된 원류에 대한 견해로는 이이와 성혼의 학풍
의 차이, 서인 정권의 대남인정책의 차이, 삼전도비문(三田渡碑文)의
의리론(義理論)을 둘러싼 인식의 차이, 조선왕조의 건국에 대한 이
해를 둘러싼 인식의 차이 등이 제시되고 있으나[5] 당론서에 등에 나
타나 있는 내용을 종합해 보면 가장 중요한 요인으로는 송시열과 윤
증의 대립과 이에 대응하는 정치세력의 분립을 지적할 수 있다. 이
건창의 《당의통략(黨議通略)》을 중심으로 노론과 소론의 대립과정을
살펴보면, 송시열은 주로 언관직에 포진하고 있던 연소배들이 자신
과 뜻이 맞지 않은 상황에서, 상소문을 올려 戚臣으로 비판을 받던
金長生의 손자 金益勳을 구원한 것이 젊은 사류들의 반발을 크게 샀
다. 이에 한태동,[6] 조지겸,[7] 박태유,[8] 신완,[9] 오도일[10](五諫(오간)으

---

4) 정옥자, 1991, 〈17세기 思想界의 再編과 禮論〉《한국문화》 10. 229~239쪽.
5) 노소분립의 원인과 경과에 대해서는 李銀順, 1988, 〈老少黨論과 政論의 源
　流〉《조선후기당쟁사연구》 참조.
6) 韓泰東(1646~1687)의 자는 魯瞻, 호는 是窩, 본관은 淸州. 장령 韓續의 아
　들이다. 1669년 정시문과에 장원급제했으며, 1682년 校理로서 趙持謙 등과
　金益勳·金錫冑가 남인을 역모하려 한다고 폭로했다가 파직되었다. 1684년
　執義로 복직했으며, 1687년 사간이 되었다. 저서로는 《是窩遺稿》〈규5402,
　6833〉 8권 2책이 있다.

로 지칭됨) 등은 상소를 올려 송시열을 비판하다가 서인 훈척인 김석주(金錫冑)에 의해서 도리어 죄를 받았다. 이 때 송시열, 김석주, 김익훈 등은 노론으로 지칭되었고, 박세채, 조지겸, 한태동, 오도일 등은 소론의 편에 섰다. 선배 대신 중에서는 이상진(李尙眞) 만이 소론을 지지하였고, 윤지완(尹趾完), 남구만(南九萬), 유상운(柳尙運)은 연령이나 벼슬이 이들 오간 보다 높았으나 역시 소론의 입장에 서서 소론의 지지기반은 노론에 대항할 정도로 넓었다. 그러나 무엇보다 노론과 소론의 대립이 격화되게 된 계기는 송시열의 문인인 최신(崔愼)의 상소에서 발단한 윤증과 송시열의 '회니시비(懷尼是非)'를 중심으로 대립하였다.[11]

또한 이 시기에 정파로서 세력의 확장을 꾀하던 남인들은 장희빈 소생의 원자 정호 문제를 계기로 일어난 기사환국으로 정권을 잡은 후에 송시열, 김수항을 사사(賜死)하고 김석주(金錫冑), 김익훈(金益勳), 이상(李翔), 이선(李選), 김만길(金萬吉) 등 훈척신 노론 세력의

---

7) 趙持謙(1639~1685)의 자는 光甫, 호는 迂齋, 본관은 豊壤. 좌의정 趙翼의 손자이다. 이조판서 趙復陽의 아들(趙復陽은 尹舜擧, 尹宣擧와 교유)로 부제학, 대사성을 거쳐 1685년 경상도관찰사 역임. 廣州의 明皐書院, 高城의 鄕祠에 제향되었다. 저서로는 《迂齋集》〈규4900〉 11권 5책이 있다.

8) 朴泰維(1648~1747)의 자는 士安, 호는 白石, 본관은 潘南. 朴世堂의 아들이다.

9) 申琓(1646~1707)의 자는 公獻, 호는 絅庵, 본관은 平山. 申汝挺의 아들이다. 朴世采의 문인으로 경신환국 때 許穆, 閔熙, 權大運 등을 탄핵함. 장희빈 처벌에 온건론을 주장했다. 1703년 영의정을 역임했다.

10) 吳道一(1645~1703)의 자는 貫之, 호는 西坡, 본관은 海州. 영의정 吳允謙의 손자이다. 1702년 閔彦良의 옥사에 연루되어 장성에 유배되었다. 오도일은 숙종대에 俊才와 直道로서 숙종의 인정을 받았다(《숙종실록》 권28, 21년 1월 庚寅條 참조).

11) 정경희, 1993, 〈肅宗代 蕩平論과 '蕩平'의 시도〉《한국사론》30. 133쪽.

보사훈(保社勳)을 삭제하였다. 그러나 소론에 대해서는 수용적 자세를 보여 오두인, 박태보가 복관되고 윤증을 대사헌에 제수하기까지 하였다.[12] 이러한 남인 주도하의 정국의 변화도 노론과 소론의 대립 구도를 가중시키는 한 요인이 되었다. 1694년 남인 세력의 독주에 제동을 건 갑술환국이 단행되었다. 숙종은 남인 세력에 의해 크게 화를 당한 노론세력의 보복을 우려하면서 자신의 탕평 정책에 적극 호응하는 남구만, 박세채, 윤지완을 삼상으로 하는 소론 중심의 정국을 운영하였다. 소론은 노론에 비해 남인세력과의 정치적 공존을 원하는 입장에 있었으며, 훈척화 된 노론세력에 대한 비판적 입장이 강하였다. 소론 일부 학자들의 사상에서 근기 남인 학자들과 유사한 점이 발견되는 것도 이들이 노론세력에 대항하여 정치적으로 연합할 경우가 많았던 것에도 그 영향이 있다.

윤증[13]은 1629년(인조 7) 서울 貞善坊에서 尹宣擧의 아들로 태어났다.[14] 윤증의 조부 윤황(尹煌)은 성혼(成渾)의 문인으로 병자호란시 척화신(斥和臣)이었다. 부 윤선거는 김집(金集)의 문인으로 송시열, 윤휴, 박세채 등과 교유관계를 가졌다. 윤증과 송시열의 대립은 윤선거의 강화도 탈출 사건과 윤증이 윤선거가 쓴 기유의서(己酉擬書)

---

12) 위 논문. 136~139쪽.
13) 奎章閣에 소장된 尹拯과 관계된 목록은 다음과 같다.
　　明齋集〈규4828〉: 46권 26책
　　明齋先生遺稿〈經古819.53Ym〉: 尹東洙編 46권, 부록 합 26책.
　　明齋先生儀禮問答〈규4718.4933〉: 8권 4책.
　　明齋先生言行錄〈古4650-85〉: 尹光紹편. 1책.
　　明齋先生年譜〈古4650-84〉: 尹光紹편. 1책.

와 신유의서(辛酉擬書)를 공개하면서 파문이 커졌으며, 또한 송시열은 자신이 사문난적으로 극구 배척했던 윤휴(尹鑴)를 尹宣擧가 변호하자 윤증의 부자와 더욱 적대적인 관계가 되었다. 이 때 노소의 의견이 갈라지고, 사류들은 송시열의 기세에 눌려 정치적 입장을 취하지 못하던 중에 윤증이 송시열과 절교한 것을 기화로 하여 윤증을 추종하여 宗主로 삼았다. 노, 소분립의 직접적 계기가 된 송시열과 윤증의 사제관계가 벌어지게 된 원인은 송시열의 친구이자 윤증의 아버지인 윤선거가 병자호란시에 강화도에서 죽음을 앞두고 보여준 선비로서의 불철저성에 대한 사림사회의 자기반성과 청의(淸議) 및 그에 수반한 평가에 기인한 것이었으며, 이것은 병자호란의 후유증 극복이 그만큼 컸다는 것을 의미한다.[15]

윤증은 평생동안 出仕에는 신중한 입장을 취하여 숙종의 부름을 받고서도, 송시열의 世道와 三戚臣 가문(驪興 閔, 光山 金, 淸風 金)의

---

14) 世系圖(坡平 尹氏)

    1世   莘達(坡平縣人 佐高麗太祖 壁上三韓翊贊功臣)

    5世   瓘

    6世   彦頤

   23世 煌(호:八松. 文化 柳淵女)

   24世 宣擧(호:魯西. 成渾女)

   25世 拯(호:明齋. 權諰女)

          行敎(潘南 朴泰素女)   忠敎(淸州 韓聖亮女)

   東源 東浚 東涵   東謙

15) 정옥자, 1991, 〈17세기 思想界의 再編과 禮論〉《한국문화》10. 239쪽.

폐단 및 서인, 남인이 극한 대립을 하는 정치현실을 이유로 출사하지 않았는데,[16] 이는 송시열의 전횡과 척신세력의 등장을 견제하는 소론들의 정치적 입장을 대변한 것이었다.

송시열이 1689년의 기사환국으로 사사된 이후에는 송시열의 문인인 정호(鄭浩) 등이 중심이 되어 상소문을 통해 윤증이 송시열을 배사(背師)한 것에 대해 계속적인 비판을 가하였으며,[17] 언관직에 포진했던 집의 이정겸(李廷謙). 지평 이언경(李彦經) 등은 도리어 정호의 상소를 공격하였다.[18] 이로써 숙종 후반에는 윤증과 송시열 문인 간의 대립이 노소의 분열을 가중시켰다. 숙종은 이러한 상황에 대해 양비론의 입장을 펴면서 노소의 분열을 비판했지만[19] 사직을 원하는 윤증에게 세상의 대유(大儒)라는 표현을 쓰고 정호를 처벌한 것에서도 볼 수 있듯이[20] 윤증의 입장을 내심 후원하고 있었다.

윤증은 노론 척신들에 대해서는 비판적이었지만 남인에 대해서는

---

16) 《明齋言行錄》(古4650-85), 〈出處〉
17) 《숙종실록》 권32, 24년 10월 辛酉.
18) 《숙종실록》 권32, 24년 11월 壬申 및 乙亥.
19) 《숙종실록》 권32, 24년 11월 甲戌.
　　宋尹兩家之爭 兼有短長 而君子之胥失 父師之間 義難兩全 則或有
　　不善周旋者 而決不可直樞於背師之科 要之事係於私家 非可以推上於
　　朝廷者 當初兩大臣之率爾 上聞偏罪一邊 誠爲失着 黨人之藉重 齮齕
　　以致數十年 玄黃之戰者 尤極不韙 至是上縷縷百餘言 開示明白 父師
　　孰重孰輕之旨 初非公朝所知之敎 辭意懇惻 義理正當 足爲百世斷案
　　自此士類 爲世道相慶 而黨人有所畏忌焉
20) 《숙종실록》 권32, 24년 12월 丙子.
　　上因右參贊尹拯辭狀 遣史官別諭 略曰 卿以林泉耆德爲世大儒 寡昧
　　之所矜式爲如何 而乃者鄭澔 乘機投疏 恣意侵侮 言念世道 豈不寒心
　　然業已洞悉 卿之心事而明白開示 深惡澔之情態而快施譴罰 則於卿有
　　何一毫不安哉 卿其極回遯心 幡然登途

온건한 입장을 취하였는데,[21] 이러한 대남인 정책은 소론의 일반적인 성향이었다.

명곡 최석정은(1646~1715)은 윤증 보다는 후배로서 소론의 영수인 南九萬에게 학문을 배웠으며, 숙종 후반기에 있어서는 8번이나 영의정을 역임하였다. 그가 이처럼 오랫동안 관직생활을 한데에는 온건하고 타협적인 정치노선을 견지한 것이 큰 작용을 하였다. 그리고 이러한 정치관의 기저에는 사상적으로는 주자성리학에만 매몰되지 않고 양명학, 음운학, 수학 등 다양한 학문에 관심을 가지는 개방적 입장이 있었다.

최석정의 초명은 석만(錫萬), 호는 명곡(明谷)·존와(存窩), 자는 여화(汝和), 본관은 전주(全州)이다. 병자호란시에 주화론을 주장한 영의정 최명길(崔鳴吉)의 손자이다. 최후량(崔後亮)의 아들로 태어나 응교(應敎) 최후상(崔後尙)에게 입양되었다. 1666년(현종 7)에 진사가 되고 1671년 정시문과에 병과로 급제하였다. 1685년(숙종 11) 부제학으로 윤증을 변호하고 金壽恒을 탄핵하다가 파직되었다. 1687년 璿璣玉衡(渾天儀)을 제작하는데 참여하였으며, 이후 이조참판·한성부판윤·이조판서 등을 거쳐 1697년 우의정이 되어 奏淸使로 청나라에 다녀왔다. 1697년에는 이조판서에서 우의정에 올랐는데 그의 후임으로는 윤증이 임명되었다.[22] 숙종은 세자책봉을 청하기위해 1696년 우의정 徐文重을 보냈으나 청에서 《大明會典》에 의거하여 이를 불

21) 《숙종실록》 권26, 숙종 20년 7월 丁卯.
22) 《숙종실록》 권32, 23년 3월 癸亥.

허하자 1697년에 최석정이 다시 주청정사(奏請正使)로 가서 《대명회전》에 기재된 것은 중국의 예식과 관계된 것으로 外藩과 宗藩의 법 적용에 있어서의 차이점을 근거로 하여[23] 세자책봉을 실현시키고 돌아오는 능력을 발휘하였다. 1699년에는 좌의정으로 대제학을 겸 임하면서 《國朝宝鑑》의 속편편찬과 《輿地勝覽》의 증보를 奏請하여 이를 실현시켰다. 1701년 영의정에 임명되었으나 張禧嬪의 賜死를 반대하다가 鎭川에 付處되었다가 석방되었으며 1702년 판중추부사 를 거쳐 다시 영의정이 되었다. 이후 전후 8번에 걸쳐 영의정을 역 임했다.

최석정의 증조부 崔起南(?~1619)은 牛溪 成渾의 문인으로 광해군 때 이이첨 일파에 의해 축출되기도 하였으나 영의정까지 지냈다. 조 부 최명길은 병자호란시의 척화론의 대표자이며 사계 김장생에게서 학문을 배웠으나 양명학에도 일정한 관심을 가졌으며, 관제개혁안 등에 있어서 자신의 적극적인 견해를 제시했다.[24] 父 최후량은 蔭敍 로 관직에 진출하여 한성부판윤에까지 벼슬이이르렀다. 최석정의 아우로서 최후량에게서 태어나 崔後遠에게 입양된 崔錫恒(1654~1724) 역시 영의정을 지냈으며 경종, 영조대의 노론, 소론의 대립기에는 소론의 영수로 활약하였다. 최석정은 朴世采, 南九萬 등 소론의 영 수급 인사들에게 학문을 배웠으며, 정치적인 입장에서도 이들과 행

---

23) 당시의 奏文 논의에 대해서는 《숙종실록》 권31, 3월 戊寅 참조.
24) 최명길에 대해서는 다음의 연구가 참고된다.
李在喆, 1992, 〈遲川 崔鳴吉의 경세관과 관제변통론〉 《조선사연구》 1.
조성을, 1992, 〈17세기 전반 서인 관료의 사상〉 《역사와 현실》 8.

로를 같이했다. 최석정의 아들 최창대(1669~1720)는 己巳換局時에 장
희빈의 폐위를 반대하다가 죽음을 당한 소론 吳斗寅(1624~1689)의 사
위로[25] 노론과 소론의 차별성을 부각시키는 문장을 남기기도 했다.

최석정은 남구만에게서 학문을 배우고[26] 윤증, 박세채 등과 교유
하면서 전형적인 소론 정치가의 모습을 보이면서 온건한 정치노선
을 견지하였다. 최석정이 少論 자체내에서 寬厚와 和平을 지켜야한
다는 입장은 아들 최창대를 시켜 지었다는 〈使昌大貽書中〉에도 잘
나타나 있다. 이 글은 1691년에 노론의 김춘택 일당이 張禧嬪의 오
빠인 張希載를 귀양보내 놓고 장희재의 처를 간통한 사건이 일어나
자 소론계인 林溥, 李潛 등이 김춘택 일당을 맹렬히 공격하고 다시
노론들이 정치적 보복을 주장하자, 최석정이 이에 대한 중재를 맡으
면서 아들 최창대를 시켜 쓴 글이다. 이 글에서 최창대는 먼저 노,소

---

25) 崔錫鼎의 家系를 도시하면 다음과 같다.

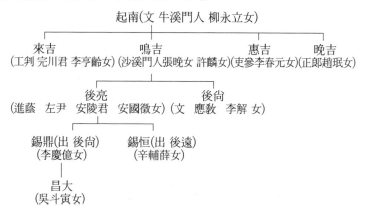

26) 《明谷集》〈藥泉門人錄跋〉
余年十二納拜於藥泉南先生 因束脩請學焉 日笑笑游其門近十年

론의 대립이 同室之鬪임을 지적하고, 노론은 黨을 위주로 議論하여
사류들이 싫어하는 반면에 소론은 모든 일을 黨을 초월해서 논의하
여 공평하게 처리한다고 하였다. 노소분립의 발단에 대해서는 庚申
獄의 처리문제에서 비롯된다고 하였으며, 노론은 집권당으로서 國
名을 얻어 그 기반이 견고하나 그 근본이 挾雜으로 계략을 삼은데
있으며 소론의 본색은 공론과 寬平한 것이라 하여 소론의 정당함을
내세웠다.[27] 이상의 내용은 소론의 대가인 趙泰億의 후손인 趙重訓
의 기록으로《俟百錄》의 凡例에서는 본 글이 소론의 성격을 가장 잘
나타내고 있기에 전문을 전제한다고 되어있다. 이 글은 최석정이 아
들 창대를 시켜서 지은 것이므로 최석정의 정치관이 나타난 것이라
고 볼 수 있다.

이 외에 최석정은 성리학의 이념을 실천하고 보급하는 측면에서
서원, 사우가 활발히 설치되고, 조선전기 이래 명분론의 주요한 쟁
점이 되었던 단종에 대한 추숭 작업이 완성되는 숙종대에,[28] 숙종의
절대적 신임을 받으면서 정책 수행에 많은 공헌을 세웠다.[29] 일반적
인 정책 수행에 있어서는 당인의 입장이 반영되기는 어려운 것이며,
최석정의 소론으로서의 당인적 입장은 특정한 정치적 사안이나 저

---

27) 趙重訓,《俟百錄》
   姜周鎭, 1971,《李朝黨爭史硏究》제 4장 참조.
28)《숙종실록》권32, 숙종 24년 12월 乙丑條에는 단종대왕과 貞順王后의 舊
   主에 시호 올리는 예를 행한 기록이 있다.
29)《명곡집》권20에는 端宗 追崇에 관계된 기사로 다음이 기록되어 있다.
   〈端宗(示付)謁太廟議〉,〈端宗廟謁設位議〉,〈端宗謚冊及祝辭異同議〉,〈莊
   陵復位設科擧議〉

술 활동을 통해 추출할 수 있다.

윤증과 최석정은 소론학자의 전형을 보이는 인물이지만 정치적으로는 대조적인 입장에 있었다. 최석정이 숙종대의 정국에 적극 참여하여 6번이나 영의정을 역임하면서 많은 시무책을 제시한 반면에 윤증은 산림 학자로서의 지위를 유지하였다. 윤증이 재야에서 정치적, 사상적 활동을 벌였지만 소론의 영수로 추대된 것에는 그가 탁월한 학문과 정치사상을 바탕으로 하여 국정을 바로잡으려는 실리론적인 경륜을 소유하고 있었기 때문이라는 견해도 제시되고 있지만,[30] 윤증의 문하에 섰던 학자들은 주로 정치적으로 송시열과 대립하면서 반송시열 계열이라는 대세로 결집된 것이었고 윤증이 뚜렷한 시무책을 제시하지는 않았다는 점에서 윤증을 중심으로 소론 학자의 전반적인 사회사상을 고찰하는데는 한계가 있다. 따라서 윤증에 대한 연구는 소론학자의 정치성향과 학문경향의 흐름을 이해하는데 중점을 두었고, 전반적인 사회정책에 대한 문제는 최석정을 중심으로 다루었다.

본고는 최석정과 비슷한 정치노선을 견지하였던 남구만, 윤지완, 유상운 등 소론 대신들의 구체적인 연구를 하지 못한 한계성이 있다.

3 학문관

조선후기 정치사, 사상사 연구에 대한 일반적인 경향은 당시 지배층의 정치논리와 사상적 흐름을 지극히 보수적인 것

---

30) 李銀順, 1992, 〈朝鮮後期 老少黨論의 對立과 政論〉 185쪽.

으로 파악함으써 당시 일부 학자들에게 나타난 사상적 다양성을 단지 특수한 것으로만 이해하거나, 實學의 개념을 재야의 학자들에게만 국한된 것으로만 이해하는 분위기가 주류가 되어왔다. 지배층의 논리를 단순히 체제유지적인 것으로만 이해하고 그것에 반대되는 논리만을 근대의 맹아로 파악하려는 시각은 전통사회와 근대사회를 정치적, 사상적으로 단절시키는 결과를 가져온다.

17세기 후반기의 조선사회의 사상계는 주자성리학의 원칙에 충실한 노론이 사상계를 주도해가면서 존주대의론과 북벌론이 대세를 이루는 한편으로 재야의 남인 학자들을 중심으로 이에 대한 비판의식과 함께 원시유학(原始儒學) 및 노장사상에 대한 재관심이 시도되고, 소론의 일부 학자은 양명학 등 새로운 학문조류에 관심을 기울이는 시기였다.

학파로서의 노론과 소론의 분립에 대해서는 노론이 이이-김장생으로 이어지는 흐름으로 파악하고 성혼의 내외손(內外孫)을 포섭하면서 성혼을 앞세우는 학파로서의 성격을 드러내는 것이 소론의 입장으로 파악하는 견해도 있다.[31] 성혼 계통의 학풍은 탈주자성리학적인 경학풍을 보이며 절충주의적 경향이 강하였다. 소론 학자들 중에서 탈(脫)주자성리학의 입장을 가장 강하게 견지했던 학자는 박세당(朴世堂)이다. 박세당은 윤휴와 함께 사문난적(斯文亂賊)으로 몰릴 만큼 당시의 사상계에서는 급진적인 인물이었다. 특히 박세당의 이러한 사상형성에는 노장사상의 영향력이 크게 작용하고 있었다.[32]

---

31) 유봉학, 1992,《18-19세기 燕巖一派 北學史上의 硏究》21쪽.

박세당의 사상적 입장이 소론 전반의 사상을 대표하는 것은 아니지만 소론 학자들 내부에서는 노론에 비해 볼 때 주자성리학을 절대시하지 않는 분위기가 크게 형성되었다고 이해할 수 있다. 시비명변론(是非明辨論)의 입장이 강했던 노론세력이 철저히 자파 중심으로 정국을 운영해 가려 했던 것과는 달리, 소론은 남인세력을 수합하고 노론의 일부 세력도 포섭하려는 입장이 강하였다. 이러한 정치관에는 이들의 학문적, 사상적 입장이 그 배경이 된다.

본장에서는 17세기 후반 소론의 학문적 입장을 잘 드러내고 있는 윤증과 최석정의 학문과 사상 연구를 통하여 이 시기 사상계의 동향에 접근해 보고자 한다.

윤증의 학문에서 나타나는 우선적인 특징은 '實心'의 강조이다. 윤증은 1680년 庚申換局으로 西人의 집권기회가 있었는데도 진부한 禮學논쟁만을 하는 현실을 비판하였으며, 그의 《明齋遺稿》에는 實心과 實政을 강조한 내용이 많이 피력되어 있다. 韓㳓劤은 윤증의 학문을 '實學'으로 개념화하여 윤증의 실학은 '實은 그것이 인의예지(仁義禮智)의 사덕(四德)을 몸에 지닌다는 뜻의 實이요 그것을 務得體認한다는 實이요 이렇듯 四端을 마음에 갖추게 된 實心이다'라고 하였으며,[33] 劉明鍾은 윤증의 학풍은 務實을 주안점으로 하여 '隨處隨分 體認天理'의 태도를 견지함으로써 王陽明의 知友인 湛甘泉의 〈隨處

---

32) 《숙종실록》 권28, 21년 4월 壬辰
史臣曰 世堂恬退數十年 絶意仕宦 可謂淸苦之士也 然酷好莊氏之學譏저(言氐)朱子四書集註 使其得志 其爲世道之害 可勝言哉

33) 李銀順, 1988, 〈老少黨論과 政論의 源流〉《朝鮮後期黨爭史硏究》14쪽.

體認天理〉의 입장과 유사함이 있음을 강조하였다.[34]

　윤증의 이러한 학풍은 절충주의 성리학적 경향이 강했던 우계 성
혼으로 부터 이어지는 것으로 부인 윤선거를 평가할 때도 송시열이
허명을 중시한 반면에 윤선거는 실심을 강조한다는 대비가 이루어
지곤 하였다.[35]

　한편 윤증, 최석정과 함께 소론으로 활약했던 서파(西坡) 오도일
(1645~1703)의 경우에 있어서도 무실을 강조한 것을 볼 수 있는데, 소
론학자들이 노론학자들에 비해서는 명분론에 덜 구속되어 있었던
점은 분명하다.

　윤증은 양명학에도 일정한 관심을 가져 양명학자인 문인 鄭濟斗와
여러차례에 걸쳐 書信을 교환하기도 하였다. 양명학에 대한 윤증의
입장은 외주내왕적인 것이었으며, 이는 당시의 정치현실과도 관계
가 깊었던 것으로 보인다.

　최석정은 다양한 학문에 관심을 가졌으며, 특히 양명학에는 家學
을 배경으로 깊은 이해를 가지고 있었다. 양명학은 명나라 중기에
새로운 시대사조로 등장하여 일세를 풍미했음에도 불구하고 조선사
회에서는 배척되었다. 그러나 양명학에 대한 수용과 보급은 명종대
의 심성논쟁(心性論爭)을 통하여 그 수용기반이 형성되고 임진왜란
으로 내원한 명나라 군관 중에 포함된 王門學者들에 의해 자연스러
운 보급이 이루어졌을 가능성이 크다.[36] 임진왜란 이후인 선조말~

---

34) 劉明鍾, 1987,〈朝鮮朝 陽明學과 그 展開〉《韓國哲學史》下. 33쪽.
35)《明齋年譜》後錄 권2,〈前持平李世德疏〉
　　… 時烈外也名也 宣擧內也實也 任大義也 則時烈虛名也 宣擧實心也…

인조대에는 양명학이 이항복(李恒福) · 신흠(申欽) · 장유(張維) · 최명길 등에게 수용되었는데, 특히 장유는 주자의 학설에 이론을 제기하였다. 〈독주용장구유의(讀中庸章句有疑)〉는 주자의 학설을 비판한 대표적인 내용이며[37] 〈谿谷漫筆〉은 많은 부분에 걸쳐 양명학의 입장을 수용하고 있다.[38] 최석정은 張維를 존숭하였으며,[39] 최석정이 王陽明의 傳習錄에 관심을 갖게 된 것은 모두 〈계곡만필〉의 영향이라고 지적하는 견해도 있다.[40] 李滉-柳成龍으로 이어지면서 남인의 주류를 형성한 退溪學派가 철저히 척왕적(斥王的) 입장이었던 반면에 曹植[41] · 徐敬德 학파를 기반으로 하는 북인세력에 있어서는 척왕적 입장이 잘 나타나지 않으며, 오히려 서경덕의 문인인 남언경(南彦經) 등 양명학에 경도된 인물도 나타나곤 하였다. 최석정의 조부인 崔鳴吉(1583~1647)은 병자호란 이후 명나라에 청나라와의 화의가 부득이했음을 알리려던 일이 발각되어 瀋陽에 가게되었을 때 아들 崔後亮에게 陽明書를 인용하면서 마음을 평안히 하여 역경을 극복할 것을 말하기도 하였다.[42] 최명길은 청과는 언어와 풍속은 다르지만 이들

---

36) 尹南漢, 1982,《朝鮮時代 陽明學硏究》集文堂. pp. 26~34.
37)《谿谷集》권1, 〈讀中庸章句有疑〉
38)《谿谷漫筆》에는 장유의 양명학에 대한 관심이 곳곳에 드러나 있다. 특히 왕양명이 지은 시 3편이 인용되어 있는 점은 주목된다.
39)《明谷集》의 〈論圃隱遺事〉에는 《계곡만필》을 인용한 내용이 있으며, 최석정이 후손 守範에게 준 書札에서도 張維의 언행을 인용하고 있음이 보인다.
40) 이호형,《韓國思想史大系》대동문화연구원. 841쪽 참조.
41) 曹植의 학문을 비판하는 입장에서 양명학에의 경도가 지적되곤 하였다.
《光海君日記》광해군 12년 8월 丙寅
史臣曰 植嶺南人也... 學問稍涉於陽明
42)《遲川集》권17, 〈寄後亮書〉

의 오성(五性)과 칠정(七情)은 우리와 같다라고 하는 전향적 사상을 지니고 있었는데 이것이 병자호란시에 주화론을 주장한 배경이 되었다. 이러한 가학적 전통 외에 최석정이 양명학을 수용하게 된 요인으로는 양란을 겪고난 이후로 주자성리학에 대한 반성과 함께 修己에 필요 것이면 양명학·노장사상·불교 등 異端思想도 광범하게 흡수해야 한다는 학문적 분위기도 지적할 수 있다.[43]

최석정에 대한 양명학 관계 기록은 주로 양명학을 비판한 내용이나, 王陽明을 陽明子라고 한 것은 주목을 끈다. 최석정은 〈大學集覽跋〉에서 '先儒에 이미 定論이 있으나 後學이 혹 新義를 세운다. 陽明子에 이르러서는 장차 聖學工夫가 차제에 顚倒되고 変幻이 있으니 그것이 후학을 잘못되게 함이 크다'[44]라고 지적하였으며, 양명학자인 鄭齊斗와의 서신 교환에서도 이러한 점을 피력하고 있다. 최석정과 정제두가 교환한 서신은 총 30건이나 되며, 1683년(숙종 9)에서 1713년까지 30년에 걸쳐 꾸준히 지속되었다. 양인은 朴世采의 문하에서 함께 수학하였으며, 書札은 최석정이 정제두의 양명학을 書信으로서 나무라고 「辨學」 1편을 지어 보냈던 答書에서 시작하였다.

陽明書云 心本爲活物 久久守着 亦恐於心地上發病 此必見得親切 自家體驗分明 故其言如此 以陽明之高明 猶有是憂 況汝方處送境 心事可能和泰平人耶 此時遽下刻苦工夫 過爲持守 或轉成他病 亦不可不慮 但就尋常言動間 時加提撥 不使此心走放 往往靜坐默觀 認取天機之妙 常使吾心之體 妙合於鳶 飛魚躍之天 則囚在囹圄幽蟄之中 自有詠歸雩之趣 自足以樂而忘憂

43) 韓永愚, 1991, 〈17세기 후반~18세기초 洪萬宗의 會通思想과 歷史意識〉 《韓國文化》 12. 참조
44) 《明谷集》〈大學集覽跋〉

제1~9書는 주로 양명학에 관한 논변을, 10~13書는 聲音論을, 14서는 先考의 別集借覽件, 15, 21, 26書는 「論孟類編」과 같은 四書에 대한 논설과 「心經集義」에 대하여, 16서는 禮說, 17~19, 25書는 經世에 관한 것을 주로 논한 것이다. 서신 중에는 최석정 스스로 張維로 인하여 양명학을 알았고, 그로 인하여 왕양명의 문집과 語錄을 읽으면서 경탄한 내용도 포함되어 있다.[45]

정제두와 최석정의 긴밀한 관계는 최석정이 이조판서로 있으면서 서연관(書筵官)을 초계(抄啓)할 때 정제두를 추천한 것에서도 알 수 있다.[46]

최석정은 禮學에도 해박하였으나, 그가 저술한 《禮記類編》이 朱子의 註와 어긋났다고 하여 焚冊까지 당한 것을 보면 그의 사상이 당시 사류들의 보편적인 흐름과는 차이가 있었음을 알 수 있다. 그러나 최석정이 '內王外朱'의 입장을 취할 수 밖에 없었던 것은 주자성리학이 대세화 된 사상적 분위기와 함께 사상적 대립으로 政派가 갈리고 극심한 정쟁이 거듭된 당시의 정치적 분위기도 크게 관련이 있다고 볼 수 있다.

최석정의 학문적 특징으로 또한 지적할 수 있는 것은 다양한 학문에 재능을 발휘한 점이다. 《肅宗實錄》의 최석정 卒記에 의하면 최석

---

45)《명곡집》〈與鄭士仰書〉
　　觀張谿谷文字　贊歡陽明之學不一而足　於是遂求陽明文集語錄而讀之
　　乍看　誠有超詣新奇　可以警人處
46)《숙종실록》권30, 22년 6월 壬辰.
　　吏曹抄啓書筵官　李世弼鄭齊斗李喜朝閔以升李箕疇朴鐔金昌翕李世龜
　　等八人

정은 12세에 이미 《周易》에 통달하였으며 算數와 字學에 있어서도 매우 뛰어났음을 기술하고 있다.[47)]

최석정은 易學과 數學에 대한 이해기반을 가지고 현존 最古의 算書인 《九數略》을 저술하였다. 《구수략》은 易의 卦에 나타난 형상과 변화를 응용하여 理數에 대한 이해를 하고자 하는 象數學的 인식을 바탕으로 한 것으로 당시의 수학 수준을 보여주고 있다.[48)] 이외에 그가 천문학, 역법에 관심이 있었다는 것은 《燃藜室記述》〈天文典故曆法編〉의 '故相최석정以解星曆 曾兼觀象監教授'라는 기록에서 나타나고 있으며, 漢나라의 軍制를 인용하고 鎭管體制에 대하여 자신의 견해를 피력한 상소문을 올리기도 했다.[49)]

또한 〈구수략〉의 인용서적[50)]이라는가 〈宇宙圖說〉[51)] 등에는 그의 西學에 대한 관심이 나타나고 있어서 최석정이 서양의 학문 수용에

---

47) 《肅宗實錄》숙종 41년 11월 癸卯.

48) 《皇極經世書》나 《律呂新書》와 같은 상수학 관계 서적은, 《周易》 등의 경전과 연관성을 가지면서 17세기 후반기 이후 조선 성리학계에 새로운 관심의 대상이 되었다. 특히 18세기에 들어오면서 洛論系에서 크게 주목하기 시작하였다(유봉학, 〈北學思想의 형성과 성격 참조〉).

49) 《燃藜室記述》別集 8권, 〈官職典故〉

50) 《九數略》〈古7090-1〉은 본편과 부록으로 구성되었는데, 인용서적은 다음과 같다.
周易, 毛詩, 尙書, 春秋左氏傳, 公羊傳, 周禮, 禮記, 論語
孟子, 中庸, 大學, 爾雅, 莊子, 荀子, 孫子, 淮南子, 陰符經
史記, 漢書, 綱目(史書類)
文選, 邵子全書, 朱子大全, 易學啓蒙, 大學或問
九章啓蒙, 七政算(郭守敬), 算學啓蒙(朱世傑), 算學統宗(程大位)
乘除算, 摘奇算法, 田畝比類, 天學初函(利瑪竇의 강의를 李之藻가 저술), 籌算(羅雅谷), 詳明算法, 嘿思集(慶善徵)

51) 《明谷集》〈宇宙圖說〉
近世西洋利瑪竇地球之圖 卽亦宇說也

있어서도 적극적이었음이 드러나고 있다.

실용성 있는 학문을 중시하는 최석정의 학문경향은 정치관에도 반영되어 이조판서로 있으면서 올린 차자(箚子)에서는 음관, 무관이라도 재주가 있는 자는 적극적으로 관직에 등용해야 하며 쌀을 받아들이고 벼슬길에 통하는 것을 허가하는 폐단을 없애야 한다는 견해를 피력하였다.[52]

소론의 학문적 입장과 관련하여 또 하나 제기할 수 있는 문제는 이들의 학문이 역사인식에 어떻게 반영되었는가 하는 점이다. 윤증과 최석정은 역사서를 남기지는 않았다. 그러나 소론 학자로서《동사회강(東史會綱)》을 쓴 임상덕(林象德: 1683~1719)과의 관계에서 간접적인 내용을 파악할 수 있다. 임상덕은 윤증을 평생동안 스승으로 섬겨 식견과 언론 또한 얻은 것이 많았으며,[53] 1710년 소론의 영수이던 최석정이 노론의 탄핵을 받고 실각하자 최석정을 위해 올린 상소문에서는 북한산성 축조 문제, 戶布와 口錢 문제, 備邊司, 관리의 임기, 鄕兵(束五), 田稅, 大同稅 등을 언급하면서 군정과 수취체제의 모순을 지적하였는데,[54] 이것은 최석정이 지적한 사회경제책을 그대로 계승하는 것이었다. 또한 임상덕은 불교나 노장사상, 양명학 등에도 개방적인 입장을 지니고 있었다.

임상덕은 조태구(趙泰耉), 조태억(趙泰億), 이광좌(李光佐), 최창대

---

52)《숙종실록》권30, 22년 7월 乙亥.
53)《숙종실록》권45, 45년 9월 乙未.
54)《숙종실록》권50, 숙종 37년 4월 丁卯.

(崔昌大) 등 소론파 청류들과 교우관계를 가졌으며,《동사회강》을 편찬한 직접적 계기는 1710년의 최석정의 실각에 있었다. 또한 1711년에《동사회강》의 편찬을 완료하자 이를 즉시 간행하지 않고 堂兄인 임상정(林象鼎)과 최석정의 아들인 교우 최창대(崔昌大) 등에게 초고를 보여 준 것에서[55] 임상덕의《동사회강》에는 소론학자의 학문관과 역사관이 일면 투영되었음을 추측할 수 있다.

4 사회경제 사상

　　17세기 중, 후반은 양란의 후유증이 어느 정도 치유된 상황에서 예론과 북벌론, 호패법, 호포법, 양역변통론, 주전론(鑄錢論) 등의 사회정책을 둘러싸고 서인과 남인간의 정책 대립이 격화되는 시기였다. 따라서 이 시기 연구의 중점은 서인과 남인의 정책 중 어느 것이 진보적이며 보수적이냐 하는 것을 평가하는 것이 주요한 과제가 되었다. 이러한 시각은 서인내에서 존재하는 노론과 소론의 차별성, 남인내에 존재하는 근기남인과 기호남인의 정책의 차별성에 대해서는 관심을 소홀히 하는 결과를 가져왔다. 윤증의 경우에는 학문적인 저술을 많이 남겼지만 구체적인 시무책을 제시한 것은

---

55) 한영우는《동사회강》에 나타난 임상덕의 소중화 의식은 조선의 문화적 전통에 대한 자부심과 조선이 중국과 분리된 독립적 민족국가임을 발견해 가는 단초가 되고 있음을 지적하고 있다.
　《동사회강》에 대해서는 아래의 논문이 참조된다.
　한영우, 1989,〈18세기초 少論學者의 歷史敍述〉《조선후기사학사연구》
　김문식, 1994,〈임상덕〉《한국의 역사가와 역사학》

없다. 본장에서는 소론 학자중에서도 많은 시무책을 올렸던 최석정을 중심으로 소론학자의 사회경제사상의 일면을 파악하려 한다.

17세기 중, 후반에 가장 쟁점이 되었던 사회문제는 軍役의 폐단에 대한 극복 방안이었다. 군역제도의 문제점은 북벌론의 추진과 관련하여 군문이 하나하나 증설되어 가는 것에도 원인이 있었지만 군역 부담이 양인층에게만 지워진 것이 가장 큰 원인이었다. 1695년에 올린 우의정 신익상(申翼相)의 다음의 상차(上箚)는 당시 군역의 문제점을 잘 보여주고 있다.

> '온 나라의 백성이 다 軍案에 소속되어 온갖 종류의 여러가지 명목을 낱낱이 열거하기가 어려운데, 욕심이 많아 많은 軍丁을 얻는 데만 힘써 모두 일정한 定數가 없기 때문에 苦役을 피하고 歇役을 원하여 뇌물을 바치고 청탁을 도모하는 자가 헤아릴 수 없을 정도로 많다. 청컨대 여러 軍門으로 하여금 모조리 釐正하여 모두 額數를 정하도록 하시고 京司의 불법적인 조치로서 民弊가 되는 것들은 제조와 당상관으로 하여금 묘당에 품의하여 폐단을 개혁하고 쇠잔한 백성을 소생시키도록 한다면 조금은 도움이 될 수 있다.'[56]

조선후기의 軍役이 조선전기의 군역과는 근본적으로 다른 측면은 양반층이 國編制에서 바져 나갔다는 점과 賦稅로서의 측면이 강화

---

56) 《肅宗實錄》 권28, 21년 5월 丁丑.
擧國之民 皆屬軍案 雜色名目 難以毛擧 以貪多務得 皆無定數 故避
苦趨歇 納賂圖囑者 不知其紀 請令諸軍門 盡行釐正 改定額數 京司
非法之擧 亦爲 民弊者 令其提調及堂上 稟議廟堂 革弊蘇殘 則不無少
補矣

되었다는 점이다. 이러한 현상은 일반 良人의 군역의 부담을 과중시키는 결과를 초래했으며, 17세기 이후로 식자층에서는 군역의 폐단을 시정하려는 방안으로서 儒布論, 戶布論, 結布論 등의 良役変通論을 다양하게 제기하였다.[57]

16세기 후반 이이가 경장책의 일환으로 제시했던 호포론은 이이 문하의 사림들에 의해 점차 통설로 자리잡아 나가기 시작하였으나, 인조대에 정묘, 병자호란을 거치는 과정에서는 제기되지 못하였다. 이후 효종대에 북벌론이 강화되면서 이를 위한 금군(禁軍)·어영청(御營廳)·훈련도감(訓練都監) 등의 군력 증강이 이루어지면서 이에 대한 재정 확보책으로서 다시 제기되었다. 김육(金堉)에 의해 제기된 유포론(遊布論)이나 원두표(元斗杓)에 의해 제기된 호포론은 제기된 수준에만 그쳤지만, 1659년의 유계(兪棨)의 상소에서 제기된 사족수포론(士族收布論)은 조정에서 논의되는 수준에 이른다. 현종대에는 김육과 유계의 호포론이 다시 제기되어 논의되고 박세당의 사족수포론도 제기되었다. 이에 따라 현종 15년경에 이르면 허적 등 남인들의 반대에도 불구하고, 양반수포론은 國論이 되고 이를 거두는 방법만이 신포(身布)·호포(戶布)로 논의되고 있었다. 숙종 초반 갑인예송으로 서인이 물러나고 윤휴·허적 등 남인이 집권하면서 이전에 전개되던 양반수포론을 중심으로 하는 양역변통론은 적극 논의되지 않고 오히려 지배층 위주의 보수적인 방향으로 흘러갔다. 이렇게 지

---

57) 이에 대해서는 鄭然植, 1993,《조선후기 '役摠'의 운영과 良役 變通》서울대박사논문 참조.

연된 호포론은 경신환국·기사환국·갑술환국 등 정국의 변화에 따라 활발히 논의되지 못하다가 숙종말에 서인이 집권하면서 호포론이 수렴되며 군역제 개혁이 진행되었다.[58]

그러나 서인들이 호포론에 적극적이었던 것은 이들이 개혁적 입장에 있었다기 보다는 그들의 권력기반이 되고 있던 군문의 양성을 위한 재정확보책이라는 현실적 조건이 크게 작용하고 있었던 측면에서 파악할 수가 있다.

군제(軍制)에 대한 최석정의 입장은 조선전기의 진관체제를 기간으로 하는 향병 중심의 방어책으로서 안정된 기반위에서 자강(自強)을 유지하는 것이었다.[59] 이러한 관점에서 조선전기에는 실시되었다가 지금은 폐지된 진관체제를 유성룡이 주장한 것처럼 실시하는 것이 방어책에 가장 유리한 것임을 주장하기도 하였다.[60] 이러한 입장에 있었던 최석정이 군문의 증설로 인해 파생되는 양역제도의 모순에 민감한 것은 당연하였다. 양역의 폐단 시정이 당시 사회의 급무임을 인식하고 있었던 최석정이 1708년에 올린 〈진시무사조차(陳時

---

58) 이에 대해서는 지두환,〈조선후기 戸布制 논의〉《한국사론》19를 인용하였다. 그러나 서인들을 진보 세력으로 남인들을 보수세력으로 분화한 구도는 논란의 여지가 있다.

59)《燃黎室記述》별집 8권,〈官職典故〉
崔錫鼎疏曰 凡鎭管之法 守令各摠其軍 漢時軍國之兵 隷於主鎭大牧 敵入其境 則官吏率衆以御之 今則不然 (中略) 臣意以節制大牧爲主將 所營各邑屬將 使之各率其兵 置營將而置中軍 凜給視營將之半 如是 則外方之軍制自管轄 可爲急之用...

60)《명곡집》권20,〈陳時務四條箚〉
且法典鎭管之規 今廢不行 宜遵故相臣柳成龍之言 稍復古制 則其於 備禦之方爲益

務四條箚)〉는 당시의 사회적인 급무 4가지가 지적되어 있다. 최석정은 먼저 양역에 대한 폐단을 지적하고 있다. 최석정은 '혁인족이제민원(革隣族以除民怨)'을 제시하여 양역의 폐단으로 이웃이나 친족이 군역을 지게 되는 백골징포(白骨徵布)와 인징, 족징의 폐단을 언급하고 각읍색리(各邑色吏)의 폐단을 제거하여 양역의 신고 계통을 확립할 것을 주장하였다.[61]

　최석정은 이어 이 시무 상소에서 전폐를 바로 잡아 백성의 곤궁함을 해결할 것을 주장하고 있는데, 전폐의 시행은 '부익부빈익빈(富益富貧益貧)'의 구도를 심화시킨 것으로 하루 빨리 혁파할 것을 주장하고 있다.[62] 17세기 후반 상업적 유통이 활발해지면서 경제적 부를 획득하는 계층이 등장하는 것은 분명 진보된 사회로 나아가는 단서이지만 최석정은 다수의 농민들에게 피해를 주는 전폐의 통용에는 찬성하지 않았다. 숙종대에는 경영형부농이 성장하고 상품유통경제가 발달하는 사회경제적 변화의 추세에 따라서 화폐의 필요성이 대두되었고, 이에 따라 상평통보가 전국적으로 보급되게 되었다. 주전론은 광해군-인조대에 김신국[63] 등에 의해 주장되었으나 호란을

---

61) 《明谷集》권20, 疏箚〈陳時務四條箚〉
　按方今政弊民瘼　難以毛舉　而若言其最切處　則良役隣族之弊是已　我國之民　田役輕而身役重　一人之身當綿布二匹之役　又納人情一匹謂之後木　其役實爲苦重　且良民及無蔭之人　一入軍保　身名賤汚

62) 위와 같음.
　按近年害民之事　隣族爲最甚　其次錢弊是已　我國數百年不行錢貨　故鄕村之人　皆以米布爲貨　春窮之時　貸出米穀…(中略)… 自行錢之後富者益富貧者益貧　行錢未滿二十年　而其弊日以益甚　外方之民皆望革罷…(中略)… 此外　行錢之弊　如邑宰之貪(號食)吏胥之受賂盜賊之竊發　種種害民之端　非之一二　今不能索言矣.

거치면서 그 논의가 잠잠해지다가 숙종대에 이르러 다시 활발하게 제기되었다. 그러나 숙종대에도 전폐 문제에 대해서는 많은 이론이 제기되고 있었다.

> 어영청에서 10삭(朔)에 한하여 鑄錢하기를 계청하니, 임금이 윤허하였다.
> 한번 돈을 발행한 뒤로부터 그 무역의 편리함을 가지고 사람들이 이를 가볍게 써서 재물을 절용하는 길을 알지 못하니 해가 하나이고, 상업을 숭상하는 풍속이 날로 성하여서 농민이 병드니 해가 둘이고, 향곡(鄕曲)의 토호가 봄의 곡식이 귀한 때를 당하여 곡식으로 돈을 바꾸어 빈호에게 나누어주고 가을에 이르러 그 원리금을 취하여 도로 곡식을 바꾸니 부호(富豪)는 이것으로서 앉아서 5, 6배의 이익을 거두고 빈호는 더욱 지탱하지 못하니 해가 셋이다. 대저 돈을 발행하자는 의논이 비로소 이원익과 김육에게서 나와서 마침내 김육의 손자 김석주가 당국(當局)한 날에 시행하여졌는데, 이 때에 흉년이 들어 재물이 궁핍하니, 호조 및 각 군문이 날로 주전하여 재용을 늘리는 길로 삼고, 민생이 이로 인하여 더욱 곤궁하여짐을 생각하지 않으니 사람들이 모두 이를 근심하였다.[64]

고 하여 주전이 당시에 오히려 민생에 폐해를 주는 요인이었음을 지적하고 있다. 전폐의 유통은 시대적 흐름이었지만 김석주의 경우와 같이 주전을 호조 및 군문의 경비를 늘리려는 방향에서 시행하는 경우가 많았기 때문에 이익 등의 남인 실학자들이 폐전론을 주장하고,

---

63) 원유한, 1991, 〈관료학자 김신국의 화폐경제론〉《용암차문섭박사화갑기념 사학논총》참조.
64) 《숙종실록》권29, 21년 12월 戊戌

최석정도 반대의 입장에 있었던 것으로 보인다.

최석정은 호포와 정전(丁錢)의 시행에도 반대의 입장에 있었다. 최석정은 호포법의 시행으로 각 호에 변칙적으로 친척들이 들어가는 것을 경계했으며, 정전법 또한 민중의 유리를 촉진시켜 족징의 폐단을 야기시킬 것을 우려하였다.[65] 기존의 연구는 호포론이 양반에게도 포를 부과하는 방식으로 그 개혁적인 측면에서 주로 연구가 이루어졌으나,[66] 최석정이 호포론에 반대한 논거를 고려한다면 호포론이 가지는 자체의 모순성도 염두에 두어야 할 것이다.

최석정의 시무책에서 보이는 두드러진 경향은 현실 가능한 정책을 점진적으로 추진하려 한 것으로 요약할 수 있다. 최석정은 숙종대 후반 적극 추진되던 山陵의 役事에 대해 백성이 기근과 질병으로 죽어가고 있는 현실에서는 무리라고 판단하여 이를 점차 줄여갈 것을 주장했으며,[67] 좌의정이 되어서 올린 네가지 조항의 차자에서는, 비변사를 문하사(門下事)로 개칭하고 삼공에게 門下平章事를 兼領하게 할 것과 언론의 중요성을 강조하여 台閣에서 引避하는 경우를 없게 할 것을 강조한 관직체계의 조정에서 부터 選擧에 대한 내용 및, 감사가 균전사를 겸임하게 하여 철저한 量田의 바탕위에서 전부(田賦)

---

65) 《명곡집》 권20, 疏箚 〈陳時務四條箚〉
    摠而論之戶布之法 逐戶徵布父子兄弟異居者 皆入於率戶 其非親戚者
    渾入於挾戶 則民戶日縮 坊役難支 丁錢之法 計口徵錢 奸民避役者
    圖漏於帳籍 貧民無依者 轉徙於他境 則漏口無以防奸流 民必至徵族
    此戶布丁錢之所以難行也
66) 지두환, 〈전계논문〉
67) 《숙종실록》 권32, 24년 11월 庚辰.

의 균등함을 꾀하려는 내용과 군려(軍旅)에 대해서는 점진적인 방법으로 근본적인 제도 개혁을 담고 있다.[68]

최석정의 실무적인 정책 제시는 이조판서와 죄의정 등의 요직을 역임하면서 상징적인 위치가 아닌 실무적인 위치에서 정책을 수행하는 과정에서 나온 것이었다. 이러한 상황에서는 이상론이나 명분보다는 현실 가능한 정책 제시가 급선무가 되었다. 최석정이 이조판서로 있으면서 올린 시폐 10조목은[69] 그의 사회경제관을 잘 보여주고 있다. 그 내용을 요약하면 다음과 같다.

1. 量田은 차례로 정돈하되 御史를 파견할 필요가 없이 守令으로 하여금 맡아 단속하게 하며 都事가 巡審하면서 핵실하도록 해야 한다.

2. 여러 宮家에서 세금을 면제시켜 주는 것은 잘못된 규례-법대로 세금을 바쳐야 한다.

3. 우리나라의 백성들의 田役은 가볍고 身役은 무거워 수십년 사이에 軍門이 증설되어 병액(兵額)이 날마다 늘어나고 있다. 이제 병액을 헤아려서 혁파하고 私賤의 수를 줄이는 것이 마땅하다. 壯丁 뽑는 길을 넓혀야 한다.

4. 대동법은 고을마다 그 규정이 다르다. 道臣으로 하여금 한 도가 大同이 되도록 고쳐야 한다.

5. 우리나라가 해마다 세금으로 거두어 들이는 것이 13만석인데 종묘의 경비와 백관의 奉祿이 3분의 1을 차지하며 그 3분의 2는 군사를 양성하는 비용으로 삼으니 이제 병액을 줄여서 경비가 풀리도록 해야한다.

---

68) 《숙종실록》 권33, 25년 4월 乙丑.
69) 《숙종실록》 권31, 23년 1월 丁卯

6. 貢物의 元額에 따라 種數를 헤아려 삭감하는 조치가 필요하다.

7. 각도의 實結을 조사해야 한다.

8. 진휼하는 정책은 백성을 가려서 양식을 지급하고 가격을 줄여 곡식을 내어 파는 것이 적당하다.

9. 흉년시에는 관에서 미곡을 풀어 市中의 가격을 공평하게 하면 곡식이 많아져 백성들이 쉽게 살 수 있다.

10. 宮家와 貴近의 집안에서 솔선하여 검소하고 절약해야 한다.

이상의 내용에서도 최석정의 사회정책관은 현실가능한 정책 부터 점진적으로 이루어가며 사회의 모순점을 해결해 나가는데 중점을 두었음을 알 수 있다. 17세기 말에서 18세기 초의 黨人들은 富國强兵에 적극적이던 老論과 自强의 논리를 긍정하면서도 鄕村士族과 민중의 이해를 침해하지 않으려는 少論 및 南人의 온건파로 갈라졌는데, 최석정은 후자의 입장을 잘 나타내주고 있다. 18세기 전반 이후의 정국은 노론 일당으로 주도되면서 국가 주도의 築城사업이 본격화 된다. 이러한 시대적 상황은 鄕兵중심의 지역방어론과 수취완화론의 입장을 지녔던 소론일파가 정치적으로도 실각하는 한 원인이 되었다고 생각한다. 즉 집권자의 위치에 있으면서도 소신에 따라 적극적인 사회정책을 추진하기 보다는 현실 가능한 범위내에서 모든 변수들을 고려하면서 정책을 추진하려고 했던 것이 소론학자들에게서 나타나는 주요한 특징임을 지적할 수 있다. 소론학자들이 다양한 학문에 대해 개방성을 지니고 있었으며, 윤선거가 강화도에서

목숨을 부지한 것과 이경석의 삼전도 비문의 해석을 둘러싸고도 실리론을 전개하였다.[70] 이러한 사상적 특성은 이들의 정치관과 사회정책의 제기에서도 반영되고 있었다. 즉 남인에 대해서도 관대한 입장을 취하였고 숙종 후반에 탕평정국에도 적극 참여하여 정치적 공존을 유지하는 정치노선을 주로 걸었다. 사회정책에 있어서도 국가의 적극적인 힘에 의해 강력한 정책을 추진하기 보다는 정책 추진에 따른 사회문제의 수습에 주력한 경향이 짙었다. 그리고 이것은 소론이 정파로서 노론의 적극적인 정책에 밀려 정치적 명맥이 짧은 한 요인이 되었다고 생각한다. 그러나 소론학자들의 정치참여와 사상적 의의는 반대세력이 공존하는 정국을 유지하도록 하여 17세기 후반의 조선사회가 노론일당전제로만 흘러가지 않도록 한데서 찾을 수 있다. 이러한 소론학자들의 활동은 영·정조대의 탕평정국에도 반영되었으리라고 본다.

5 맺음말

이상에서 17세기 후반 소론학자를 대표하는 윤증과 최석정을 중심으로 하여 그들의 정치적 입장과 학문관을 살펴보았다.

소론들의 학문적 경향은 대체로 예학이나 존주대의론(尊周大義論)과 같은 명분론이나 성리철학의 이론적 심화의 측면에 관심을 가지

---

70) 이에 대해서는 정옥자, 1991, 〈17세기 사상계의 재편과 예론〉 참조.

기 보다는, 기본적인 성리학자로서의 소양을 갖춘 토대 위에서 실천성의 문제라는가 다양한 학문 조류에 관심을 가지는 것으로 요약할 수 있다. 최석정과 윤증은 조선양명학을 집대성한 정제두와도 부단한 교유관계를 가지면서 외주내왕(外朱內王)의 입장을 견지하여 주자성리학의 체계에서 보수화되고 관념화된 부분을 보완하려는 자세를 가지고 있었다. 특히 최석정은 다양한 학문에 관심을 가지고 서양의 학문 수용에도 개방적 자세를 보여 18세기이후 지식인들 내부에서 서학을 수용할 수 있는 기반을 제공하는데에도 큰 역할을 하였다.

전반적으로 소론학자들은 노론의 일당전제의 조짐이 보이는 정치현실과 주자성리학의 관념론과 명분론이 대세를 이루어가는 시점에서, 비판적인 정치세력을 형성하고 사상적으로도 새로운 대안을 찾으려고 노력하였다. 그리고 이러한 그들의 정치적, 사상적 입장은 당시의 정치,사회적 분위기가 주자성리학 중심으로만 흘러가는 것에 대해 완충적인 역할을 함으로써 다양하고 탄력적인 사상이 공존하는 사회분위기를 형성하는데 일정한 역할을 하였다. 18세기 이후 소론층 내부에서도 다양한 학자군이 배출되어 양명학의 수용, 역사인식 등에서 새로운 흐름을 제시한 이면에는 이들의 사상적 흐름이 제공한 토대가 있었다고 볼 수 있으며, 19세기에 이르러 만개한 백과전서적 학풍이 풍미하는 것에서도 이들의 학문적 토대의 의미를 생각할 수 있다. 백과전서적인 경향은 남인 실학자나 청의 고증학풍을 적극 수용한 노론 학자들 모두에게 공통적으로 나타나는 특징이지만 소론 학자들의 사상적 개방성 또한 이러한 학풍 형성에 일조를 했다고 여겨진다.

소론학자들의 사회정책은 주로 정책화된 사안의 문제점에 대한 수습에 주력하는 입장이 강하였다. 이것은 그만큼 그들의 정치기반이 박약하다는 점도 작용했지만 사상적으로도 모든 상황을 절충하여 현실가능한 방법에 비중을 둔 까닭이라고 생각한다.

노론과 소론의 학문적 성향과 정치관의 차이는 18세기 전반에 비해 볼 때 17세기 후반에는 심각한 것이 아니었다. 기사환국시에 남인 세력에 대응하여 서인이라는 동류의식에서 연합전선을 펼친 경우도 있었다. 노론과 소론의 정쟁에서의 극심한 대립은 숙종 사후 경종의 즉위를 둘러싸고 일어난 신임사화와 영조대의 탕평정국하에서의 정치적 노선의 차이에서 더욱 두드러진다. 따라서 노론과 소론의 정파, 학파적 차이에 대한 문제는 18세기 전반의 정국 상황과 관련하여 종합적인 평가가 이루어져야 할 것이다.

신병주　1994, 『역사와 현실』 13(한국역사연구회)

崔鳴吉·崔錫鼎의 庶孼許通 상소와 지식인의 역할

박경남(고려대학교 민족문화연구원 교수)

1 公論의 제기와 지식인의 역할

지식인이란 무엇인가? 사르트르(Jean-Paul Sartre, 1905~1980)는 『지식인을 위한 변명』에서 "지식인이란 자신과 무관한 일에 쓸데없이 참견하는 사람"이라고 말한 바 있다. 이는 인간과 사회를 위한다는 보편적 명분에 입각해 자신의 이익과 무관한 일에 대해서도 공개적으로 발언하고 참견함으로써 보다 더 나은 사회를 이루려는 지식인의 속성과 역할을 지적한 것이라고 하겠다. 또한 朴趾源(1737~1805)은 「原士」에서 독서하는 선비[士]는 아래로는 노동하는 사람과 함께하면서도 위로는 왕공과 벗한다[下列農工, 上友王公]고 하면서, 천하의 公言을 士論이라 함을 강조한 바 있다. 이 역시 모든 계층을 아우르며 세상을 향해 발언하는 가운데 공론을 제기하여 사회를 개선함으로써 세상에 기여하는 지식인의 책무를 환기한 것이라고 하겠다.

현대 사회에서 지식인들은 공개적 토론의 장을 마련하기 위해 신문이나 방송이라는 언론 매체를 이용하지만, 조선 시대 지식인들은 상소문을 통해 현안을 제기하고 왕과 조정 대신, 혹은 더 넓게는 성균관 학생들 및 재야의 儒生들과 백성들까지도 참여하는 공론의 장을 마련함으로써 자신이 부조리하다고 느끼는 사회 문제를 개선하고자 노력했다. 본고에서 논의하고자 하는 崔鳴吉(1586~1647)과 그의 손자 崔錫鼎(1646~1715) 역시 바로 그런 지식인의 한 사람이었다. 최명길은 주로 양명학 수용과 주화론[1]을 중심으로, 최석정은 數理思想과 어학방면의 연구[2]를 중심으로 논의가 진행되어왔는데, 최근 두

---

[1] 최명길에 대한 연구는 朝鮮後期 陽明學 수용과 관련하여 그의 자득적·주체적 학문적 성격과 실용적·실천적 정치활동을 결부시킨 연구(이은주, 1990·2000; 원재린, 2007; 정두영, 2009; 김윤경, 2011; 김세정, 2013, 한정길, 2016)가 주류를 이루면서 최명길 학문의 근간을 변통론을 중심으로 한 경세론 중심의 주자 성리학으로 이해하거나(김용흠, 2005·2006bc·2018) 주자학과 양명학을 절충한 四書學이라고 보는 견해(심경호, 2008a), 주자와 양명의 견해를 비판적으로 검토하여 주체적인 경전해석에 도달했다고 보는 견해(김윤경, 2015·2016) 등 다양한 의견이 제출되었다. 또한, 金尙憲과의 대비 속에 병자호란 시기의 주화·척화 논쟁의 한쪽 편을 대표하는 인물로 崔鳴吉을 조명한 연구(박세한, 1989; 김용흠, 2006a; 정성식, 2011)가 지속되면서 주화론의 배경과 의미를 사상적·역사적으로 재조명하거나 문명과 제국이라는 보다 큰 틀에서 주화·척화논쟁을 바라보려는 시도 및 대명의리론과의 관계 속에서 최명길의 主和論을 살피고 있는 연구(손애리, 2011; 허태구, 2013; 석소영, 2018; 이남옥, 2018)등이 제출되었다.

[2] 최서정에 대한 연구는 『九數略』에 나타난 崔錫鼎의 數理思想에 관심을 보인 수학 방면의 연구가 일찍부터 가장 활발하게 논의되어 왔고(윤태주, 1988; 김태성, 1992; 정해남, 2009·2010; 오영숙, 2012, 이상구·이재화, 2015; 조희영, 2017)『經世正韻』을 중심으로 한 어학 방면의 연구도 비교

사람의 문집이 역주·간행됨을 계기로 문학 방면에서의 연구[3]도 점
차 활발해지고 있다. 그중 본고와 관련된 상소문에 대해서는 최근
최명길 상소문을 개괄적으로 유형 분류하고 그 서술기법을 분석한
연구와 최석정의 辨誣辭職 상소문을 분석한 연구가 제출되었다.[4] 본
고에서는 그 중요성에 비해 그동안 별로 주목받지 못했던 '庶孽許通'
과 관련된 두 사람의 상소문을 그 역사적 맥락과 함께 분석, 소개하

적 활기를 띠면서 진행되어 왔다(배윤덕, 1995; 김동준, 2007·2012; 심소
희, 2012; 심소희·구현아, 2013; 이상규, 2018). 또한, 최석정의 생애와 학
문을 개괄한 윤명선(1996)의 연구 이후 『禮記類篇』을 중심으로 주자학과
결이 다른 그의 학문에 대한 연구가 진행되어 왔다(이봉규, 2009; 이희재,
2012·2014; 양기정, 2011·2012).

3) 두 사람의 문학 방면에 대한 연구는 2000년대 이전까지 거의 전무하다시피
했는데, 최근 문집이 번역·역주(崔秉稷·鄭良婉·沈慶昊 역, 2008; 임재
완·김정기·권민균 역, 2016)된 시점을 전후로 비교적 활기를 띠고 있다. 이
정원(2005)이 『北扉酬唱錄』을 중심으로 최명길의 瀋陽 억류시기 동안의 漢
詩를 분석했으며, 심경호(2006)가 『遲川遺集』·『遲川續集』 등 문중 소장본
신자료를 토대로 그 속에 수록된 증답수창시를 소개하였고, 월사·상촌·계
곡·택당과의 관계 속에서 최명길을 지성사의 관점에서 조망하기도 하였다
(심경호, 2008b). 최석정에 대한 문학 방면의 연구는 그의 논설문과 기문을
개괄적으로 살핀 연구(권진옥, 2018ab)와 상소문 연구(윤재환, 2018) 및 이
를 수렴하여 최석정의 문학론 및 시와 산문 세계를 개괄한 연구(윤재환 외
6인, 2020)가 최근 출간되었다.

4) 김현정(2009)이 『遲川集』에 수록된 118편의 疏箚를 유형별로 분류하여 최명
길 상소문의 서술기법을 분석하였고, 이영호(2016)가 丙子封事를 대상으로
최명길의 상소문에 나타난 글쓰기 방법을 소개했다.또한 윤재환(2018)은 조
부 최명길을 변호하면서 사직을 청한 최석정의 辨誣辭職 상소문을 분석하
여 최석정 문학의 특징의 일단을 밝히고 있다. 하지만 최명길의 서얼 허통
상소문은 문집에 啓辭로 분류되어 분석 대상이 되지 못했고, 세 연구 다 두
사람의 문학적 측면을 부각시키기 위해 상소문의 설득구조와 표현 전략 등
글쓰기 방식 및 문장의 특징에 치중하여 논의가 진행되었다. 啓辭는 발화
상황에 따라 疏箚와 구분되기도 하지만, 계사 역시 '어떤 사안에 대한 자신
의 주장을 관철하기 위해 임금에게 아뢴 말이나 글'이라는 점에서 넓은 의
미의 상소문에 포함된다. 상소문의 문체적 특성과 유형별 분류에 대해서는
김종철(1999), 신두환(2004), 최식(2006), 김은영(2006) 참조.

고자 한다. 이는 서얼 허통에 대한 두 사람의 진지한 열정과 노력, 그리고 공론을 제기하고 스스로 제기한 문제를 개선함을 통해 사회를 변화시키는 지식인의 역할을 재삼 환기하는 계기가 될 것이다.

2 서얼 금고의 역사와 崔鳴吉의 상소문

인간의 역사란 언제나 다양한 변수 속에서 진보와 퇴행을 반복하며 더디게, 그리고 우회로를 통과하며 더 나은 삶을 향해 나아간다고 할 수 있다. 조선 시대 서얼 금고와 서얼 허통의 역사를 되돌아볼 때도 그런 역사의 긴 우회로와 더딘 변화를 실감하게 된다. 그럼에도 불구하고 잘못된 제도로 인해 누군가 아파하고 있다면, 고통이 심화되고 강화될수록 더 많은 사람들이 그에 연대하고 공감하게 될 터이니 결국 잘못된 제도는 폐지될 수밖에 없을 것이다. 서얼을 둘러싼 법규 제정과 철폐의 긴 우회로 역시 더 많은 고통받는 서얼들이 생겨나고 그들의 증폭된 아픔들이 모이고 모여 그들 자신의 연대는 물론, 그들의 아픔에 공감한 실천적 지식인들의 노력에 의해 조금씩 개선되어 갔다고 할 수 있다. 조선이라는 긴 역사를 되돌아볼 때, 대략 조선 건국 후 16세기 중반까지는 서얼에 대한 문무과 과거 금지가 법제적으로 더욱 엄격해지고 강화되는 과정이었다면, 17세기 초반 이후에는 서얼들의 아픔에 공감한 지식인들에 의해, 그리고 점차 서얼 자신들의 단합된 힘을 통해 서언을 둘러싼 여러 금지 조항및 사회적 편견들이 점차 개선되어 갔음을 확인할 수 있다.[5] 왜란과 호란이라는 큰 전쟁에 휩싸인 동아시아 대전환의 시기에 최명길은 으레 병자호란 당시 척화론의 대표자인 金尙憲(1570~1652)과 비교되며 주화론을 이끌어 국가적 위기 상황을 극복하고 백성들의 생명을 구한 인물로 반복적으로 호출된다. 병자호란 당시 그의 외로운 선택과 결단이 당대의 역사 속에서 너무나도 두드러진 행동이었던 까닭에 서얼 문제를 해결하기 위한 그의 부단한 노력은 오히려 잘 알려져 있지 않다. 하지만 그는 서얼 허통의 역사에서도 서얼의 고통스런 삶에 공감하며 인간의 삶을 피폐하게 만드는 악법들을 과감히 개혁함으로써, 귀천의 구분 없이 더 많은 사람들이 자신의 능력을 발휘할 수 있는 세상을 만들기 위해 끈질기게 노력했던 사람으로 평가할 수 있다. 아래는 서얼 문제를 해결하기 위해 그가 왕께 올렸던 상소들이다.

(가) 우리나라에서 서얼들을 顯職에 임용하지 말자는 논의는 처음 徐選에게서 나왔는데, 그 후 한 구절이 바뀌어 마침내 자자손손에 이르기까지 영구히 벼슬길이 막히게 되었습니다. 비록 재주와 덕행이 뭇 사람보다 뛰어나도 모두 억눌리고 막혀 세상에 드러나지 못하거나 물리치고 배척되어 다른 사람들과 함께하지 못하니, 마치 큰 죄를 지은 사람처럼 머리를 숙이고 기가 죽어 지냅니다. 부자지간의 윤리나 군신간의 의리를 다시는 회복하지 못하니 인륜을 해치고 天理를 역행함

---

5) 조선시대 서얼 허통 논의의 역사적 변화에 대한 개괄적 논의는 이종일(1988), 배재홍(1994) 참조. 16·17세기 '서얼' 허통 논쟁과 서얼 허통 논의의 구체적 변화과정에 대해서는 박경남(2013) 참조.

이 이보다 더할 수가 없습니다. 아! 匹夫가 원망을 품어도 和氣를 해치기에 충분하거늘 하물며 그 수를 헤아릴 수 없음에 있어서랴![6]

(나) 일찍이 을축년에 영부사 李元翼이 정승으로 있을 때 홍문관에서 올린 차자로 인해 서얼에게 벼슬길을 열어주는 事目을 정했습니다. 良妾 자손은 손자 대에 이르러 과거시험을 허락하고 賤妾 자손은 증손자 대에 가서 허락하되 과거급제 후에는 要職만 허락하고 淸職은 허락하지 않기로 하였습니다. 그리고 이를 품의하여 임금의 재가를 받고 兩司의 심사[署經]를 거쳐 예조에 보관하여 이미 한 세대의 成法이 되었습니다. 그럼에도 지금까지 9년이 지나도록 한 번도 시행하지 않아 강론하여 정한 제도를 헛되게 만들고 말았으니 몹시 온당하지 못한 일입니다.[7]

(가)는 1625년(인조 3) 9월 23일 최명길이 홍문관 부제학으로 있을 때 올린 「玉堂應旨箚」의 일절이고, (나)는 그보다 햇수로 9년이 지난 시점인 1633년(인조 11) 10월 15일 그가 이조판서로 재직할 때 올린

---

6) 『葵史』, 『朝鮮庶孽關係資料集』, 驪江出版社 影印本, 1985. 18~19면 我國, 庶孽勿敍顯職之議, 初出於徐選, 而厥後輾轉一節, 終至于子子孫孫, 永被禁錮. 雖有才德, 出群之人, 率皆抑塞, 而不揚於世, 擯斥而不與於人, 垂頭屛氣, 如負大罪, 無復父子之倫, 君臣之義, 傷人紀, 逆天理, 莫此爲甚. 噫! 匹夫之含冤, 足傷和氣, 況其麗不億者乎?
※ 이 글은 최명길 저, 崔秉稷·鄭良婉·沈慶昊 역주, 『增補譯註 遲川先生集』 4, 선비, 2008, 465면에 「玉堂應旨箚-乙丑」이라는 제명 아래 8번째 조목으로 수록되어 있는데, 『葵史』 본과 내용이 같으나 약간의 글자 출입이 있다.
7) 『遲川集』 卷15, 「吏曹啓辭-癸酉」, 曾在乙丑年間, 領府事李元翼在相位時, 因弘文館箚子, 庶孽許通事定爲事目. 良出則至孫乃許, 賤出則至曾孫乃許, 登科後, 許要而不許淸, 稟裁聖旨, 兩司署經, 藏之禮曹, 已爲一代之成法. 而今過九年, 一未擧行, 使聖朝講定之制, 歸於虛地, 事甚未安.

「吏曹啓辭」의 일부분이다. 두 글은 모두 그의 문집에 수록되어 있을 뿐 아니라『조선왕조실록』과『승정원일기』등에 실려 있어 그 정확한 날짜 및 전후의 경과를 파악할 수 있다. 또한, 조선 시대 서얼 허통 관련 논의를 모아 놓은『通塞撮要』및『葵史』에도 전하고 있어 서얼 허통의 역사에서 중요하게 취급되고 있음을 알 수 있다.

(가)를 통해 조선시대 서얼금고의 간단한 역사 및 잘못된 법제로 인해 영원히 벼슬길이 막혀버린 서얼들의 상황을 알 수 있다. 비록 뛰어난 재주와 덕행이 있더라도 서얼들은 그 능력을 제대로 발휘하지 못하고 "마치 큰 죄를 지은 사람처럼 머리를 숙이고 기죽어 지내"야 함을 지적하면서 최명길은 이제 이 문제가 한두 사람의 문제가 아닌 헤아릴 수 없이 많은 사람들의 문제가 되었음을 환기하면서, 서얼들에 대한 깊은 공감과 연민의 마음을 한탄 섞인 어조로 표출하고 있다.

최명길의 말을 따라 서얼 금고의 역사를 되돌아보면, 1415년(태종 15) "서얼들을 顯職에 임용하지 말자"는 徐選의 논의[8]가 받아들여진 이후로 서얼들의 관직 진출은 많은 제약을 받게 된다. 1485년(成宗 16)에 반포된『경국대전』,「吏典」限品敍用條에 따라 양첩자손과 천첩자손을 구분하여 문무관을 지낸 부친의 품계에 따라 서얼 자손들이 올라갈 수 있는 관직 품계는 제한되었고, 임용될 수 있는 관직도 司譯院・觀象監・典医監・內需司・惠民署・圖畫署・算學・律學 등의 잡

---

8)『조선왕조실록』1415년(태종 15) 6월 25일. 右副代言徐選等六人陳言: "宗親及各品庶孽子孫, 不任顯官職事, 以別嫡妾之分." 議得: 依陳言施行.

직으로 제한되고 있다.[9] 또한, 1554년(明宗 9) 『經國大典註解』를 발간하면서 「吏典」 限品敍用條의 '양첩자손과 천첩자손' 및 「禮典」 諸科條에 있는 "서얼자손은 문과·생원진사시 과거 응시를 허가하지 않는다"[10]는 조항의 '서얼자손'의 '자손'이라는 단어를 '아들 및 손자'가 아닌 '자자손손'으로 해석함으로써[11] 서얼들의 문무과 관직에 대한 벼슬길은 영원히 막혀버리게 된 것이다.

물론 이러한 서얼 차별의 과정이 단선적으로 계속 강화되어 온 것은 아니다. 『經國大典註解』가 발간되기 한 해전인 1553년(明宗 8) 5월 20일, 進士 金師誇이 서얼들의 문무과 과거시험 금지를 철폐해달라는 요지의 상소문을 올린 것을 계기로 그해 9월, 이에 동조하는 서얼 鄭大雲과 韓碩 等의 상소가 잇따르자 명종은 10월 7일, 조정 관료들을 소집해 서얼들의 문무과 시험을 금지하는 『經國大典』의 법조문 수정 여부를 토론하도록 한다. 문무과 시험 금지 조항을 수정하자는 찬성 쪽보다 반대쪽 의견이 다수였지만, 尹元衡(?~1565) 및 그에 동조한 세 정승이 주장한 내용들이 관철되어 양첩 자손은 그 손자부터, 천첩 자손은 그 증손부터 문무과에 응시하도록 허통하고 顯職에는 등용시키지 않는다는 節目을 마련하는 것으로 결정된다.[12]

---

9) 『經國大典』 「吏典」 限品敍用. 文·武官二品以上, 良妾子孫限正三品, 賤妾子孫限正五品. 六品以上, 良妾子孫限正四品, 賤妾子孫限正六品. 七品以下至無職人, 良妾子孫限正五品, 賤妾子孫及賤人爲良者, 限正七品. 良妾子之賤妾子孫限正八品. 兵曹同. ○ 二品以上妾子孫, 許於司譯院·觀象監·典醫監·內需司·惠民署·圖畫署·算學·律學, 隨才敍用.

10) 『經國大典』 「禮典」 諸科條. 庶孼子孫, 勿許赴文科·生員進士試.

11) 『經國大典註解』 「取才」. 本典限品叙用條, 良妾子孫, 賤妾子孫 …. 禮典諸科條註庶孼子孫, … 乃謂子子孫孫也.

이러한 결정은 서얼 허통의 역사에서 진전을 이룬 것임은 분명하다. 하지만, 그 배후에 기생첩 鄭蘭貞(?~1565)을 정경부인으로 삼은 당대의 권력자 윤원형이 자신의 서출 자녀들을 위해 사악한 논의를 선도하고, 아첨하는 무리들이 그에 부화뇌동하여 허통을 관철시켰다는 역사적 평가를 받으면서[13] 大義를 인정받지 못하고, 윤원형의 실각과 함께 서얼 허통의 진전된 성과는 물거품처럼 사라지고 오히려 반동적인 결과를 낳게 된다. 『葵史』에는 明宗 당시 잠시 동안 행해졌던 서얼들을 위한 문무과 시험 허용조치로 인해 姜文祐라는 서얼이 별시에 합격하여 교서관의 견습관원[校書權知]이 되었지만, 명종이 승하한 후 도로 그 법이 폐지되자 교서관에서 그를 천거하지 않았다는 내용이 전한다. 또한 당시의 三館 관료들도 강문우의 문과 급제를 되돌릴 수는 없지만 그 아들은 서얼이므로 문무과 과거시험을 허락하지 않았다고 전하고 있다.[14] 서얼들의 문무과 관직 진출의 길을 영원히 막아버린 『經國大典註解』의 '자자손손' 해석도 이런 분

---

12) 『朝鮮王朝實錄』 1553년(明宗 8) 10월 7일. 傳于政院曰: "庶孽不得許通, 雖曰祖宗朝成法, 國家愛惜人才, 不可不變而通之. 大槪依三公議, 得良妾子則娶良妻, 至其孫; 賤妾子則娶良妻, 至其曾孫, 許通, 而勿敍顯職. 一家之內, 毋得淩嫡之事, 令禮曹詳盡磨鍊節目."

13) 『朝鮮王朝實錄』 1553년(明宗 8) 10월 7일. 史臣曰: "立賢無方, 雖古昔用人之美意, … 而今者一二權臣, 首唱邪議, 諂佞之輩, 遂附會而成之, 豈不惜哉? … 主議而指嗾者, 尹元衡, … 連源等居相位, 不能以大義扶植萬世之經, 而受制於元衡, 苟同其議, 將焉用彼相哉?"

14) 『葵史』, 『朝鮮庶孽關係資料集』, 驪江出版社 影印本, 1985. 9~10면 明宗二十一年-丙寅, … 因庶類等陳疏, 特許良妾孫以下, 赴文武科, 有姜文祐者, 中別試, 爲校書權知. 上昇遐後, 旋廢其法, 校書館, 抑文祐不薦狀, … 時三館議曰: "文祐以一時之法, 登第, 固不可追奪. 其子則猶爲庶孽人也, 遂不許赴擧."

위기가 반영된 것으로 보인다. 물론 그 후 1583년(선조 16) 서얼들에게 곡식을 바친 후 문무과 시험을 볼 수 있도록 하는 이른바 納米許通 방안이 실행되어 서얼들의 문무과 관직 진출의 길이 다소 열리긴 한다. 하지만 이이가 병조 판서로 있으면서 변방의 군량미를 확보하기 위해 제기한 이 방안은 쌀을 납부할 수 없는 가난한 서얼들에게는 허울뿐인 조치였고, 쌀을 납부하고 과거시험을 볼 수 있게 된 서얼들에게도 무과 시험에 급제하면 변방 지역에 우선적으로 차출되는 방식으로 운영되었기에 오히려 서얼들의 더 큰 원망을 낳았다.[15]

1625년 9월 23일 홍문관 부제학 최명길이 그의 동료인 沈之源·金南重·李省身·李景容을 규합해 올린 상소는 바로 이런 상황 속에서 제기된 것이었다. 따라서 서얼들의 원망과 염원을 담아 아무런 조건 없이 서얼들의 문무과 및 생원 진사 시험을 허용하고, 과거 급제 후 그에 합당한 문·무관직을 허용해달라는 주장을 담고 있었다.[16] 홍문관의 건의가 있은 후 이조판서 金尙容(1561~1637)과 영의정 李元翼(1547~1634), 우의정 吳允謙(1559~1636)이 啓를 올려 이에 동조했고,[17] 그해 11월 13일에 인조는 大臣 및 二品以上의 관료들을 賓廳에 소집하여 서얼 허통에 관한 비변사의 의견을 들었다.[18]

그리고, 인용된 (나)에 언급되어 있듯이 "良妾 자손은 손자 대에"

---

15) 『承政院日記』 1625년(인조 3) 11월 20일 기사중 都承旨 鄭蘊의 상소문 참조.
16) 최명길 저, 崔秉稷·鄭良婉·沈慶昊 역주, 『增補譯註 遲川先生集』 3, 선비, 2008, 211~212면.
17) 『葵史』, 『朝鮮庶孼關係資料集』, 驪江出版社 影印本, 1985. 18~21면 참조.
18) 『조선왕조실록』 1625년(仁祖 3) 11월 13일 기사 참조.

"賤妾 자손은 증손자 대에" 문무과 생원 진사시를 허용하고, 과거급제 후에는 "要職만 허락하고 淸職은 허락하지 않기로" 결정이 되었다. 그리고 이렇게 결정된 서얼 허통 사목은 사헌부·사간원의 심사를 거쳐 성문법으로 작성되어 예조에 넘겨졌으므로, 마땅히 그에 따라 시행되어 서얼들의 오랜 원망을 풀어주어야 했지만 실제로는 하나도 시행된 것이 없었다. 1633년 구체적 사목이 정해진지 9년이 지난 시점에서 이제 홍문관 부제학에서 이조판서가 된 최명길이 다시 한번 이전의 결정된 사항을 요약하며 이를 시행하라고 촉구한 이유는 여러 사람들의 토론과 숙의를 거쳐 결정된 사항이 유명무실하게 될 위기에 처해 있었기 때문이었다.

그가 보기에 서얼이 과거에 급제한 후 으레 제수받는 관직은 여전히 奉常寺나 校書館 등 정치적 영향력이나 결정권이 없는 실무형 관직 서너 자리에 불과했고, 이렇게 해서는 아무리 뛰어난 재능을 가진 사람이라도 그 재능을 십분 발휘할 수가 없었다. 따라서 그는 보다 구체적으로 사목에서 이른바 '요직은 허락한다'는 문구는 바로 호조·형조·공조 등 삼조의 郎廳(正郎 및 佐郎)과 중앙 각 관사의 관직임을 분명히 하고 있다.[19] 최명길은 또한 정책을 제안하는데 그치지 않고, 그것을 성문화된 법규[事目]로 제정해서 그 실행력을 높였고, 그것을 법제화하는데 그치지 않고 정해진 법이 제대로 시행되고 있

---

19) 『遲川集』卷15, 「吏曹啓辭-癸酉」. 竊惟庶孼登科後例授之職, 不過奉常寺, 校書館三四窠而已. 雖有才能之人, 無以展布所蓄, 誠爲可惜. 事目內所謂許要者, 卽戶, 刑, 工三曹郎廳及各寺等官之謂也. 自今以後依受教, 隨才擬望, 何如?

는지 다시 한번 감시하고 그것이 여전히 시행되고 있지 않다면 재차 구체적인 방안을 내어 반드시 실행되도록 하는 집요함과 세심함을 갖추고 있었다. 윤원형처럼 사사로운 욕망에 치우치지 않고, 개인적 이해관계와는 무관하게 서얼 문제에 접근하면서, 보편적 인간의 관점에서 서얼이 처한 부당하고 억울한 처지에 공감하면서 당면한 문제를 해결할 가장 구체적이고 실효적인 방안을 제시하고 그 시행 여부를 몇 년이 지난 후에도 세심히 체크하고 반드시 이루고자 했기에 서얼들의 요직 진출을 실질적으로 이루어내는 진전된 성과를 이룰 수 있었다. 최명길이 이조판서로 문과 전형을 맡은 그해 말 인사에서 서출인 辛喜季(1606~1669)와 沈日遵이 형조 좌랑에 임명되었고, 金宏과 李慶善이 공조 좌랑에 올랐으며 李礩은 호조 좌랑에 각각 임명될 수 있었던 것이다.[20]

3 崔錫鼎의 상소문과 서얼의 요직 진출

신의 조부 최명길이 이조판서로 있을 때 사목을 인용하여 진달하여, … 윤허를 받았습니다. 그 뒤 서너 사람을 낭관 후보자로 올렸지만 그 후로는 실행되지 못했고 오늘에 이르러 또 60년이 지났습니다. … 宋翼弼은 학술이 뛰어나 세상의 큰 유학자였는데도 포의로 평생을 마감하였고, 근세에 辛喜季는 문장으로, 禹敬錫과 柳時蕃은 재능으로 뛰어

---

20) 『通塞撮要』 卷1, 仁祖癸酉 … 同年 月政, 辛喜季, 沈日遵, 金宏, 李慶善 拜刑, 工佐郎, 李礩拜戶曹佐郎.

난 인재들이었는데도 모두 그 뛰어난 재주를 펴지 못하고 말단 관직이나 작은 고을의 벼슬에 그치고 말았으니 애석함을 이루 말할 수 있겠습니까?

... 오늘날 세도가 야박하고 습속이 이미 고질이 되었으니 비록 묵은 폐단을 통렬히 혁신할 수는 없더라도 서얼 부류들 가운데 만약 쓸만한 재능을 지닌 자가 있으면 그에 상당하는 관직을 주어 볼 만한 효과를 기대해 봄이 마땅하다고 생각합니다.[21]

윗글은 1696년(肅宗 22) 7월 21일, 최석정이 이조판서로 있을 때 문무과 급제 서얼들의 **要職** 허용을 촉구하는 글의 일부이다. 윗글에서도 언급되고 있지만, 1633년 그의 조부 최명길이 이조판서로 있을 때 문과 급제한 서얼에게 봉상시나 교서관이 아닌 호조나 형조의 요직을 내려달라는 요청을 하고 임금의 윤허를 받은 지 60년이 지난 시점에서 쓴 글이다. 최석정은 인용된 글의 서두 중략된 부분에서 조부의 상소문을 그대로 인용하며 이 사실을 재차 강조하고 있는데,[22] 그도 그럴 것이 조부 최명길의 강력한 요구로 서너 사람이 낭관 후보자로 추천되어 임명된 뒤에는 서얼들의 요직 진출이 더 이상

---

21) 『明谷集』 卷15, 「陳序官求才之方箚」. 臣祖父鳴吉秉銓時, 引事目陳啓, … 蒙允. 後三數人注擬郎官, 爾後因而不行, 至于今日, 又過六十年矣. … 如宋翼弼之學術, 爲世大儒, 而終於布衣, 近世辛喜季之文章, 禹敬錫, 柳時蕃之才諝, 俱未能展其驥足, 局於末官下邑而止, 可勝惜哉? … 今世道迫阨, 習俗已痼, 雖未能頓革舊弊, 庶流中如有才藝可用之人, 謂宜處以相當之職, 責以可觀之效.

22) 『明谷集』 卷15, 「陳序官求才之方箚」. 有曰: "庶孼登科後, 例授之職, 不過奉常, 校書三四窠而已. 雖有才能之人, 無以展布所蓄, 事目內所謂許要, 卽戶刑工三曹郎官及各司等官. 請依受敎, 隨才擬望."

실행되지 않고 답보 상태에 있었기 때문이다. 그러고 보면, 예나 지금이나 세상은 참으로 바뀌기 어렵고 더디게 움직이는 듯하다. 조선시대 서얼 허통 상소문을 시간순에 따라 일별해 보면, 무언가 조금씩 개선되고 있는 것이 감지되면서도, 다른 한편 똑같은 건의와 똑같은 논의가 반복적으로 제기되며 서얼 허통과 관계된 사안들이 결정·번복·중단·답보 상태에 빠져듦을 어렵지 않게 발견할 수 있기 때문이다.

앞서 최명길의 상소문에서도 1625년 이미 결정된 내용들이 시행되지 않아 1633년 다시 그 내용을 실행할 것을 촉구했듯, 이제 60년이 지난 시점에서 조부의 뜻을 이어 손자인 최석정이 여전히 바뀌지 않는 서얼 문제를 해결하기 위해 다시 똑같은 내용을 반복하고 있다. 이는 서얼의 문무과 과거 허용과 요직 허용이 왕이나 재상 등 권력을 가진 정책 결정자 몇 사람의 결정만으로 간단히 해결될 수 없는 구조적 문제였음을 보여준다. 서얼 강문우의 문과 급제와 교서관 진출이 그 정책을 폈던 권력자의 죽음과 함께 그것을 실행하는 관료들 사이에서 쉽게 부정되어 버리는 것에서 알 수 있듯, 서얼 차별의 부당함에 대한 인식이 전사회적으로 공유되지 않는 한 결정된 사항들이 그것을 실행하는 실무 단계에서 지연되거나 정책 결정자의 실각과 함께 중단될 수밖에 없는 것이다. 문관의 銓衡을 담당하는 이조판서 최명길의 강력한 실행 의지로 辛喜季 등 서너 명의 서얼이 낭관 후보자에 올라 이조·형조·공조 좌랑이 되기도 했지만, 최석정의 증언에 따르면 이 역시 그 당시에 딱 한 번 시행되었고 그 후 60년이 지나도록 더 이상 실행되지 못했던 것이다.

서얼에 대한 차별의식이 이렇게도 완고한 까닭에 율곡 이이도 인정했던 당대의 학자인 宋翼弼(1534~1599)도 서출이라는 이유로 평생을 포의로 살아야 했으며, 근세의 인재들인 辛喜季·禹敬錫(1602~1677)·柳時蕃(1616~1692)도 말단 관직을 전전하며 자신의 재주를 펼치지 못하고 일생을 살아가야 했던 것이다. 그런 까닭에 최석정은 이미 고질적 폐단이 되어버린 서얼 문제를 완전히 혁신할 수는 없더라도, 그중 재능있는 서얼들에게만이라도 그 능력과 자질에 걸맞은 합당한 관직을 주어 자신이 할 수 있는 가시적 효과를 남기기를 포기하지 않았다. 최석정은 서얼들의 요직 진출을 도운 조부 최명길의 뜻을 계승하여 자신 역시 문과 전형을 담당하는 이조판서로서 서얼 출신 李磩을 호조좌랑으로 추천, 선발하여[23] 조부와 같이 서얼들이 요직에 진출하는 선례를 계속 남김으로써 이 공고한 악습이 어느 순간 무너지는 날을 기약했던 것으로 보인다.

또한, 서얼 허통을 염원했던 최명길의 뜻이 손자인 최석정에게서만 계승되고 있었던 것은 아니다. 최석정의 상소문이 있기 한 해 전인 1695년(숙종 21) 남극정 등 서얼 988명이 聯名 상소한 千人疏[24]와

---

23) 『조선왕조실록』 1697년(숙종 23) 1월 28일. 以宋相琦爲副校理, 尹行敎爲修撰, 吳命峻爲文學, 李磩爲戶曹佐郎. 磩, 庶孽也. 三望皆以庶孽備擬, 以崔錫鼎箚, 頃有筵中稟裁, 故錫鼎方在銓擬差焉.

24) 南極井 等 988인이 올린 상소문은 『葵史』 40~47면과 『通塞撮要』 卷1, 肅廟乙亥에 공히 전하는데, 축약된 『葵史』본에는 최명길의 상소가 빠져 있지만, 全文이 인용된 것으로 보이는 『通塞撮要』에는 최명길의 두 상소문이 모두 인용되고 있다.

1724년(영조 즉위년) 庶孽 進士 鄭震僑 등 오천명이 참여한 상소문[25]에도 서얼들의 요직을 청한 최명길의 두 상소문이 고스란히 인용되고 있다. 이들 상소문에 최명길보다 먼저 서얼들의 문과시험과 顯職을 허용하라고 했던 윤원형 등이 전혀 언급되고 있지 않은 것을 보면, 서얼들은 자신들의 문제를 해결하기 위해 상소문을 작성하는 과정에서 서얼 허통을 지지했던 사람들 중 최명길과 같이 귀감이 될만한 사대부 관료들의 상소문을 소개하면서 그들이 주장했던 서얼 허통의 방법과 논리 및 사례들을 공유하고 있다고 할 수 있다.

18세기에 들어서면 최명길·최석정의 뜻을 이어 서얼 허통에 공감했던 여타의 지식인들 및 자신의 문제를 스스로 해결하고자 했던 서얼들의 집단적 움직임에 더해, 서얼 허통에 강력한 의지를 가진 영조와 정조 같은 왕들이 과감한 실천적 조치들을 단행함으로써 문무과 시험을 거쳐 요직은 물론 청직에까지 진출하는 서얼들이 등장하게 된다. 앞서 언급했듯 영조가 즉위한 1724년에는 서얼 진사 정진교 등이 최명길의 요직 허통 상소를 거론하며 서얼의 요직 진출이 중단없이 지속되기를 요구했다.[26] 또, 1745년 이조판서 李周鎭

---

25) 鄭震僑를 疏頭로 하는 상소문은 『葵史』88~90면과 『通塞撮要』권2 및 『조선왕조실록』과 『승정원일기』1724년 12월 17일에 수록되어 있다. 『葵史』에는 "震僑 等 五千人이 상소했다"고 적혀 있고, 『조선왕조실록』 및 『승정원일기』에는 260여 인이 연명한 것으로 적혀 있다. 최명길의 두 상소문은 축약본인 『葵史』에는 없고, 全文이 수록된 『通塞撮要』卷2, 英祖대에 儒生 鄭震僑等上疏에 인용되고 있다.

26) 『조선왕조실록』 1724년 12일 17일. 震僑上疏, 略曰. … 崔鳴吉判銓曹時, 啓云: "… 事目內所謂許要者, 卽戶, 刑, 工郞廳及各司長官之謂也, 自今以後, 請依受敎, 隨才擬望." 許之, 辛喜季, 沈日運, 金宏, 李慶善若干人, 得拜刑工郞, 今幾四五十年, 肅廟朝李礥一人, 僅拜戶郞, 而群起

(1692~1749) 역시 호조·형조·공조 등 삼조 및 중앙 각 관사의 요직에 서얼을 등용해달라고 청했던 최명길의 말을 인용하며 서얼 허통을 주장하고 있다.[27] 최명길의 상소가 서얼의 요직 진출을 요구하는 하나의 논리적 실천적 교두보의 역할을 하며 관료 및 서얼 지식인들 사이에서 점차 그 인식이 확산, 공유되어 갔던 것이다. 그리하여 마침내 영조는 당대까지 유지되었던 "要職은 허용하되 淸職은 불허한다"는 규제를 넘어 1772년(영조 48) 8월, 庶族 呂龜周를 사헌부 지평으로 임명하고, 尹謐과 吳濬根을 사간원 정언에, 그리고 서얼 金就大를 宣傳官에 임명함으로써 서얼 출신 문무관이 청직에까지 오를 수 있는 선례를 남기고 있다. 또한 1777년(정조 1) 3월 21일, 정조는 서얼의 관계 진출을 합법화하는 전체 10개 조항의 「庶類疏通節目」(丁酉節目)을 제정해서 서얼들이 호조·형조·공조의 당상관인 참의(參議) 등 요직에 취임할 수 있는 법적 근거를 마련함으로써 서얼들의 청요직 진출을 위한 당시까지의 조항들을 총망라해서 정리하고 있기도 하다.

4 서얼 허통에서의 두 사람의 역할

본고는 이제까지 서얼의 문무과 과거시험 허용 및 요직 진출을 위해 상소문을 통해 이를 공론화했던 최명길과 그의 손

斥之, 竟至呈遞, 尙至今寂寥.

27) 『조선왕조실록』 1745년 7월 4일. 吏曹判書李周鎭上疏, 略曰: "… 相臣崔鳴吉, 亦箚請其許要, 許要者, 卽指三曹及各司官員而言也."

자 최석정의 대를 이은 노력을 살펴보았다. 그리고 그 과정에서 서얼 금고와 서얼 허통의 역사적 전개 과정을 간략히 요약하는 가운데, 최명길이 공론화했던 서얼의 요직 진출 논의가 비단 손자인 최석정뿐 아니라, 후대의 관료 및 서얼 지식인들 사이에서도 지속적으로 공유, 확산되며 서얼의 청요직 진출에 실천적 교두보 역할을 했음을 확인할 수 있었다.

두 사람에 대한 연구는 이제까지 척화—주화의 대립 및 노·소 대립과 관련된 정치적 측면의 연구에 다소 치우쳐 왔는데, 본고는 '서얼 허통'이라는 새로운 논제를 통해 사회 개혁과 관련된 두 사람의 세대를 넘은 진지한 노력과 열정을 재조명하였다. 본고에서 확인되었듯 두 사람의 상소문과 세대를 넘은 지속적인 실천을 계기로 서얼들의 문무과 과거 진출 및 요직 진출이 사회적 문제로 공론화되며 조금씩 개선되어갔다. 물론 그러한 과정들은 퇴행과 후퇴를 반복하며 더디게 진행되는 과정이기도 했다. 하지만, 서얼 문제에 공감하는 두 사람과 같은 사대부 관료들의 지속적 실천 및 서얼 문제를 스스로 해결하려는 서얼 자신들의 대규모적인 연명 상소를 통해, 그리고 서얼들의 차별 없는 관직 진출에 적극적 의지를 지닌 영·정조와 같은 국왕들의 지속적 실천 의지가 결합 되어 18세기 말 이후에는 서얼들이 실제적으로 문무과 시험을 거쳐 국가의 중요 임무를 담당하는 청요직에 진출할 수 있는 기회를 가질 수 있게 된다.

글의 서두에서 필자는 사르트르와 박지원이 말을 인용하며 지식인이란 곧 '사회에 참견하며' '공론을 제기하는' 사람임을 강조하였다.

지식인의 사전적 의미는 "일정한 수준의 지식과 교양을 갖춘 사람"이지만, 사르트르가 지식을 가진 '전문가' 집단과 '지식인'을 구별하고, 박지원 역시 의기롭지 못한 관리나 과거 시험장을 전전하다 자기 모멸감에 빠져드는 선비들을 비판적으로 바라본 것을 고려하면, 출세의 도구로 활용되는 지식의 습득이나 맹목적인 지식 추구를 경계했음을 알 수 있다. 지식은 물론 사실 자체를 정확히 반영하고 그대로 인식함을 지향해야 하지만, 인간 사회를 운영하는 정책과 관련된 대부분의 지식은 사실에 입각한 가치 판단을 피할 수 없고, 때로 가치 지향에 따라 똑같은 사실을 다르게 판단할 수도 있다.

서얼 금고 제도는 축첩 제도와 신분 차별이 폐지된 오늘날의 관점에서 보면 너무나도 불합리하고 부조리한 것이지만, 양반과 상놈의 자손을 구별하듯 처와 첩을 구별하고 적자와 서자를 구별하는 조선 시대 사회에서는 모계 혈통에 따른 지위의 차별 또한 어찌 보면 당연한 것일 수 있었고, 그런 까닭에 찬반 논란이 지속되면서도 조선 시대가 끝날 때까지 완전히 철폐되지는 못했다. 하지만, 최명길과 최석정처럼 잘못된 제도를 바꾸기 위해 서얼 금고 문제를 공론화하면서 서얼들의 원망과 고통스런 상황을 호소하고, 당대인들이 받아들일 수 있는 인륜과 천리에 입각해 그 제도의 부당함을 지적하는 사람들의 노력에 의해 단계적으로 조금씩 개선되어 갈 수 있었다.

앞서 간략히 살펴보았듯 명종대 윤원형의 막후 노력에 의해 서얼의 문무과 응시가 잠시 동안 허용되었고, 선조대 이이의 건의에 따라 納米許通 방식으로 서얼들의 문무과 관직 진출의 길이 열렸다.

그리고 인조대 최명길의 요청과 실천으로 서얼의 요직 진출이 가능하게 되었으며, 이후 숙종대 최석정과 영조대 이주진, 그리고 서얼 진사 鄭震僑 등이 최명길의 뜻을 계승해 지지부진한 현실을 개탄하며 서얼의 요직 진출이 중단 없이 시행될 수 있도록 상소문을 올려 이 문제를 지속적으로 공론화했다.

이 중 특히 서얼의 요직 진출의 선례를 남겼던 최명길·최석정의 논의와 실천은 사익을 추구하지 않는 공정성과 서얼을 바라보는 보편적 평등의 관점, 그리고 두 사람이 견지했던 지속적 실천 의지로 인해 당대에 서얼들의 요직 진출을 실질적으로 이루어냈을 뿐만 아니라, 후대인들의 공감과 호응을 불러일으키며 지속적으로 계승·확대될 수 있었다. 윤원형의 서얼 허통 노력은 자신의 서출 자녀를 위해 사악한 논의를 선도했다는 비판을 받으며 오히려 더 큰 반동을 불러왔고, 일정한 양의 쌀을 납부하면 문무과 과거시험에 응시할 자격을 주는 이이의 납미허통 방안은 그 제도의 설계나 시행에 있어서 서얼에 대한 차별적 관점이 그대로 온존하고 있었기에, 시간이 갈수록 오히려 서얼들에게 더 큰 원망의 대상이 되었다. 반면, 최명길·최석정이 주장한 서얼의 요직 허통 방안은 그 공정성을 의심받지 않았고 인륜과 천리의 관점에서 아무런 조건 없이 서얼의 문무과 시험 응시와 요직 진출을 허용하고자 했기에 서얼들로부터 큰 호응과 지지를 받을 수 있었다. 또한 그들은 모두 문과 전형을 담당하는 이조 판서로 있을 때 실제적으로 자신의 권한을 십분 발휘하여 서얼 출신들을 문무과 요직에 추천, 등용시킴으로써 이후 서얼들의 청요직 진출에 교두보 역할을 했던 것이다. 명망있는 가문의 자손으로 태어나 어찌 보면 자신과 무관할 수도 있는 서얼들의 아픈 처지에 공감하며, 시종 공정함을 잃지 않는 자세와 인륜과 천리라는 보편적 관점에서 서얼 문제에 접근해 서얼들에게 행해지는 부당한 차별을 실제적으로 해결해 갔던 두 사람이야말로 오늘날에도 귀감이 될 만한 지식인의 역할을 수행했다고 하겠다.

박경남　2020, 『古典文學硏究』 58(한국고전문학회)

2

명곡 최석정의
학문 세계

少論系 自得的 學問論理의 淵源과 展開

崔錫鼎家를 중심으로

金英珠(성균관대학교 한문교육과 교수)

1 머리말

본고는 소론계의 자득적 학문 논리의 연원과 전개에 대한
통시적 고찰을 연구의 목적으로 삼는다.

조선왕조실록에 처음 등장한 '少論'의 개념은 임술 고변을 일으킨
金益勳의 처벌을 둘러싼 송시열의 태도 변화에 따라 분열된 淸流와
그들을 지지하는 중신들을 지칭하는 黨目의 일종이다.[1]

---

1)『肅宗實錄補闕正誤 九年 二月 甲戌條』卷14(『朝鮮王朝實錄』V.38), 641
쪽. 持平 朴泰維·兪得一等, 發金益勳加律遠竄之啓, …中略… 宋時烈初
亦是臺論, 淸流洽然嚮之. 會時烈有病不見客, 獨金萬基兄弟, 日夜在傍
看護, 爲益勳哀乞. 凡所以承奉時烈者, 無不用極, 時有貂皮衾海松粥之
說. 時烈旣氣衰, 不能不牽繫情私, 遂變初見, 揚言少輩將殺益勳, 斥得一
甚峻, 閔鼎重亦以此見疏. 對人輒言左相豈非亦外戚? 鼎重大畏之. 遂駿
駿折入, 少輩又多變前見, 附時烈而貳, 臺議遂有老少論黨目. 名以少論

본고에서 소론계에 주목하는 부분은 그들의 한문학습 과정에서 공유되는 학문 전통과 그것에서 유로되는 특징적 양상이다. 기존 연구에서 소론계를 牛溪學統의 계승자로 정의하고, 그 특징을 탈주자학적 성향, 개방적 경향, 양명학 수용, 실학정신 등으로 요약하였다.[2] 아래의 실록에 제시된 인물의 경우를 예로 들면, 趙持謙의 조부인 趙翼과 張維의 스승인 尹根壽는 성혼과 道義를 닦은 막역한 사이였다. 조익과 '四友'로 불리던 張維·崔鳴吉·李時白 등도 성혼과 사승 관계로 이어진다.[3] 이들의 후세대인 南九萬의 高仲祖 南彦經은 조선 최초의 양명학 수용자의 한 사람이다. 그는 상중의 여막으로 찾아가 조카인 南撥의 수학을 부탁할 정도로 성혼과 절친하였다.[4] 또 이들

者, 趙持謙·崔錫鼎·吳道一·韓泰東·朴泰輔·泰維·林泳·徐宗泰·沈壽亮·申琓·兪得一諸人, 爲其倡老論者, 李選·李秀彦·李頤命·李畬諸人, 而前輩宋時烈·金錫胄以下, 右老論者多, 右少論者, 朴世采·李尙眞·南九萬諸人, 而老論挾勳戚, 以勢力勝之, 持淸議者多致抹摋, 於是乎時烈, 不復爲士類矣.

2) 소론계를 우계학통의 계승자로 정의하는 기존 연구에는 다음과 같은 것이 있다. ; 김영주, 「조선후기 소론계 문학론 연구」, 경북대 박사학위논문, 2005 ; 황의동, 「우계학의 전승과 그 학풍」, 『범한철학』 28집, 범한철학회, 2003 ; 정옥자, 『조선후기 중화사상 연구』, 일지사, 1998 ; 이동희, 「우계 성리설의 특성과 사상사적 의의」, 『한국학논집』 24, 계명대 한국학연구소, 1997 ; 성교진, 「율곡과 우계의 성리학 논변」, 『율곡사상연구』 1집, 율곡학회, 1994 ; 원용문, 「우계 성혼론」, 『한문학논집』 근역한문학회, 1994

3) 장유의 스승인 尹根壽와 최명길의 부친 崔起南의 스승이 성혼이었다. 또 李時白 역시 8세 때 성혼에게 수학하였으며 성혼은 그를 자식처럼 아꼈다. ; 宋浚吉, 『同春堂集』卷23, 「舊忠贊謨立紀靖 …… 延陽府院君 李公諡狀」(『叢刊』vol.107), 258쪽. 八歲, 就學于牛溪先生, 先生視之如子, 常曰 此兒他日所就, 不可量也.

4) 南九萬, 『藥泉集』卷24, 「高仲祖通政大夫守全州府尹全州鎭兵馬節制使公遺事」(『叢刊』vol.132), 387쪽. 公與栗谷先生友善還往, 亦與牛溪先生相厚, 訪于哀廬, 託以猶子撥使受業焉.

은 송시열을 추종하는 노론계와는 다른 실천 위주의 학문적 경향성을 나타냈다.

살펴본 이러한 몇 가지 사항은 소론계가 조선후기의 다른 당목과는 구분되는 나름의 한문논리를 유지하고 있음을 시사한다. 그중 본고에서는 자득적 학문 논리의 전개 과정에 대해 살펴보기로 한다.

2 自得的 학문 논리의 연원과 전개

1) 自得的 학문 논리의 연원

'自得'의 유래는 처한 현실에 맞게 행할 것을 강조하는 유가의 도리를 밝힌 『中庸』[5]이다. 그러나 소론계의 학문논리로 주목을 요하는 것은 『맹자』의 논리이다.

> 군자가 깊이 나아가기를 도로써 함은 自得하고자 해서이니 자득하면 처하는 것이 편안하고 처하는 것이 편안하면 자뢰함이 깊게 되고 자뢰함이 깊으면 좌우에서 취함에 그 근원을 만날 수 있을 것이다.[6]

맹자는 군자가 방법에 따라 깊이 학문을 연마한 결과로 그 학적 수준의 고양을 의미하는 자득을 강조하였다.

현실 상황에 알맞게 적응하는 실천 논리로 또 학문 수준의 고하를 평하는 기준으로서의 자득 논리는 문인들의 활용에 따라 다양하게

---

5)『中庸』제14장. 素患難行乎患難, 君子無入而不自得焉.
6)『孟子, 離婁下』. 君子深造之以道, 欲其自得之也, 自得之, 則居之安, 居之安, 則資之深, 資之深, 則取之左右, 逢其原.

응용되었다. 한 예로 李穡은 자득 논리를 독서법, 학문방법, 문장공부법 등에 활발히 적용하였다. 그는 자득을 독서 수준의 심천을 달성하는 방법 또는 천부적인 학문 방법,[7] 고도에 달한 학적 수준[8]이나 처한 현실에 맞게 생활하는 유가의 도리를 대변하는 표현[9] 등으로 활용하였다. 특히 그는 문장 공부의 스승에 관한 질문을 받자 가장 중요한 것은 사람이나 서책이 아닌 혼자서 터득하는 자득에 있으며 그것은 요순 이래로 바뀐 적이 없는 진리임을 밝혔다.[10] 또 鄭道傳 역시 태종이 문장을 자득할 수 있었던 이유는 높은 학문 수준에 바탕 한 자득의 결과라고 주장하였다.[11] 그러나 그는 道心에 관한 불가와 유가의 이론적 차이를 설명하며 주자의 말이 모든 것을 변론하여 밝혔으므로 배우는 자들이 잠심하여 스스로 주자의 학설을 터득할 것을 강조하여 정주학에 국한되었다.[12] **權磩**(1490~1521) 같

---

7) 李穡, 『牧隱詩藁』 卷7, 「讀書」(『叢刊』 vol.4), 34~35쪽. 讀書如游山, 深淺皆自得 ; ‘古人學有法, 今人學無師. 自得信天挺, 爲善當孜孜.’(卷11, 「擬古」, 110쪽).

8) ‘其體天然妙, 逢原自得深.’(卷27, 「自信」) ; ‘空外見鳶飛, 自得眞難驗’(卷30, 「獨坐」).

9) 李穡, 『牧隱文藁』 卷2, 「擬古」(『叢刊』 vol.5), 15쪽. 東亭居移養移, 識高一世, 素富貴, 則行乎富貴, 素患難, 則行乎患難, 蓋其自得者深矣.

10) 李穡, 『牧隱文藁』 卷12, 「答問」(『叢刊』 vol.5), 107쪽. 問爲文, 先生曰 …… 師不在人也, 不在書也, 自得而已矣. 自得也者, 堯舜以來, 未之或改也.

11) 鄭道傳, 『三峯集』 卷7, 「敎書」(『叢刊』 vol.5), 416쪽. 恭惟我殿下, 自在潛邸時, 好與儒士讀經史諸子, 講明義理, 論古今成敗之事甚悉甚熟, 文章雖其餘事, 而學問之至, 蓋有自得者多矣.

12) 鄭道傳, 『三峯集』 卷7, 「儒釋同異之辨」(『叢刊』 vol.5), 456~457쪽. 道心但無形而有聲乎 抑有此理存於心, 爲酬酢之本根歟. 學者當日用之間, 就此心發見處體究之, 彼此之同異得失, 自可見矣. …… 今必以是爲淺近支離, 而欲藏形匿影, 別爲一種幽深恍惚艱難阻絶之論, 務使學者, 莽然措其心於文字言語之外, 而曰道必如是然後可以得之, 則是近世佛學詖

은 태학생 등은 鄭夢周의 학문이 넓고 깊으며 강설이 탁월하여 선유의 학설과 합치된 이유를 깊이 自得한 결과와 默會의 영향으로 파악하였다.[13] 특히 韓世桓(1470~1522)과 柳雲(1485~1528) 등은 우리나라의 역사가 길지만 유자들의 대부분이 문장을 숭상하여 학문하는 방법을 알지 못하였고 오직 정몽주만이 마음으로 자득하여 성리의 학문을 창도하였기에 그가 동방 理學의 祖宗이며 문묘에 종사할 만한 인물이라고 칭송하였다.[14] 이로 본다면 고려~조선 초기에 걸쳐 '자득'이 유자들의 송대의 성리학 이해를 위한 주요한 학문 논리 외에 창작 논리, 독서법 등으로 활용되고 있음을 알 수 있다.

2) 崔錫鼎 一家의 자득적 학문 논리의 전개

학문과 문장 학습의 주된 방법으로 거론된 자득 논리는 소론계 학맥의 근간을 형성한 成渾에 이르러 보다 구체적인 양상을 나타낸다.

도의 전체가 비록 고원하더라도 그 실제는 일상생활 하는 하찮은 것들 사이에 관통되어 있으니, 반드시 높은 곳에 오르려면 낮은 곳으로부터 시작하고 먼 곳에 가려면 가까운 곳으로부터 시작한 뒤에야 등급이 어긋나

淫邪遁之尤者, 而欲移之以亂古人明德新民之實學, 其亦誤矣. 朱子之言, 反復論辨, 親切著明, 學者於此, 潛心而自得之, 可也.

13) 鄭夢周, 『圃隱集』, 〈附錄〉, 「請從祀文廟疏略[大學生權碩等]」(『叢刊』vol.5, 618쪽. 皇天眷佑, 迺生儒宗鄭夢周於麗季, 挺超卓之資, 蘊經濟之才, 硏窮性理, 學海淵博, 深有自得, 講說發越, 默會奧旨, 暗合先儒.

14) 鄭夢周, 『圃隱集』, 〈附錄〉, 「議得[韓世桓, 柳雲等]」(『叢刊』vol.5, 618~619쪽. 吾東方歷世雖久, 其間儒者率以文章相尙, 莫知所以爲學, 而獨夢周超然自得於心, 倡明性理之學, 誠所謂東方理學之祖, 其從祀文廟, 固無愧矣.

지 않아서 차례를 따라 점진할 수 있습니다. 이 때문에 성인의 가르침은 고원한 것을 우선하지 않고 반드시 비근한 데에서 시작하여, 사람으로 하여금 한번 말하고 한번 행동하는 즈음과 마음속에 간직하고 외며 익히는 사이에서 찾게 하는 것에 불과합니다. 學問으로 넓혀서 앞으로 나가는 단서를 열고, 禮法으로 요약하여 실질적으로 돈독히 실행하여 점차 나아가서 때로 익히고 많이 쌓으며, 마음속에 깊이 생각하고 묵묵히 깨달으며 깊이 나아가 自得한다면 하루아침에 통달하게 될 것입니다.[15]

성혼은 도가 고원하여 알기 어렵지만 그 실제는 일상의 하찮고 사소한 것에 관통되어 있으므로 낮고 가까운 것에서 높고 먼 곳에 도달하는 점진적이고 순차적인 학습법을 강조하였다. 학습법의 효과성에 주목한 그는 성인의 교수법 역시 이러한 학습을 활용한 것임을 강조하였다. 특히 그는 성인의 교수법 중에 '一言一動'에서 확인되는 학습의 항시성, '持守誦習'에서 강조하는 반복학습, '博文'의 과정을 통한 학문의 발전과 진보, '約禮'를 통한 실제 생활과의 밀접한 관련을 통한 학문의 실천성 강화, '潛心'과 '默契'를 통한 학습 내용의 수시 강화와 반복 등의 노력으로 얻어지는 결과가 학습 내용에 대한 심도 있는 '자득'이라고 하였다. 그에 의하면 '자득'이란 다양한 학습

---

15) 成渾, 『牛溪集』 卷2, 「辛巳封事 辛巳四月○以內贍寺僉正拜疏」(『叢刊』 vol.43), 26쪽. 道之全體, 雖極高遠, 而實貫乎日用淺微之間, 必升高自卑, 行遠自邇, 然後階級不差, 可以循序而漸進矣. 是以聖人之敎, 不先於高遠, 而必始於卑近, 不過使人反而求之一言一動之際·持守誦習之間, 博之以文, 開其向往之端, 約之以禮, 篤其踐履之實, 漸次經由, 時習積累, 而潛心默契, 深造自得, 則一朝而貫通焉耳.

과 노력을 거쳐 터득하는 독자적인 이해이다. 자득이야말로 궁극적 학습 목표인 道를 관통할 수 있는 관건이라고 이해하였다. 이러한 학습법을 제기한 성혼과 그의 도학에 대해 후대의 趙持謙은 그를 동방의 法門이자 正宗[16]으로 칭송하였다.

부친 崔起南이 성혼의 제자였기에[17] 일찍부터 우계학의 자장에 속한 崔鳴吉 역시 연소자들이 모름지기 독서에 힘써야 다른 날 훌륭한 친구를 얻게 된다는 효용적 독서론을 주장하였다.[18] 독서에서 특히 그가 강조한 것은 내용을 스스로 이해하는 자득이었다.[19]

> 저술하신 詩 4卷, 疏箚 10卷, 啓辭 2卷, 碑狀·雜著 3卷이 세상에 간행되었고 『周易記疑』·『語孟記疑』·『卦變說綱』·『庸學管見』 등이 집안에 보관되어 있다.[20]

---

16) 趙持謙, 『迂齋集』 卷4, 「代交河儒生, 請立新谷書院疏」(『叢刊』 vol. 147), 468쪽. 成渾道學, 乃是吾東方法門正宗.

17) 李敏敍, 『西河集』 卷16, 「領議政完城府院君崔公諡狀」(『叢刊』 vol. 144), 286쪽. 公諱鳴吉字子謙, 始號滄浪, 後改遲川. …… 考諱起南, 號晚翁, 少遊牛溪成先生之門, 文行早著, 晚捷文科.

18) 崔鳴吉, 『遲川集』 卷2, 「喜三姪見訪」(『叢刊』 vol. 89), 271쪽. 年少讀書須努力, 異時喬木見遷鶯.

19) 崔鳴吉, 『遲川集』 卷3, 「呈石室」(『叢刊』 vol. 89), 296쪽. 靜裏看書頗自得, 興來揮筆亦成詩.

20) 崔錫鼎, 『明谷集』 卷29, 「先祖領議政完城府院君文忠公行狀」(『叢刊』 vol. 154), 469쪽. 所著有詩四卷, 疏箚十卷, 啓辭二卷, 碑狀雜著三卷, 刊行于世, 周易語孟記疑·卦變說綱·庸學管見, 藏于家.

21) 崔昌大, 『昆侖集』 卷20, 「遲川公遺事」(『叢刊』 vol. 183), 367～368쪽. 公少時哀粹濂洛嘉言, 常常翫閱, 値國家多故, 夙夜焦勞, 而公退有暇, 輒讀聖賢書, 簾几蕭然, 人不知爲執政家. 前後講讀, 輒有箚記, 語孟記疑·庸學管見·易疑幾卷, 藏于家.

후손인 崔昌大의 기록에 의하면 최명길은 젊은 시절부터 염락 제현의 훌륭한 말들을 모아 익숙히 읽었고 공무에서 벗어난 여가 시간에는 성현의 서책을 탐독하느라 발을 드리운 책상이 소연해서 사람들이 집권자의 집 인줄 모를 정도였다. 특히 그는 강독한 서적에 대한 '箚記' 형식의 「語孟記疑」, 「庸學管見」, 「易疑」 등을 저술하여 집안에 소장하였다.[21]

최석정과 최창대의 기록을 분석하면, 최명길이 실제로 읽은 것은 염락 제현의 성리서가 아니라 사서삼경 중심의 유가의 전통 학습서이고, 그것을 읽고 난 후에 생긴 의문은 책으로 만들 정도로 많았다. 송대의 성리학자를 지칭하는 염락 제현에 대해서는 그들이 남긴 훌륭한 말을 모아 읽었을 뿐이다. 여타의 최명길이 남긴 다양한 문체의 작품을 선별하여 모은 것이 19권 분량으로 많았지만 유독 차기 형식의 몇 권의 서적을 공간하지 않은 이유는 무엇인가? 아마도 시의에 용납되기 어렵거나 논란을 야기할 자득적인 견해가 포함되어서라고 추측된다.

경진년에 재상 직에서 파직된 후, 흥인문 밖에 기거하셨다. 여러 해를 한가로이 지내시며 문을 닫고 손님을 거절하고 절대로 시사를 말씀하시지 않았다. 날마다 경서를 들고 침잠하여 외우고 익혔으며 밤이 되도록 부지런히 읽으셨다. 때때로 자득한 것이 있으시면 곧장 책자에 기록하셨다.[22]

---

22) 崔錫鼎, 『明谷集』 卷29, 「先祖領議政完城府院君文忠公行狀」, 468쪽. 庚辰罷相之後, 卜居于興仁門外. 數年就閑, 閉門謝客, 絶口不言時事. 日取經書, 沈潛誦習, 至夜不倦, 時有自得, 輒箚記冊子.

최명길이 영의정에서 파직되어 독서에 몰두한 이 시기는 경진년 (1640)이다. 그 이유는 7월에 李适의 잔당인 金介가 그의 동생인 崔晚吉의 집에서 체포되었기 때문이다. 정치적으로 민감하고 위태로운 상황이었기에 복직하는 임오년(1642)까지 그는 동대문 밖에서 날마다 밤낮으로 경서를 읽고 외웠다. 이때의 독서 중에 스스로 이해하고 터득한 부분을 '차기' 형식의 책자로 기록을 남겼다. 이것이 앞서 말한 최명길의 독서 차기가 세상에 간행되지 못하고 가장의 형태로 전해지는 이유임을 유추할 수 있다.

경서에 대해 스스로 터득한 독자적인 견해를 기록하여 책으로 엮는 가학 풍토 외에 최석정의 학문배경을 개방적으로 만든 배경에는 장인이자 스승인 李慶億의 영향이 자리한다. 27세(1672)에 說書에 제수된 최석정이 동궁을 모시고 『대학』을 강론할 때[23] 이경억은 『대학』 장구의 해석에 대해 선유들의 논설이 각각 다름을 지적하였다. 王陽明의 경우는 聖學工夫를 변환시켰기에, 『대학』의 귀취를 알기 위해서는 모름지기 여러 학자의 견해의 차이를 다 살펴서 주자의 『대학』 장구로 절충할 것을 조언한다. 조언에 따라 최석정은 李端相이 엮은 『大學集覽』을 잘 베껴 쓰고 발문을 지어 胄筵에서 참고할 때를 대비하였다.[24] 이경억이 특별히 왕양명의 학문에 대해 언급한 것은 당시

---

23) 崔昌大, 『昆侖集』 卷19, 「先考議政府領議政府君行狀」(『叢刊』 vol.183), 347쪽. 壬子四月, 拜說書. 六月, 薦拜檢閱, 華谷公入相, 以親嫌遞拜說書.

24) 崔昌大, 『昆侖集』 卷19, 「先考議政府領議政府君行狀」(『叢刊』 vol.183), 347쪽. 今上在東宮, 方講大學, 公以謂: "大學書章句, 先儒論說各殊, 至陽明則變換聖學工夫, 欲識大學歸趣者, 須盡諸家同異, 折衷於紫陽章句." 遂取李公端相所編大學集覽, 繕寫一通, 作跋文, 以備胄筵參閱.

의 학계에서 이단시 되던 양명학에 대한 최석정의 경도에 대한 우려 때문으로 풀이된다. 그리고 이경억 역시 양명학에 대한 사위의 학문적 경향성을 알고 있음을 시사한다.

이경억의 조언에도 불구하고 최석정은 경전의 해석에서 성현의 말에 전적으로 의지하지 않고 자기 스스로 터득한 생각을 확립하여 『論孟類編』과 『禮記類編』을 간행하였다. 그 결과 『예기유편』의 해석에서 주자의 해석과 다르게 한 것이 이루 헤아릴 수 없이 많다는 李觀命과 黃啓河 등의 상소[25]로 인해 『예기유편』의 시비문제가 발생하였다.

노소론 간의 당쟁이 격렬하던 시기였기에 반대파인 이관명 등이 책의 내용에 따라 죄목을 찾아내어 그를 벌하라는 소장이 번다했다. 『예기유편』의 간행이 정치적 문제로 비화되자 최석정이 변론하는 책자를 올렸고 숙종의 중재로 사태는 일단락되었다.

영의정 최석정이 상소하여, 『예기유편』을 변론하는 책자를 올렸다. 이때에 소장이 번다했고 단계를 좇아 죄목을 찾아냈는데, 최석정이 조목마다 매우 세밀하게 변명하는 것이 모두 근거가 있었다. ······ 무릇 학문하는 사람들이 자신의 소소한 재능을 믿고 선유를 업신여기는 것도 참으로 옳지 못한 것인데, 의아스러운 데를 箚記한 것은 진실로 묻고 배우는 데 도움이 되는 것이기에, 또한 선현들도 일찍이 금하지 않았다.

朴世堂의 『思辨錄』은 진실로 주자의 문하에 조금 배치되는 듯했으니,

---

25) 『肅宗實錄補闕正誤』卷47, 「35(1709)년 1월 18일(庚寅) 2번째 기사」.; 『肅宗實錄補闕正誤』卷47, 「35(1709)년 1월 19일(辛卯) 3째 기사」.

세상에 眞儒가 있다면 진실로 말을 하여 물리치더라도 방해될 것이 없을 것인데, 그의 글을 불태우고 그 사람을 죄준 것을 마침내 편당하는 논으로 돌려버리게 되었다. 만약 최석정의 『예기유편』같은 경우는 일체를 紫陽에 귀착시켰고, 당초부터 일찍이 조금도 경전을 파괴하거나 성현을 업신여기는 논은 하지 않았는데, 편당하는 사람들이 장황하게 날조하여 기필코 죄목을 만들고자 하였다.

이 두 사람이 거듭 시기하여 배척함을 당하게 된 뒤부터는 학문하는 사람들이 모두 이를 경계로 삼아 다시는 '愼思'하고 '明辨'하는 학문에 뜻을 두지 않게 되었고, 편당하는 무리들로 조금 세상을 속이기에 교활한 자들은 으레 주자의 글 중에서 약간의 구절을 찾아내어 외어대며 과시를 하여 거리낌 없이 큰 소리를 치거나 아무데서나 소리 지르는 것을 일삼게 되고, 讀書를 하는 참다운 사람은 세상에 끊어진 지 대개 오래이게 되었다.[26]

박세당과 최석정의 사건 이전까지 전통적으로 학문하는 사람이 독서 중의 의아스러운 곳을 기록하는 '箚記' 형식의 독서기는 학문에 도움이 되는 순기능이 있었다. 최명길에서부터 이어지는 이러한 독

---

26) 『肅宗實錄補闕正誤』卷47, 「35(1709)년 6월 3일(壬寅) 1번째 기사」. 領議政崔錫鼎, 疏進類編辨論冊子. 其時, 章疏紛然, 逐段求罪, 錫鼎條辨甚悉, 皆有根據. …… 夫學者之挾其小智, 凌駕先儒, 固爲不韙, 而至於箚記疑難, 實有益於問學, 亦先賢之所未嘗禁. 朴世堂思辨錄, 誠若少背於朱門, 使世有眞儒, 固不妨辭闢, 而至於火書罪人, 終歸黨論. 若夫錫鼎類編, 一切會極於紫陽, 初未嘗髣髴於毁經侮聖之論, 而黨人張皇構捏, 必欲成罪. 自兩人重被齮齕之後, 學者皆以爲戒不復加意於思辨之學, 而黨人輩, 稍黠於欺世者, 輒取朱子書中若干句語, 誦習而眩耀之, 以爲大拍頭胡叫喚之資, 而讀書眞種子, 絶於世蓋久矣.

서법을 전수받은 최석정의 『예기유편』은 경전을 파괴하거나 성현을 업신여기는 것이 없었고 자신이 나름으로 이해한 경전의 내용과 주자의 견해에 귀착하는 결론에도 불구하고 반대당에서 내용을 장황하게 날조하여 죄목을 씌워 처벌을 주장하였다.

자기 나름의 경전 이해에 대한 기록을 남긴 최석정의 『예기유편』 사건이나 주자의 견해에 조금 배치되기는 하지만 학문적 차원에서 스스로 터득한 견해를 밝힌 박세당의 『사변록』 사건은 이후의 조선 학계의 풍토에 변화를 야기한다.

학문하는 사람들 모두 신중히 생각하거나 분명히 변론하는 학문 즉 자득적인 학문에는 뜻을 두지 않게 되었고, 편당을 짓거나 세상을 속일 정도의 교활한 자들이 주자의 글 중에서 약간을 찾아 외는 것을 과시하며 크게 기세를 떨치고 마구 고함치는 짓거리를 일삼게 되고, 독서를 하는 참다운 사람은 세상에 끊어지는 부작용이 나타났다.

최석정이나 박세당을 죄로 얽어매고자 한 반대당파와 주자의 글을 외며 세상을 속일 정도의 교활한 이란 노론과 송시열을 의미한다. 이는 尹拯의 제자인 李世德의 상소에서 확인된다. 그는 송시열이 주자를 겉으로만 공부하고 명목만을 내세웠으며 걸핏하면 주자를 끌어대며 자신의 위상을 높였다[27]고 비판하였다. 송시열을 중심으로

---

27) 尹拯, 『明齋遺稿』, 〈明齋年譜〉後錄卷2, 「前持不李世德疏」(『叢刊』 vol. 135), 111~112쪽. 伏以臣自少, 出入於先師尹拯之門. …… 臣師於時烈, 亦知其病痛. 嘗規其假托朱子, 則引故參判兪棨之言曰, 每篇必引晦翁, 亦一病也, 戒其虛借大義.

하는 노론계의 자득적인 경전 해석에 대한 비판과 압박 속에서도 자득적인 학문 경향은 최창대에게 면면히 이어진다.

崔昌大는 『사변록』의 저자인 박세당을 스승으로 섬겼다.[28] 박세당과 최창대의 인연은 그들의 선조 때로 거슬러 올라간다. 최창대의 증조부 최명길과 朴世堂의 부친인 錦洲公 朴炡은 일찍부터 동맹의 교의를 나눌 정도로 친분이 두터웠고 같은 마을에 살며 서로 잘 지내는 사이였다.[29]

박세당은 문리가 관통하지 않던 수학기에도 수시로 배운 내용을 투철히 이해하고자 노력하여 남들이 도달하지 못한 곳에 도달하여 장로들을 놀라게 하였다. 그러한 학문태도는 서적의 논리를 꿰뚫어 이해할 정도의 독서력을 가진 장성한 시기에도 지속되었다. 독서할 때면 반드시 그 의미를 탐색하여 끝까지 다 이해하고자 하였다.[30] 의문처를 끝까지 탐색하고 연구하는 박세당의 학문태도의 결실이 바로 정치적 파란을 야기한 『사변록』이었다. 곤경에 처한 스승을 변론하기 위해 최창대는 「論思辨錄疏」를 작성하였다. 정치적 문제의 야기를 염려한 부친의 만류로 올리지 못하였지만 疏에서 그는 '聞道'

---

28) 崔昌大, 『昆侖集』 卷15, 「祭西溪朴先生文」(『叢刊』 vol.183), 284쪽. 維歲昆侖未十月二十五日丁酉, 西溪朴先生將就永宅, 前一日丙申, 門下士完山崔昌大, 操隻雉單杯以祭之.

29) 朴世堂, 『西溪集』 卷21, 〈附錄〉, 「諡狀[崔錫恒]」(『叢刊』 vol.134), 434쪽. 不佞先祖遲川公與公之先子錦洲公, 早有同盟之誼, 而契許特深, 先君子與公同里閈相善.

30) 朴世堂, 『西溪集』 卷21, 〈附錄〉, 「諡狀[崔錫恒]」(『叢刊』 vol.134), 424쪽. 公旣少孤, 又經喪亂, 年蹟十歲, 始受學, 文理未甚貫通而時能透得, 他人見不到處, 長老奇之. 旣長, 淹貫書籍而必探賾其義, 窮解乃已.

를 위한 양단의 학습법을 제시하였다. 子夏의 '篤信聖人'과 曾子의 '反求諸己'이다. 그는 이것이 경전을 궁구하는 방법에 부절처럼 들어맞다고 하였다.

子夏가 성인을 돈독히 믿은 것과 曾子가 자기 몸에 돌이켜 찾는 것은 진실로 聞道의 방법 중에 양 극단이라 할 수 있지만 경전을 궁구하는 방법에는 대개 서로 부절처럼 들어맞습니다. 다만, 돈독히 주석의 설명만을 믿고 자신에게 돌이켜 찾지 않는다면 깊이 自得의 경지에 나아가지 못하고 마침내 생각하지 않아서 위태로운 것에 귀착될 것입니다. 이로 말미암아 논한다면, 傳注의 문자가 비록 한 글자도 의심할 만한 것이 없을지라도 의심나는 대목을 정해 자신에게 돌이켜 찾는 공부를 하는 데 아무런 문제가 없을 것입니다. 하물며 의심할 만한 것이 없지 않는 경우이겠습니까? 지금 한 두 구절의 변론을 두고 '선현을 참람되이 핍박하였다'고 하거나 조금이라도 전주와 차이가 있으면 눈을 부릅뜨고 꾸짖어 금하니 공부하는 사람들이 오직 촉범을 두려워합니다. 이것은 바로 '자신에게 돌이켜 찾기'가 '돈독히 믿음'만 못하고 증자가 자하에 미치지 못하다는 것이니 바로 이른바 어리석지 않으면 아부하는 것입니다. ...... 지금 가슴을 활짝 열고 높은 안목을 가지고 깊이 자득할 것을 마음먹지 않는다면 그 학문이 비루해질 따름이다.[31]

---

31) 崔昌大, 『昆侖集』 卷8, 「論思辨錄疏」(『叢刊』 vol.183), 137쪽. 子夏篤信聖人, 曾子反求諸己, 聞道之方, 固有二端, 而窮經之術, 蓋亦相符. 徒能篤信注說而不知反求, 則無以深造自得, 而終歸於不思而殆矣. 由是論之, 傳注文字, 雖無一字之可疑, 猶不害於設爲疑難, 自致反求之功, 況云不無可疑者耶. 今以一二辨論, 謂之僭逼先賢, 稍有差殊於傳注, 則張

최창대는 「公孫丑」에서 제시된 유가의 전통적인 공부법 가운데 증자의 공부법이 바로 박세당이 『사변록』을 저술한 의도이며 단순히 傳注의 설명만을 믿고 스스로 이해하고자 노력하지 않는다면 경전을 깊이 이해하는 '자득'의 수준에 도달할 수 없을 것이라고 주장하였다. 그는 경전에 대해 스스로가 깊이 이해하는 과정에서 의문을 해결하고 정리하는 것이야말로 경서 공부의 심화이기에 단순한 전주의 설명을 이해하는 것과는 다른 학문적 수준의 고양을 결정하는 것임을 강조하였다. 그가 경전을 인용하여 박세당을 변론한 것은 '박세당이 경전을 훼손하고 성현을 모욕했다'는 반대파의 비판[32]을 인식했기 때문이었다. 여기에 더하여 그는 학문하는 사람이 마음을 열고 높은 안목으로 깊이 생각하여 자득하지 못한다면 그 학문의 수준이 비루해질 뿐이라고 하였다. 이어서 그는 張維가 우리나라 학계가 正學·禪學·丹學을 비롯하여 陸氏 등의 다양한 학문을 배우는 중국과 달리 程朱만을 칭송하고 다른 학문에 종사하는 자가 없는 경직된 풍토인 것을 비판한 점을 인용하여 우리 학계의 풍토가 개선될 필요성을 제기하였다.[33]

目呵禁, 唯恐觸犯, 是則以反求不如篤信, 而曾子不及子夏也, 正所謂非愚則諛也. …… 今也不曾聞有大著心胸, 高著眼目, 以深思自得爲心者, 其爲學陋而已矣.

32) 『肅宗實錄』 卷38, 「29(1703)년 4월 23일(甲申) 2번째 기사」. 執此論之, 謂世堂以毁經侮聖, 果有髣髴者乎?

33) 崔昌大, 『昆侖集』 卷8, 「論思辨錄疏」(『叢刊』vol.183), 137쪽. 文忠公臣張維有言曰, "中國學術多歧, 有正學焉, 有禪學焉, 有丹學焉, 有學程朱者, 學陸氏者, 門徑不一. 而我國則無論有識無識, 挾策讀書者, 皆稱誦程朱, 未聞有他學焉. …… 我國則不然, 握齪拘束, 都無志氣, 但聞程朱之學, 世所貴重, 口道而貌尊之而已, 不惟無所謂雜學者, 亦何嘗有得於正學也.

3 맺음말

이상에서 소론계의 최석정 일가를 중심으로 하는 자득적 학습 논리의 전개 양상을 살펴보았다.

그 결과, 연원적인 면에서 순수한 학문 체득의 심화 과정을 의미할 수 있는 자득 논리가 역사적 상황에 의해 정치적으로 학문적으로 왜곡되는 현상을 확인하였다. 이는 학문 논리가 현실 상황과 결합되어 굴절된 현상의 하나로 이해된다. 이러한 양상은 자득의 논리에만 한정되지 않는다. 추후에 분석할 실용중시의 학문관이나 『소학』에 대한 관점에서도 소론계 특유의 논리를 확인할 수 있다. 이에 대해서는 후속 작업을 통해 보완하기로 한다.

김영주   2020, 『東方漢文學』 83(동방한문학회)

최석정의 《황극경세·성음창화도》에 대한 인식

심소희(이화여자대학교 중문학과 교수)

1 들어가는 말

조선은 중국 중심의 동북아시아를 천하로 인식하고 중국과 문화적 동질성을 형성하는 유교문화국가로서 확고한 위상을 가지고 있었다. 유교적 명분론에 입각한 華夷論에 근거하여 유교문화의 정수를 보존하고 있는 중국을 中華로 인식한 반면, 힘의 논리에 의존하는 북방 유목민족이나 남방의 왜를 夷狄으로 열등시 하였다. 그러나 남방의 오랑캐인 왜(임진왜란 1592~1598)와 북방의 오랑캐인 여진(병자호란 1636)에 의해 40년 간격으로 침략을 당하고, 明을 멸망시킨(1644년) 淸이 中原을 완전 장악하여 종전의 중화문화질서가 붕괴되는 상황에 맞닥뜨리게 되자 조선은 이를 '天下大亂'이라고 인식하였다.

　이러한 상황에서 조선의 집권층 학자들은 성리학의 적통임을 자부하면서 조선사회를 주자성리학 이념으로 재정비하고자 하였다. 양난을 겪는 동안 좌절감과 모멸감을 극복하는 대안으로써 오히려 성리학적 명분론을 강화시키고 자주보강의 논리를 확립시키면서 재건하고자 하였던 조선사회 나름의 자기회복 방법이었던 것이다.[1]

　그리하여 당시 조선의 사상계는 주자와 주자학을 절대 신봉하고 여타의 사상은 용인하려고 하지 않았다. 이는 당쟁의 빌미가 되어 주자학 대 반주자학의 대치국면을 이루게 되었고 양명학 등은 斯文亂賊으로 몰아 배척되었다. 이는 양란으로 와해된 조선사회를 재건하기 위해 주자성리학을 국가체제를 유지하는 지배이념으로 삼고자 하였던 집권층의 처절한 암중모색이었다.

　이러한 조선 후기 역사적·정치적 파란의 중심에 崔錫鼎(1646~1715)이 있었다. 그는 仁祖反正[2] 功臣 崔鳴吉(1586~1647)의 손자로서 숙종 12년(1671)에 文科에 올라 大提學을 거쳐 領議政을 여덟 번이나 역임한 명문출신의 집권층 학자관료였다.

　그러나 최석정이 정치적으로는 주자학에 담고 있었더라도 그의 학문과 사상은 양명학을 지향하고 있었다는 것은 여러 정황으로 짐작

---

1) 鄭玉子,《조선후기문화운동사》서울: 일조각, 1988年.
2) 학계에서는 조선후기의 분기점을 1623년 仁祖反正부터라고 보고 있다. 인조반정은 士林 중에서도 순수 성리학도로 구성된 시인과 남인 정파가 연합하여 일으킨 정변으로 순수 성리학도의 권력 장악으로 성리학을 국교로 한 조선사회의 사상적 심화과정이라는 관점에서 의미가 있다. (: 정옥자,《조선후기 조선중화사상연구》, 일지사. 2001. 11쪽)

할 수 있다. 그의 조부 최명길의 문헌에 양명학에 관한 자세한 기록이 남아 있지 않더라도 증손자 崔昌大(1669~1720)는 증조부 최명길이 양명학에 독신했다고 밝혀[3] 양명학이 가학으로 전수되었을 수 있고, 최석정도 조부가 양명학파가 아님을 역변한 바도 있었으나[4] 최석정 본인이 양명학자로 분류되는[5] 南九萬(1629~1711), 朴世采(1632~1695) 등에게 사사를 받았고, 또한 조선 최대의 양명학자 鄭齊斗(1649~1736)와 친밀하게 교유했던 것은[6] 이러한 사실을 뒷받침해준다.

본고는 최석정이 陽朱陰王[7]하였던 양명학자임을 역설하려는 것이

---

3) 崔昌大, 《昆侖集》卷20 〈遲川公遺事〉: "公與溪谷少時講學也. 見陸王之書, 悅其直指本體刊落枝葉 兩公皆深取之 公則中年覺其學術之有庇 屢形於言論."

4) 《朝鮮王朝實錄》肅宗 43卷(1706): 領議政崔錫鼎陳疏伸白其祖鳴吉事. "臣祖主和之論, 自有本末. 丁卯之事, 意在弭兵, 丙春之事, 憂在挑釁, 及至南漢之事, 夫豈得已而爲之哉? 其時淸論, 或主寧以國斃之義, 臣祖以爲: "皇朝固有罔極之恩, 而旣有社稷, 人民, 何可膠守匹夫之諒?" 憫宗國之垂亡, 不暇顧一身利害, 立朝廷於草萊, 收國力於煨燼, 內綜庶事, 外伸大義, 屈折周旋, 心勞力殫, 仁人君子, 宜有以惻然悲其志矣. 臚列前後屢拒徵兵, 其容送僧, 被繫北獄之事, 且引詩章之寓意於尊周者, 及先輩長者, 稱述其事業者, 縷縷萬餘言, 答曰: "故相臣和議, 亶出於爲宗社, 尊周之義, 不忘乎心, 蹈必死之地而靡悔, 則予亦稔知. 此豈幺麼媟源輩所敢恣意詆毁者哉?"

5) 鄭寅普는 조선 시대의 양명학 수용자를 세 가지로 구분하여 정리한 바 있다. 첫째는 양명학에 관한 확실한 저서가 있든가 혹은 양명학에 관해 언급했다는 분명한 증거가 있어서 양명학파라고 하기에 의문의 여지가 없는 자, 둘째는 양명학을 비난한 말이 있더라도 전후를 종합해 보면 심중에서는 양명학을 신봉하고 있었던 것을 알 수 있는 자, 셋째는 양명학에 관해 한 마디도 하지 않은 채 주희를 신봉하고 있었음에도 평소 주장의 핵심을 보면 틀림없이 양명학자임을 알 수 있는 자 등의 세 부류이다. (: 한국철학사상연구회, 《한국철학》, 예문서원. 1995. 183~184 재인용)

6) 최석정은 《경세훈민정음도설》을 저술한 후 정제두에게 문의하였는데 이에 관한 왕래 서신은 《明谷集》卷13의 〈與鄭士仰 又〉와 《霞谷集》卷二에 〈答崔汝和書〉, 〈與崔汝和問目〉, 〈答崔汝和問目 甲申〉, 〈與崔汝和問目 乙酉〉 등이다.

아니다. 양난 이후 조선사회가 불가피하게 주자학에 매진하였지만, 시대상황에 말미암은 것일 뿐이라고 생각한다. 주자학이든 양명학이든, 小中華 의식에서 조선이 바로 中華라는 朝鮮中華 의식으로 대전환되어 조선이 바로 중화문화의 수호자라는 의식이 팽배하였고,[8] 이에 '조선중화주의'의 시대적 요구와 역사적 사명으로 조선 최고 지식인 최석정은 《경세훈민정음도설》을 저술하였던 것이다.

최석정은 《경세훈민정음도설》에서 훈민정음의 가치를 역설하였고, 상수학에 대한 邵雍의 《皇極經世·聲音唱和圖》 해석을 비판적으로 수용하였으며, 아울러 훈민정음으로 표음한 《經世正韻·經世正韻圖》를 저술하여 '天下大亂'이 되어버린 세상에 獻上하여 문화대국 조선의 저력과 자존감을 보여주고자 하였던 것이다.

본고에서는 《경세훈민정음도설》의 乾冊에 실려있는 〈訓民正音〉·〈訓民正音準皇極經世四象體用之數圖〉 편과 坤冊에 실려있는 〈邵氏皇極經世天地四象體用之數圖〉 편의 내용을 주요 연구대상으로 삼기로 한다. 그리하여 《경세훈민정음도설》에 노정되어 있는 '조선중화주의'를 키워드로 삼아 《경세훈민정음도설》의 편찬 의의를 고찰하고, 아울러 최석정의 《황극경세 성음창화도》에 대한 비판적 수용과 재창조의 과정에 대해 살펴보고자 한다.

---

7) 겉으로는 주자학을, 속으로는 양명학을 공부함.
8) 鄭玉子, 《조선후기 문학사상사》, 서울: 서울대학교출판부, 1990年, 《조선후기의 지성사》, 서울: 일지사, 1991年을 참조.

2 《경세훈민정음도설》의 체계와 기존연구

최석정의 아들 崔昌大(1669~1720)가 행장에서 기술한 바에 의하면,[9] 부친은 字學과 韻書 분야에서 타고난 능력을 가진 듯했으며, 또한 算學에도 조예가 깊었다고 전하였다. 최창대가 꼽은 부친의 저술로 《經世正韻序說》, 《韻會箋要》, 《六書譜》, 《九數略》이 있다.[10] 그중 《經世正韻序說》은 출판된 책이 아니라 저자 최석정이 출판하려고 손수 써서 엮은 手澤稿本이다. 표지에는 '經世訓民正音'이라고 쓰여 있는데, 본문 첫 장에는 '經世正韻序說'이라고 쓰여 있고, 또 洪良浩(1724~1802)의 문집 《耳溪集》권10에는 〈經世訓民正音圖說序〉라는 제목의 서문이 실려 있다. 그러므로 '經世訓民正音'이나 '經世正韻'이나 '經世訓民正音圖說'은 모두 같은 책의 다른 이름이다. 본고에서는 표지의 이름인 《經世訓民正音圖說》을 따르기로 하겠다.

《경세훈민정음도설 乾·坤》 필사본 2권은 최석정 사후 약 250년이 지나서 뜻밖에 일본에서 발견되었다. 1962년 金智勇이 일본 京都대학 도서관 河合文庫[11]에서 마이크로필름에 담아왔는데, 오래되어서

---

9) 《昆侖集》권19 〈先考議政府領議政府君行狀〉: "……而於字學韻書. 殆於天得. 沉潛研窮. 味之如芻豢. 博究諸家異同. 辨析其得失. 勘正其訛謬. 嘗自笑曰. 此如嗜土炭. 獨知其味. 擧世無可與語. 惟俟後世子雲耳. 著經世正韻序說. 韻會箋要, 六書譜. 精於筭學. 發揮筭術源流. 著九數略."

10) 그 외 최석정의 편저에는 法典 《典錄通考》와 儒書 《左氏輯選》이 있고, 저서로는 《禮記》를 분류한 《禮記類編》18권과 시문집인 《明谷集》34권 등이 있다.

11) 河合弘民(1873~1919)은 1908년 일본 동양제국대학을 졸업하고 1910년대 조선충독부 취조국 참사관실 및 구관제도 조사사업을 하고 있다가 1916년 〈조선사연구〉로 문학박사를 받은 인물이다. 그는 강화도 마니산 외규장각 도서 수천 권을 가져다 사료로 쓰고 귀국하여 경도제국대학 도서관에 도서 793부 2160책을 기증하여 河合文庫를 만들었다고 한다.(:《경세훈민정

벌레 든 곳이 많은데다가 지질이 삭아서 마이크로필름을 촬영하고 난 다음엔 '폴싹' 무너져서 전모를 알아보기 어렵게 되어버렸다고 한다. 귀중한 자료를 보존하게 되어 그나마 다행이긴 하지만 한편으로는 참으로 애석하다. 일찍이 북한학자 洪起文(1903~1992)은 《경세정운도설》을 복원하고자 천 이백여 매의 원고를 썼다가 월북하는 바람에 분실했다고 하고,[12] 김윤경, 이숭녕도 최석정 저서의 존재는 짐작하고 있었으나 그 본서를 얻어볼 수 없음이 유감이라고 하였다.[13] 진작에 《경세훈민정음도설》이 국내에 있었다면 그에 대한 연구가 활발하게 논의되었을 것이고 조선후기 문인들의 정음에 대한 놀라운 식견과 이를 바탕으로 한자문화권에서의 한자와 음운에 대한 연구 전통인 정음학에 대한 학문적 체계를 세울 수 있었을 것이다.

최석정의 《경세훈민정음도설 乾 · 坤》은 다음의 체계로 구성되어 있다.

음도설해제》 5쪽 참조)

12) 1962년 6월 6일과 8월 13일자 동아일보에 《경세훈민정음도설》을 찾았다는 기사를 보고 북한에서 홍기문이 김지용에게 보낸 편지의 일부 내용은 다음과 같다. "……약 30년 전 무오간본의(1678) 《예부운략》을 보고 그 부록의 저자를 찾다가 그 후 《명곡집》에서 그것이 최석정의 저작이라는 것을 알았습니다. 또 그 후 방종현씨로부터 《경세정운도설》에 대한 개괄적 해설을 얻어보고서 《예부운략부록》, 《명곡집》 가운데 〈答鄭士仰書〉 또 그 해설 등을 종합해서 《경세정운도설》을 재현한다고 해서 원고지로 약 일천 이삼백 매 썼던 것이 있었습니다. 물론 그 원고는 분실했습니다. 지금 그 원본이 나왔다는 소식을 듣고 한편으로 다행했고 한편으로 감개무량합니다." (:《경세훈민정음도설해제》 4쪽 참조)

13) 최석정 저 · 김지용 해제, 《경세훈민정음도설해제》, 19~20쪽 재인용.

乾冊　經世正韻序說　　　　　訓民正音

十七聲分配初聲圖

十一音取象八卦圖

聲分清濁圖

音分闢翕圖

律呂相乘配合成字圖

終聲十六

聲分平上去入圖

音分開發收閉圖

訓民正音準皇極經世四象體用之數圖

聲音律呂唱和全數圖

聲音唱和數三百八十四爻圖

序韻攝

坤冊　經世正韻五贊　　　　　明象

辨韻

本數

稽訓

述志

聲音篇

群書折衷 廣韻三十八字母

沈氏四聲韻譜

邵氏皇極經世天地四象體用之數圖

祝氏聲音韻譜

韻會三十五字母

梵字五十母

劉氏切韻指南

禮部韻

三韻通考
東國正韻
字彙

論諺文終聲
論正韻圖說
五贊註
論初終聲閏位
博物典彙 遼東邊圖

薊州邊圖

　그동안《경세훈민정음도설》은 김석득[14)] · 배윤덕[15)] 등 국어학자
들에 의해 주로 연구되어 왔다. 김석득은《경세훈민정음도설 · 乾》
의 〈訓民正音〉에서 〈音分開發收閉圖〉까지를 연구범위로 삼았고, 원
목차와는 다르게 〈訓民正音〉 · 〈十七聲分配初聲圖〉 · 〈聲分淸濁圖〉 · 〈
十一音取象八卦圖〉 · 〈音分闢翕圖〉 · 〈終聲十六〉 · 〈律呂相乘配合成字
圖〉 · 〈聲分平上去入圖〉 · 〈音分開發收閉圖〉 등 임의로 순서를 정하여
《경세훈민정음도설》의 역리적 구조를 소개하였다. 배윤덕 역시《경
세훈민정음도설 · 乾》의 연구에만 국한되어 있고, 김석득의 연구성과
에 〈訓民正音準皇極經世四象體用之數圖〉와 〈聲音律呂唱和全數圖〉
를 첨가하여 운도의 체계와 내용에 대한 설명에 주력하였다.

---

14) 김석득, 〈經世訓民正音圖說의 易理的構造〉, 연세대학교 국학연구원: 동방
　　학지 13호, 1972. 김석득, 《우리말연구사》, 태학사, 2009.
15) 배윤덕, 〈崔錫鼎의 經世正韻硏究〉, 연세대학교 국학연구원; 동방학지 71
　　호, 1991. 배윤덕, 〈崔錫鼎의 經世正韻연구(外內四攝부터 外內八攝까지)〉,
　　국어국문학회: 국어국문학 114호, 1995. 배윤덕, 《우리말 운서의 연구》, 성신
　　여자대학교 출판부, 2005.

두 학자들에 의해 《경세훈민정음도설》가 처음 연구되었다는 점에서 큰 의미가 있지만, 특히 《경세훈민정음도설·坤》에 대한 연구는 아직 진척된 바가 없다. 향후 본 저서에 대한 완역작업이 선행되어 국어학계뿐만 아니라 중국어학계의 학자들이 관심을 가져서 조선후기 정음학에 대한 연구가 진작되어야 할 것이다.

3 훈민정음의 재인식

조선 초 세종 조에서 비롯된 정음연구의 전통은 곧 막을 내리게 되었다. 여러 가지 이유가 있겠으나, 무엇보다도 성운학자들이 정치적으로 그 기반을 잃었기 때문이다. 집현전에서 육성된 성리학자들은 세조의 왕위찬탈로 死六臣 등 핵심이 숙청당하여 집현전 중심의 학풍의 맥이 끊기게 되었고, 또 燕山君의 훈민정음의 탄압16)으로 인하여 부녀자들이나 하층민들이 쓰는 '諺文'으로 전락하여 훈민정음은 더 이상 학문적으로 고려의 대상이 될 수 없었다.

그러나 최석정은 그동안 아무도 주의하지 않았던 훈민정음의 가치

---

16) 연산군은 정치적 파쟁과 관련하여 다음과 같이 훈민정음의 사용을 엄금하였다. "이제부터 훈민정음을 가르치지도 말고 배우지도 말고 이미 배운 자는 쓰지도 말 것이며 그래도 사용하는 자를 알거든 고발할 것. 또 개인이 간직하고 있는 훈민정음에 관련서적을 모두 불살라 버리되 다만 한어의 번역서만은 예외로 한다(燕山君日記 10年 7日 戊申條: 今後諺文勿敎勿學, 已學者亦令不得行用. 凡知諺文者, 令漢城五部摘告其知而不告者, 並隣人罪之, 仝上 七月 庚戌條: 諺文, 行用者. 以棄毁制書律, 知而不告者, 以制書有違論斷, 朝士家所藏 諺文口訣書冊皆焚之, 如飜譯漢語之類勿禁)."

를 인식하고 그 원리에 대해 본격적으로 연구를 하였다. 《경세훈민
정음도설·훈민정음》에는 다음과 같은 언급이 있다.

> 석정이 삼가 생각하건대 세종대왕께서 창제하신 28자는 列宿의 모양이
> 라고 생각됩니다. 초성 17자에서 牙音은 角으로서 동방의 木에 속하여 만
> 물이 비로소 생기는 것이므로 이를 으뜸으로 한 것입니다. 舌音은 徵으로
> 서 火에 속하고, 脣音은 宮으로서 土에 속하며, 齒音은 商으로서 金에 속
> 하고 喉音은 羽로서 水에 속하니 五行의 상생 순서로 차례를 삼았고 중성
> 11자는 태극·양의·팔괘의 모양입니다.[17]

또한 그는 《明谷集》 7권에 수록되어 있는 〈禮部韻略後序〉에서도
다음과 같이 역설하였다.

> ...... 훈민정음, 즉 언문은 성왕이 제작하신 것으로서 실로 卦畫 및 書契
> 와 더불어 그 공용이 같고, 소옹의 황극경세성음도와 표리가 됩니다.[18]

최석정은 세종대왕이 창제하신 28개 글자가 하늘의 별자리 모양이
라고 극찬하고, 이는 卦畫 및 書契와 쓰임이 같다고 하면서 소옹의
《황극경세성음도》와 같은 반열에 올려놓았다.

조선후기 주자성리학을 국교로 삼은 마당에, 게다가 '한자 만능'
시대에 이미 諺文으로 전락한 '훈민정음'을 다시 들고 나온 배경은
무엇인가? 양난 이후 국가체제를 존속시키기 위해 어쩔 수 없이 주

자성리학의 틀을 선택했지만, 조선 최고의 지식인이 추구한 것은 문화적 예속, 사대주의가 아니라, 조선이 주체가 되고 조선의 문화적 자부심을 고취시켜 조선 문화 창달에 기여하려는 것이 아니었을까?

《경세훈민정음도설·坤》의 〈經世正音五贊·稽訓〉에는 최석정이 구상하는 문명의 구도와 역사관이 집약되어 있는 듯하다.

생각하건데, 우리나라는 檀君으로부터 비롯되었다. 箕子 太師가 封함을 받아 비로소 그 문명을 열었지만, 지역은 외지고 황무하며, 언어는 풍속이 달랐고 백성들은 제 뜻을 펴지 못하였으며, 정교는 거칠고 소박했다. 신라에서 고려까지 아득히 천년의 세월이 흘렀는데, 눈부시다 세종이시어, 그 도가 천명에 참여하였다. 예악과 문장은 찬란하여 조술할 만하며, 선천에서 어긋나지 않고, 널리 만물의 이치를 아셨다. 우리말을 탐구하시어 마침내 큰 가르침을 창제하시고 이름을 正音이라고 하시니 어리석은 백성들을 깨우치고 인도하셨다. 글자 모양은 어떠한가? 篆書와 籀書에서 형상을 취했다. 글자 수는 어떠한가? 하늘의 28개 별자리와 나란히 한다. 환하고 빛나며 정수와 쓰임을 모두 갖추었다. 성음과 율여가 배합되어 글자를 이루었고 종성으로 조화시켜 질서 있게 조직하였다. 글자 수가 만자로 불어나니 본체로부터 쓰임에 이른 것이다. 닭과 개의 울음소리 모두를 형용할 수 있고, 부녀자들과 백성들도 열흘이면 깨우치게 된다. 공은 팔괘를 나눈 것과 나란히 하고, 조화는 율여를 만든 일에 부합된다. 이를 만든 분은 성인이시니 상고시대에 비해도 공이 빛난다.[19] 저 삼황에 짝이 되어 큰 규범을

---

19) 皇墳: 복희 신농 황제 三皇의 전적을 의미하는 三墳을 가리킨다. 일반적

영원토록 남기셨다. 나는 태사의 소임을 맡아 역사를 기록함이 직분이다. 그 덕을 형용하자니 하늘처럼 높고 그 빛을 그리자니 태양처럼 빛난다. 머리를 조아리며 찬을 지으니 동국의 표상으로 비추어지리라.[20]

최석정은 우리나라가 檀君에서 시작하여 箕子에 이르러 그 문명을 밝히게 되었다고 하였다. 지역도 외지고 언어·풍속도 다르며 政教도 거칠고 소박했으나, 세종대왕이 훈민정음을 창제하시어 세상의 소리를 모두 형용할 수 있게 되었고 평범한 사람이라도 열흘이면 깨우치게 되었다. 그러므로 훈민정음은 그 공이 八卦와 같고 세종대왕은 伏義·神農·黃帝의 三皇에 견줄 수 있는 聖人이라고 추숭하였다.

조선 초 단군을 혈연적 시조로 삼는 인식이 형성되었으나, 16세기 사림이 등장한 후 성리학에 몰두하는 분위기에서 기자에게 밀리는 상황이 되었다. 그러나 양난을 계기로 단군조선이 새롭게 조명되어 민족적인 위기를 단군이라는 시조를 내세워 극복하려고 하였다. 그리고 기자도 한국 역사의 시조로만 파악하려는 사림계열의 역사의식에서 벗어나서, 檀君에서 箕子로 이어지는 "檀箕正統論"으로 새롭

으로 상고시기의 고문을 의미한다.

20) 《경세훈민정음도설·坤》稽訓: "於惟我邦. 肇自檀君. 大師受封. 始闡斯文. 地是偏荒. 言語異俗. 民志不伸. 政教捔樸. 自羅而麗. 夐數千載. 赫赫世宗. 道參天緯. 禮樂文章. 粲乎可述. 先天不違. 知周萬物. 究觀方言. 遂創大訓. 命曰正音. 開愚迪蠢. 厥體伊何. 取象篆籀. 厥數伊何. 並躔列宿. 㸚如彬加. 旣粹旣備. 聲音律呂. 配合成字. 叶以終聲. 參伍錯綜. 數衍于萬. 由體達用. 鷄鳴狗吠. 咸得形容. 婦女輿臺. 旬日可通. 功參畫卦. 化符造律. 作者謂聖. 于古有烈. 媲彼皇墳. 永垂弘式. 臣忝太史. 載事是職. 狀德天高. 摹光日曜. 稽首作贊. 鏡玆東表."

게 자리매김하게 되었다.[21]

최석정은 이러한 역사관을 가지고 적어도 문자와 성운의 영역에서 우리나라가 중국과 대등한 문화대국임을 찬미하였다. 임진왜란과 병자호란의 양란 이후 명나라의 멸망 이후 새롭게 등장한 淸에 대해선 조선이 '小中華'라는 의식에서 '朝鮮中華'로 전환되었다. 즉 명나라가 멸망한 동북아시아 사회에서 유교문화를 담지하고 있는 정통은 조선이 계승하였으므로 조선이 중화라는 의식이 조선중화주의로 성립된 것이다. 이러한 역사관과 문명의 구도를 가지고 최석정은 성음의 이치에 정통한 후 훈민정음의 가치를 재인식하게 된 것이다.

4 《황극경세·성음창화도》의 비판적 수용과 재창조

최석정은 훈민정음의 가치를 인식한 후, 邵雍(1011~1077)의 《황극경세·성음창화도》에 훈민정음으로 음을 단 후, 소옹의 견해를 비판적으로 수용하고 상수학을 재해석하여 나름의 운도를 엮어냈다.

먼저 《경세훈민정음도설·坤》의 〈邵氏皇極經世天地四象體用之數圖〉를 살펴보자.

---

21) 단군−기자로 이어지는 '檀箕正統論'은 洪萬宗(1643~1725)의 《東國歷代總目》, 安鼎福(1712~1791)의 《東史綱目》, 李種徽(1731~1786)의 《東史》에서 찾아볼 수 있다.(: 정재훈, 〈조선후기 史書에 나타난 중화주의와 민족주의〉, 한국실학학회: 한국실학연구 8호, 2004. 김영심·정재훈, 〈조선후기 정통론의 수용과 그 변화〉, 한국문화연구소: 韓國文化, 2000. 참조)

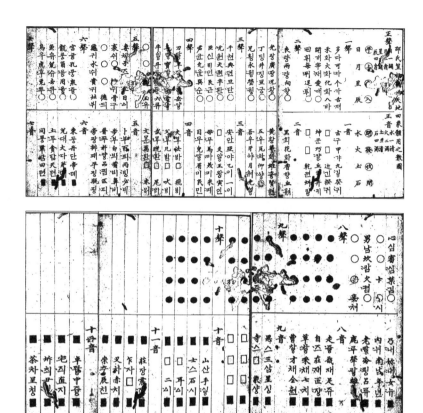

이상의 운도에 대해 최석정은 다음과 같이 상세한 해설을 하였다.

내 생각에 정성 28운은 112를 4로 묶은 수이다. 정음 48모는 開와 閉의 두 등에 비록 검정 네모로 쓰여 지지 않는 자리가 있지만 각 한 줄이 하나의 성모가 되어 48이 되는 것은 예전과 같은 것이다. 정성은 실로 중성의 숫자이지만 훈민정음의 32개 음의 기준으로 보면 네 자리가 적다. 생각건대 ㅣ(伊兒) ㅡ(伊應) ㅣㅣ(伊兒伊) ㅡㅣ(伊應伊) 네 자리는 ㅏ(阿) ㅑ(也) ㅓ(於) ㅕ(與)보다 장중하다. 그의 분운도 泰夬廢祭 灰脂微로 □[22]咍支의 등운에 합치하였다. 그러므로 여기에서는 16섭에서 두 섭이 적어진 것이다. 입성 여러 운에서 屋沃운은 東鍾에 속하지 않고 尤侯운에 속하며, 曷屑운은 寒先운에 속하지 않고 歌麻운에 속한다. 아마도 입성 글자가 옛날에는 종성이 있었는데 현재 종성이 없어진 때문이리라. 정음 48모는 본래 24모에 한 배를 가하여 얻어낸 수이다. 그러나 아음 6모, 후음 4모, 순음 10모, 설음 12모, 치음 16모로서 오음의 청탁이 매우 고르고 정연하지 않다. 漢音 純濁 글자의 평성은 次淸音에 섞였고 상성과 거성은 純淸音에 섞였다. 그러므로 근래의 "揆"는 古音"甲"의 탁음이고 "乾" "虯"는 고음 "坤" "巧"의 탁음이다. 次濁의 글자는 범어에는 두 개의 성모가 있는데 그러나 漢音에서 상성은 낮게 발음하고 평성은 높게 발음한다. 그러므로 "五" "武"를 청성으로 하고 "吾" "文"를 탁성으로 하며 나머지는 모두 기존의 방식에 따른다. 정음 48모는 본래 24모에 한 배를 가하여 얻어낸 수이다. 그러나 아음 6모, 후음 4모, 순음 10모, 설음 12모, 치음 16모로서 오음의 청탁이 매우 고르고 정연하지 않다. 漢音 純濁 글자의 평성은 次淸音에 섞였고 상성과 거성은 純淸音에 섞였다. 그러므로 근래의 "揆"는 古音"甲"의 탁음이고 "乾" "虯"는 고음 "坤" "巧"의 탁음이다. 次濁의 글자는 범어에는 두 개의 성모가 있는데 그러나 漢音에서 상성은 낮게 발음하고 평성은 높게 발음한다. 그러므로 "五" "武"를 청성으로 하고 "吾" "文"를 탁성으로 하며 나머지는 모두 기존의 방식에 따른다. 그러나 이것은 본래의 자연스러운 소리에 합치되지 않고 게다가 端精에는 閉音이 없고 非微에는 收音이 없는데 아마도 모두 정밀하지 않아서이다. 내가 그리하여 포괄하여 다시

---

22) 식별이 어려운 글자이다.

도설에 나타내었으니 독자들은 세세하게 헤아려보길 바란다. 이 도표의 글자는 모두 언문으로 漢語에 주를 하였는데 이로써 소옹의 뜻을 나타내었다.[23]

  본고에서 주목하는 것은 최석정이 이를 바탕으로 邵雍의 상수학적 해석을 비판적으로 수용하고 나름의 견해를 피력하여 운도를 제작한 점이다. 《경세훈민정음도설·乾》의 〈訓民正音準皇極經世四象體用之數圖〉에 다음의 글귀가 있다.

  이 운도는 소씨 경세서의 본 예를 따라서 약간 틀을 짠 것이다. 대개 소씨는 단지 속음을 근거해보였지만 지금 고음에 의거하여 더하고 덜하여 다시 정하였다. 예를 들어 오른쪽 聲의 "壬" "癸"와 音의 "亥" "子" "丑"은 음이 만들어질 수 없다. 아래의 글에 상세히 설명해둔다.[24]

---

23) 按正聲二十八韻卽一百十二四約之數也, 正音四十八母開閉二等, 雖有黑圈不用之位, 每一行爲一母, 則其爲四十八, 猶自如也. 正聲實爲中聲之數, 而準諸訓民三十二音少四位焉. 意者 ᅵ伊兒 ᅳ 伊應 ᅵᅵ 伊兒 伊 ᅵ 伊應伊 四位莊于阿也於與四位而然歟. 其分韻亦以泰夬廢祭灰脂微合于□哈支之等韻, 故十六攝少二攝焉. 入聲諸韻屋沃不屬于東鍾而屬於尤侯, 曷屑不屬寒先而屬於歌麻, 盖入聲之字古有終聲而今無現終聲故歟. 正音四十八母本出於二十四母加一倍而得數, 但牙音六, 喉音四, 唇音十, 舌音十二, 齒音十六, 五音淸濁甚不勻整. 漢音純濁之字平混於次淸, 上去混於純淸, 故近葵爲古甲之濁, 乾虯爲坤巧之濁. 次濁之字, 梵音皆有二母, 而漢音上聲低呼, 平聲緊呼, 故以五武爲淸, 吾文爲濁, 他皆仿此. 然不合於本然之聲, 且端精之無閉音, 非微無收音, 恐皆考之未精也. 余故臠栝更定圖說見上, 覽者詳之, . 此圖諸字皆以諺字注漢語, 以見邵子之意云.

24) 此圖因邵氏經世書本例頗加臠栝 蓋邵氏只據見在俗音 今依古音增損更定 如右聲之壬癸 音之亥子丑 不能生物 詳著于下文.

최석정은 소옹이 《황극경세·성음창화도》에 표기된 음이 俗音인
것을 비판하고 古音을 첨삭하여 《경세훈민정음도설·乾》의 〈訓民正
音準皇極經世四象體用之數圖〉 운도를 제작하였다.

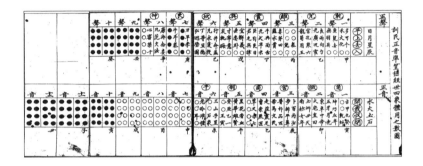

먼저 《경세훈민정음도설·坤》의 〈邵氏皇極經世天地四象體用之數
圖〉와 《경세훈민정음도설·乾》의 〈訓民正音準皇極經世四象體用之數
圖〉의 운도를 비교해보면 다음과 같이 체제상 큰 차이가 있음을 볼
수 있다.

첫째, 〈邵氏皇極經世天地四象體用之數圖〉는 최석정이 밝혔듯이
'邵雍의 《황극경세·성음창화도》의 글자에 모두 언문으로 漢語의 주
를 하여 소옹의 뜻을 나타내고자 하였다. 최석정은 邵雍의 《황극경
세·성음창화도》에 표기된 글자에 諺文으로 주를 달은 漢語가 어느
시기, 어느 지역, 어떤 음운체계인 지가 자못 궁금하다. 최석정 이후
黃胤錫(1729~1791)도 그의 《理藪新編》 권12 〈經世四象體用之數圖〉에
서 《황극경세·성음창화도》에 훈민정음으로 음을 달고 다음과 같이
설명하였다.

본서의 正聲 112字母와 正音 152字母를 살펴보면 모두 264字母가 되는데 거기에 反切을 달았다. 이제 了義의 36字母를 가지고 洪武正韻의 31자모를 참고하고 또한 三韻聲彙의 훈민정음 자모를 취하여 모든 소리를 기록함으로서 漢語의 면모를 보고자하였다.[25]

황윤석이 〈經世四象體用之數圖〉에 훈민정음으로 주를 단 漢音은 《洪武正韻》과 《三韻聲彙》의 음을 고려하였다고 했지만 황윤석이 염두에 둔 漢音은 이보다 더 현실적인 중국한자음, 俗音이었던 것 같다.[26] 최석정(1646~1715)과 황윤석(1729~1791)이 모두 邵雍의 《황극경세·성음창화도》에 훈민정음으로 주음하였으므로 시간적 격절을 감안하여 각자 어떤 한어의 음운체계를 근거한 것인 지에 대한 비교 연구는 흥미로운 작업이 될 것이다.

둘째, 〈邵氏皇極經世天地四象體用之數圖〉에서 正聲·正音의 상수역학으로 계산된 음운체계의 수는 다음과 같다.

正聲: ① 有字 + ○ + ● ------------------------------------- 160
　　　② 有字 + ○ -- 112
　　　③ 有字 -- 83
正音: ① 有字 + □ + ■ ------------------------------------- 192

---

25) 《理藪新編》권12 〈經世四象體用之數圖〉: "按本書正聲字母一百一十二, 正音字母一百五十二, 凡二百六十四母 所以爲反切也. 今以了義字母三十六, 參之洪武字母三十一, 又取三韻聲彙訓民正音字母, 諸聲錄之以見漢語大略耳."

26) 심소희, 〈황윤석의 정음관 연구 1〉, 중국어문학연구회: 중국어문학논집 제62호, 2010. 참조.

　그러나 최석정은 〈訓民正音準皇極經世四象體用之數圖〉에서 다음
과 같은 음운체계의 수를 설정하였다.

　최석정이 상수역학으로 계산된 음운체계는 소옹과 숫자도 다를 뿐
만 아니라 글자도 대폭 수정하였다.

正聲	邵雍				최석정			
一聲	多	可	个	舌	多	可	个	○
	禾	火	化	八	禾	火	化	○
	開	宰	愛	○	魚	鼠	去	○
	回	每	退	○	無	羽	具	○
二聲	良	兩	向	○	良	兩	向	勻
	光	廣	況	○	光	廣	況	霍
	丁	井	亘	○	宮	孔	衆	六
	兄	永	瑩	○	龍	甬	用	玉
三聲	千	典	旦	○	○	○	泰	○
	元	犬	半	○	○	○	태	○
	臣	引	艮	○	妻	弟	四	○
	君	允	巽	○	龜	水	貴	○
	刀	早	孝	岳	千	典	旦	舌

四聲	毛	寶	報	霍	元	犬	半	末
	牛	斗	奏	六	臣	引	艮	日
	○	○	○	玉	君	尢	巽	律
五聲	妻	子	四	日	宜	解	義	○
	衰	○	帥	骨	垂	委	卦	○
	○	○	○	德	才	宰	意	○
	龜	水	貴	北	灰	軌	晦	○
六聲	宮	孔	衆	○	行	井	命	益
	龍	甬	用	○	兄	永	覓	役
	魚	鼠	去	○	丁	等	亘	德
	烏	虎	兔	○	弘	廻	瑩	國
七聲	心	審	禁	○	刀	早	孝	○
	○	○	○	十	●	●	●	●
	男	坎	欠	○	牛	斗	奏	○
	○	○	○	妾	●	●	●	●
八聲	●	●	●	●	廉	冉	念	妾
	●	●	●	●	凡	范	欠	法
	●	●	●	●	心	審	禁	○
	●	●	●	○				
九聲	●	●	●	●	●	●	●	●
	●	●	●	●	●	●	●	●
	●	●	●	●	●	●	●	●
	●	●	●	●	●	●	●	●
十聲	●	●	●	●	●	●	●	●
	●	●	●	●	●	●	●	●
	●	●	●	●	●	●	●	●
	●	●	●	●	●	●	●	●

正音	邵雍				최석정			
一音	古	甲	久	癸	古	甲	九	癸
	□	□	近	揆	○	○	乾	虯
	坤	巧	丘	棄	坤	巧	丘	棄
	□	□	乾	虯	五	牙	月	堯
	黑	花	香	血	東	卓	中	帝

二音	黃	華	雄	賢	大	宅	直	田
	五	瓦	仰	□	土	坼	丑	天
	吾	牙	月	堯	南	妳	女	年
三音	安	亞	乙	一	卜	百	丙	必
	□	爻	王	寅	步	排	平	鼻
	毋	馬	美	米	普	朴	品	匹
	目	兒	眉	民	母	馬	文	民
四音	夫	法	□	飛	走	莊	震	足
	父	凡	□	吠	曹	崇	辰	匠
	武	晚	□	尾	草	叉	赤	七
	文	萬	□	未	○	○	○	○
五音	卜	百	丙	必	黑	花	香	血
	步	白	備	鼻	黃	華	雄	賢
	普	朴	品	匹	安	亞	乙	一
	旁	排	平	瓶	○	○	王	寅
六音	東	丹	帝	■	三	山	手	星
	兌	大	弟	■	○	○	石	象
	土	貪	天	■	老	冷	離	禮
	同	覃	田	■	○	○	耳	○
七音	乃	妳	女	■	○	○	○	○
	內	南	年	■	○	○	○	○
	老	冷	呂	■	○	○	○	○
	鹿	犖	離	■	○	○	○	○
八音	走	哉	足	■	○	○	○	○
	自	在	匠	■	○	○	○	○
	草	采	七	■	○	○	○	○
	曹	才	全	■	○	○	○	○
九音	思	三	星	■	○	○	○	○
	寺	□	象	■	○	○	○	○
	□	□	□	■	○	○	○	○
	□	□	□	■	○	○	○	○
十音	■	山	手	■	●	●	●	●
	■	士	石	■	●	●	●	●
	■	□	耳	■	●	●	●	●

	■	□	二	■	●	●	●	●
十一 音	■	莊	震	■	●	●	●	●
	■	乍	□	■	●	●	●	●
	■	叉	赤	■	●	●	●	●
	■	崇	辰	■	●	●	●	●
十二 音	■	卓	中	■	●	●	●	●
	■	宅	直	■	●	●	●	●
	■	坼	丑	■	●	●	●	●
	■	茶	呈	■	●	●	●	●

그 외 邵雍은 正聲의 음이 없는 글자를 "○●", 正音을 "□■"로 표기하였는데, 최석정은 正聲과 正音을 모두 "○●"으로 표기하였다.

또한 최석정은 이상의 논의를 바탕으로《경세훈민정음도설·乾》의 〈聲音律呂唱和全數圖〉를 저술하였다. 〈聲音律呂唱和全數圖〉는《경세훈민정음도설·乾》108쪽 가운데 75쪽인 70%의 분량을 차지할 만큼 최석정이 역점을 두었던 부분이다. 〈聲音律呂唱和全數圖〉[27]의 내용분석을 통해 최석정이 견지하고 있는 정음관의 면모를 알 수 있을 것이다.

---

27) 운도는 모두 32도이고 각 도는 모두 384음이 갖추어져 있다. 外8攝은 一過 二壯 三泰 四觀 五解 六井 七剝 八謙이고, 內8攝은 一豫 二蒙 三履 四晉 五顧 六恒 七復 八臨이다. 내 생각에 매 운마다 一關의 글자는 開口 外轉이고, 二翕의 글자는 合口 外轉이며, 三關의 글자는 開口 內轉이고, 四翕의 글자는 合口 內轉이다. 그러므로 一關 二翕을 外라고 하고, 三關 四翕을 內라고 하는 것이니 열람자는 이를 살펴보아야 할 것이다(圖凡三十二 每圖各具三百八十四音 外八攝 一過 二壯 三泰 四觀 五解 六井 七剝 八謙 內八攝 一豫 二蒙 三履 四晉 五顧 六恒 七復 八臨按每韻一關之字開口外轉 二翕之字合口外轉 三關之字開口內轉 四翕之字合口內轉 故一關二翕謂之外 三關四翕謂之內 覽者詳之).

5 맺는 말

최석정은 숙종연대 영의정을 여덟 번이나 역임한 명문관료로서 조부 崔鳴吉(1586~1674), 부친 崔後亮(1616~1693)의 맥을 잇는 집안대대로 소론계 대표 주자였다. 기존학계에서는 조선후기의 정치상황을 주자학의 명분론을 중시하던 老論과 양명학과 연계를 맺고 실용적 학문관을 견지했던 少論으로 구분하는 경향이 있다.[28] 하지만 노론이든 소론이든, 주자학이든 양명학이든, 당시의 집권층 학자들은 양난 이후 국가 재건이 급선무였고, 천하대란의 상황에서 조선중화주의를 이룩하고자 하는 시대적 소명감을 가지고 있었다. 그리고 본고에서 살펴보았듯이, 이러한 의식은 최석정의 《경세훈민정음도설》에 그대로 반영되어 있다. 조선 최고의 지식인 최석정은 자존감을 회복하고 중화주의의 수호자임을 천명하기 위해 세상에 《경세훈민정음도설》을 헌정하였던 것이다.

최석정 사후 250년이 지난 후에야 발견된 《경세훈민정음도설》는 필사본으로서 보존상태가 좋지 않아 식별하기 어려운 문장과 글자가 적지 않았지만, 《경세훈민정음도설》에는 최석정의 '정음'에 대한 놀라울 만큼 높은 식견이 노정되어 있었다. 최석정은 邵雍의 상수학 견해를 비판적으로 수용하고 〈訓民正音準皇極經世四象體用之數圖〉를 설정한 후, 〈聲音律呂唱和全數圖〉를 저술해내었다. 이는 다름 아

---

28) 김영주, 〈소론계(少論系) 학인의 언어의식 연구(1)-『정음(正音)』 연구를 중심으로〉, 동방한문학회: 동방한문학 27호, 2004, 김동준, 〈소론계 학자들의 자국어문 연구활동과 양상〉, 민족문학사학회: 민족문학사연구 35호, 2007, 참조.

닌 문화의 수용-변용-재창조 순서로 진행되는 문화진화과정이라고 보여진다.

　우리 선조들은 숙명적으로 중국과 지리적으로 인접해있으면서 중국 문화를 주체적으로 수용하고 또 독창성을 견지해왔다. 이러한 문화수용 방식은 오늘날 세계화 글로벌시대에 우리의 주체성을 망각하고 무방비 무개념으로 타문화 수입에 급급한 현 시점에 시사하는 점이 많다고 생각한다.

심소희　2012, 『한중언어문화연구』 28 (한국중국언어문화연구회)

明谷 崔錫鼎, 易數로 邵康節과 소통 후 남긴 메시지 탐색

『經世訓民正音』坤冊 聲音篇과 『皇極經世書』 역수론 비교를 중심으로

조희영(조선대학교 인문학연구원 교수)

1 이끄는 글

明谷 崔錫鼎(1646~1715. 이하 '명곡'이라 함)은 조선 후기로 넘어가는 肅宗代에 정관계 및 학계에 활약한 소론계 인물로, 조선시대 드물게 보는 經世와 학문을 겸비한 사대부 지식인이다.[1] 명곡은 초급 관리시절부터 창작활동을 시작하고 영의정 등 고위관리로 國務를 펼치는 와중에도 뛰어난 저술과 문장을 남겼다. 그는 어릴 때부터 易學에 밝아 신동으로 불렸고 九經, 제자백가 등 다방면의 학문과 經術, 언론 등에 통했으며 특히 算數[數學]과 字學[音韻學]의 어려

---

[1] 명곡에 대한 자세한 자료는 김용흠, 「숙종대 소론 변통론의 계통과 탕평론: 明谷 崔錫鼎을 중심으로」, 『韓國思想史學』 32, 한국사상사학회, 2009, 223~267쪽 ; 이상규, 『명곡 최석정의 경세훈민정음』, 역락, 2018 참조.

운 부분에도 능통했음을 『실록』으로 알 수 있다.[2] 여기서 핵심은 명곡이 이른 시기에 역학을 꿰뚫은 후 여러 학문을 익혔지만 그중 수학과 음운학[본 글에서 음운론, 성음론과 같은 의미로 사용]에서 뛰어났다는 점이다. 여기서 말하는 역학은 상수역학, 그중 邵康節(1011~1077, 이하 '강절'이라 함)易學이다. 명곡의 이런 능력은 "隱曲微密, 皆不勞而得妙解"란 史官의 평가에서 알 수 있다. 기실 이 말은 사관도 모르는 것을 명곡은 신통하게 알았다는 고백이기도 하다. 여기서 역학과 수학과 음운학 이 세 조합은 어울리지 않을 것 같지만 상수역학의 영역에서는 가능하다. 그것은 상수역학이 지닌 간학성 때문이다.

그의 저술 중에는 조선조 최초라는 수식어가 붙는 것이 둘 있다. 하나는 최초로 당상관의 지위에서 지은 수학서『九數略』(1700년)[3]과, 『훈민정음』(이하 '정음'이라 함) 연구서인『경세훈민정음』(1678년)이다.[4] 이 두 책의 공통점은 상수역학 그중 강절역에 기반했다는 사실이다.

---

2) 『숙종실록』「보궐 정오」56권, 癸卯. 1715년 11월 判中樞事崔錫鼎卒. "……十二已通易, 手畵爲圖, 世稱神童 九經 百家, 靡不通涉 …… 經術, 文章, 言論, 風猷 爲一代名流之宗, 以至算數, 字學, 隱曲微密, 皆不勞而得妙解 ……("판중추사 최석정이 죽었다. …… 12세에 易을 깨쳐 易圖를 그려 신동으로 불리었고 구경, 백가에 통하지 않은 것이 없었다. …… 경술, 언론, 문장, 풍유 등이 당대 최고였고, 數學과 字學에 대해서는 그 숨어있는 곡절과 은밀함을 모두 힘 안들이고 신기하게 알았다.)"

3) 『九數略』에 대한 최근의 연구로는 조희영,「『구수략(九數略)』, 송대 도서상수학으로 짜인 조선수학서:인문학적 지평에서」,『정신문화연구』146, 한국학중앙연구원, 2017(1), 105~133쪽 참조.

4) 명곡의 책은 1678년 지어진 것으로 정음 창제 이래 최초의 정음의 연구서로 평가받고 있다. 종전에는 旅菴 申景濬(1712~1781)이 1750년(영조 26년)에 지은 『韻解訓民正音』이 최초 정음 연구서로 알고 있었다. 그러나 김지용에 의해 명곡의 책이 최초의 정음 연구서임이 밝혀졌다. 김지용은 이 책이 1700~1715년 사이 저작된 것으로 추정한다.

강절의 『황극경세서』는 난해하기로 소문난 역학서이다. 그러나 그는 일찍이 강절역을 체득했기에 이를 발판으로 수학과 음운학으로 뻗어갈 수 있었다. 본 글에서 다룰 『경세훈민정음』은 乾坤 2冊으로 이루어졌고 김지용에 의해 원본이 발견되어 1968년 영인되었다.[5] 건책은 도설과 수학을 이용한 음운론인데 정음을 강절역으로 분석한 것이고, 곤책은 그에 대한 배경사상이나 관련지식 위주이며 둘은 서로 유기적으로 이루어졌다. 명곡이 정음 解例編을 보지 못하고[6] 예의편만 보고도 정음과 강절역은 서로 표리관계임을 갈파하였으니[7] 놀라운 통찰력이라 할 수 있다.

명곡이 강절역에 능통한 데에는 家學에 힘입은 바가 크다. 그의 조부 遲川 崔鳴吉(1586~1647)은 조선조 강절역 전문가인 象村 申欽 (1566~1628)[8]에게서 강절역을 배웠다. 최명길은 유학자들에게 '수학의 중요성'을 강조하였다.[9] 그가 말한 수학은 강절의 수학 즉 역수

---

5) 명곡의 책은 직필 수간본으로 日本 京都大學 도서관 河合文庫에서 김지용이 발견하여 처음 학계에 소개되었다. 1968년 연세대에서 영인본을 간행하였고, 2011년 김지용이 원문에다 해제를 붙이고 김석득의 1973년 논문의 수정판을 더해 발간했다. 崔錫鼎 著, 金智勇 解題, 『경세훈민정음도설』, 明文堂, 2011. 책의 명칭에 대해서는 본 글에서는 『經世訓民正音』으로 한다.

6) 명곡은 정음 해례편을 보지 못한 것으로 보인다. 그것은 이 책 어디에도 해례편을 인용하거나 언급하지 않는 데에서 알 수 있다. 안병희, 『훈민정음 연구』, 「숙종의 『훈민정음 후서』」, 서울대출판부, 2007, 111~112쪽 ; 이상규, 앞의 책, 2018, 32쪽 등 거의 모든 명곡 연구서도 동일하다.

7) 명곡은 『예부운략』「禮部韻略後序」(1678)에서 "邵氏經世聲音, 亦與訓民相表裏"라 하였다.

8) 신흠과 강절역과의 관계에 대해서는 조희영, 「申欽의 『先天窺管』: 조선시대 『皇極經世書』 첫 해설서」, 『東洋哲學硏究』91, 東洋哲學硏究會, 2017(2), 37~38쪽 참조.

9) 최명길은 신흠과 이 점-儒者에게 數學의 중요성-에서 상통했다. 沈慶昊,

학을 염두에 둔 것이다. '수학의 중요성'을 강조함은 당시 학자들에게는 의외의 주장이라 할 수 있다. 상수역학자조차도 '상'이 중심이고 '수'가 중심이 아니었으며, 수학은 中人이 취급하는 영역이므로 오히려 거부의 대상이었다. 이는 강절이 二程형제에게 역학에서 **數**의 중요성을 설파하며 수학을 가르치려 했지만 특히 伊川이 이를 거부한 것과 흡사하다. 그러나 고대 서양에서 수학이 철학과 과학의 원류였던 사실에 비추어 신흠과 최명길의 주장은 시공을 뛰어넘는 혜안이었다. 조부의 수학에 대한 선견지명이 명곡을 일깨웠을 것이다. 음운학도 가학의 덕분[10]임을 이 책 **坤冊** '五贊註'[11]에서 밝히고 있다. 이 지점에서 명곡의 학문적 업적은 본인의 총명함과 노력에 더해 가학의 도움을 받았고, 그 분야는 강절역이며 특히 **易數學**(이하 '易數'라 함)과 음운학임을 알 수 있다. 그러면 그의 음운론은 역수와 어떠한 관계인가? 미리 말하건대, 그의 음운론은 역수를 근본에 깔고 있다. 역수가 여실히 드러난 곳이 이 책 **坤冊 聲音篇**이다. 이 성음편은 음운론의 수학적 배경이자 명곡 수학의 집합처이다. 그런

「17세기 초반 지성사의 한 단면: 지천 최명길과 월사·상촌·계곡·택당」, 『漢文學報』18, 우리한문학회, 2008, 346~347쪽.

10) 이 책, 60쪽, "先祖遲川及先考東岡公並加工於字學, 牛栗兩先生皆祖師"라 하여 자신의 음운학이 조부 지천 최명길, 부친 동강 최후량의 가학과 멀리는 栗谷과 牛溪의 덕분임을 말하고 있다.

11) '五贊'은 이 책 坤冊 첫 부분인 '經世正韻五贊'[104~108쪽]의 '明象', '辨韻', '本數', '稽訓', '逑志' 다섯으로 명곡이 이 책을 저작하게 된 동기나 근본 사상을 다섯 가지 찬문으로 나타낸 것이다. '五贊註'는 자신이 지은 '五贊'에 대한 自註이다. 이에 대해서는 김동준, 「崔錫鼎의 語文觀과 文明認識:〈經世正韻五贊〉을 중심으로」, 『고전문학연구』42, 월인, 2012, 307~338쪽 참조.

데도 이때까지 명곡에 대한 연구[12]에서 성음편에 대한 심층 분석은
없었다.[13] 사실 이 성음편을 분석하려면 먼저 강절 역수를 알아야
하고 강절역 전체가 역수를 기반으로 했다는 사실도 알아야 한다.[14]
강절은 자신의 易理를 주장할 때 易數로 입증하는데, 이것이 타 역
학자와 차별점이자 강절역의 묘미이기도 하다.[15] 이런 사실을 명
곡은 일찍이 간파하여 체득했다. 그래서 그는 정음을 분석할 때 그
내면을 강절 역수의 틀에서 전체 구도를 짜고 거기에 맞추어 자신

---

12) 명곡에 대해서는 김석득, 강신항, 유창균, 정경일 등 다수의 학자들의 論
著에 언급되고 있지만 그에 대한 실질적인 연구는 1972년 김석득의 논문
이 시작점인 것 같다. 김석득, 『經世訓民正音圖說』의 易理的 構造」, 『東
方學志』13, 延世大學校東方學硏究所 13, 1972, 135~170쪽.: 「실학과 국
어학의 전개-최석정과 신경준의 거리-」, 『동방학지』16, 연세대 국학연구
원, 1975, 121~137쪽. 2011년 이후 이상규와 심소희가 활발히 연구하고 있
다. 이들에 대해서는 해당되는 부분에 언급할 것이다.

13) 기존 연구자는 국어학자 위주여서 강절의 성음론은 역수를 기반으로 했다
는 사실과 강절에게 역수가 없으면 역리도 없고 명곡 또한 같다는 사실을
간과했다. 이는 전공이 다르니 어쩔 수 없었을 것이다. 이런 점을 보면 조
선 음운학 연구는 상수역학 특히 강절역과의 협업이 절실하다.

14) 강절을 數學派 혹은 理數學派라고도 한다. 강절은 理와 數를 동류로 본
다. 그래서 그는 "천하의 수는 이치에서 나온다[天下之數出於理]"라 한
다. 또 "易에는 속에 든 象이 있으니 리수가 그것이다 [易有內象, 理數是
也]"라 했다. 이것이 송대 (리)수학파의 이론적 배경이다. 이에 해당하는
이가 채 원정-채침 부자 등이다. '리수'는 단순히 수의 이치만을 말하는 것
이 아니다. 따라서 理數와 數理는 다른 개념이다. 이에 대해서는 조희영,
『주역』에 내재된 理數의 함의」, 『韓國思想과 文化』, 제77집, 한국사상문
화학회, 2015, 305~330쪽 참조.

15) 이것은 철학사적으로도 의미가 있다. 서양과 달리 동아시아 철학[儒佛道]
에서는 수학을 철학의 영역으로 보지 않는 풍토가 있다. 그러나 서양의 피
타고라스에 필적하는 이가 소강절이다. 아마 동아시아에서 수학을 철학의
영역 특히 유학의 영역에 편입시킨 이는 소강절일 것이다. 이는 물론 상수
역학을 통해서이다. 학계에서는 강절의 이런 학문적 지향점에 무관심했고,
특히 강절의 학문적 공로에 대한 평가가 부족했다. 오히려 조선조 선학들
은 강절을 높이 평가하고 학문발달의 밑거름으로 삼았다. 그 대표적인 인
물이 서경덕, 신흠집안, 최석정집안, 서명응집안, 신경준, 김석문 등이다.

의 독자적 음운론을 전개하고 있다.[16] 이 점이 그 뒤 음운서인 신경준(1712~1781)의『운해훈민정음』, 정동유(1744~1808)의『주영편』, 유희(1773~1837)의『언문지』등과 다른 점이다.[17]

이처럼 명곡 역수론을 알기 위해서는 곤책 성음편을 탐구해야 하고, 강절 역수에 대한 선이해가 필요하다. 필자는 이런 관점에서 다음 2장에서는 강절 역수론의 핵심을 보고, 3장에서는 坤冊 聲音篇에 나오는 명곡의 역수론을 분석하며, 4장에서 명곡 역수론이 乾冊 음운론의 각 항목에 어떻게 나타난 지를 고찰하고, 5장 결론에서는 명곡과 강절이 어떻게 소통했고 이 책을 통해 우리에게 어떤 메시지를 남겼는지를 탐색할 것이다. 본 글에서는 김지용이 해제한(2011)『경세훈민정음도설』(이하 '이 책'이라 함)과 性理大全本『皇極經世書』(1989, 학민문화사)를 저본으로 하고, 참고서로는 최근(2018)에 나온 연구번역서인 이상규의 책[18]에서 필요부분을 인용한다. 지면 관계상 그림은 싣지 않는다.

---

16) 김석득은 2011년 김지용이 해제한 책 47쪽에 수록한 자신의 논문『최석정의『경세훈민정음도설』- 국어학 상의 의미-』에서 "최석정의 글자 생성 계산법은 아마도 소강절의『皇極經世書』에 나타나는 圖書象數의 學 곧 일종의 數理論에 의한 수학의 영향을 받은 것으로 추측된다."라 했다.

17) 단, 신경준은 정음에 강절의 가일배법이 함유됨을 말했다. 신경준은 자신의『韻解訓民正音』圖解敍에 "世宗大王製訓民正音, 其例, 取反切之義, 其象, 用交易, 變易, 加一倍法"이라 했다. 이에 대해서는 조희영,「邵康節 數學이 15-16세기 조선 音韻學에 끼친 영향-『訓民正音』과 徐敬德의『聲音解』를 중심으로-」,『민족문화연구』78, 고대민족문화연구원, 2018(1), 255~259쪽 ; 조희영,「『訓民正音』制字解에 함유된 宋代 象數易과 朝鮮易-『皇極經世書』,『太極圖說』,『易學啓蒙』을 중심으로-」,『東方學志』184, 연세대 국학연구원, 2018(2), 130쪽 참조.

18) 이상규의 책은 노고가 베여있는 역작이나 오타와 중복내용이 있음이 아쉬운 점이다.

2 강절 역수론의 핵심

먼저 강절역의 구성요소를 일별하면, 1.도설을 통한 선후천론, 2.역수론, 3.관물론, 4.심법론, 5.성음론, 6.원회운세론 등이며 그중 역수론이 내면적 뼈대 역할을 한다. 강절역에 대한 평가는 긍부정이 교차하지만[19] 최근에는 주희가 강절역을 『역학계몽』에 채택하면서 동아시아의 정설로 굳어졌다는 평가도 나온다.[20] 역수론에 대해서는 이미 2편의 논문에 자세히 나와 있다.[21] 여기서는 본 논문의 논지에 부합되는 요지만을 『皇極經世書』 성음수론을 중심으로 살펴본다. 이해의 편의를 위해 본 장과 다음 장은 항목별로 번호를 붙여 논한다.

1) 강절 역수론의 근본 : '1-2-4-8'로 연산되는 加一倍法

이는 「계사 상」 11장에 나오는 '太極1-兩儀[陰陽]2-四象4-八卦8'의 易卦生成論이자 만물생성론이다. 단, 강절은 태극1에다 '一動一靜之間'을, 양의2에다 '動靜'을, 사상4에다 '陰陽剛柔'를, 팔괘8 자리에

---

19) 강절역에 대해 宋元明代 학자와 조선의 대부분 학자들은 우호적이나, 왕부지를 비롯한 청대 역학자 들과 조선의 정약용 같은 이는 비판적이다. 서양의 라이프니쯔나 융 등은 극찬한다.

20) 김진근, 「소강절의 선천역학에 대한 청대 역학자들의 비판 고찰」, 『汎韓哲學』 51, 汎韓哲學會, 2008, 113쪽.

21) 조희영, 「소강절 易數論은 어떻게 구성되었나?」, 『철학논총』 81, 새한철학회, 2015, 260~280쪽. 조희영, 앞의 글, 2018(1), 246~253 및 260~265쪽 참조.

22) 『황극경세서』, 815쪽, "天數五, 地數五, 合而爲十, 數之全也. 天以一而變四, 地以一而變四. 四者有體也, 而其一者無體也, 是謂有無之極也. 天之體數四而用者三, 不用者一也;地之體數四而用者三, 不用者一也. 是故無體之一以況自然也. 不用之一以況道也. 用之者三以況天地人也."

乾兌離震巽坎艮坤 대신 '太陽, 太陰, 少陽, 少陰, 少剛, 少柔, 太剛, 太柔'를 배속한다. 이런 작업은 역학적 상상력의 공간을 『주역』 너머로 새롭게 확장하는 효과가 있다. 그래서 이를 채원정은 纂圖指要 下에서 '經世衍易圖'라 했다. 그 뜻은 황극경세로 易을 늘려나간다는 것으로 '先天易'을 염두에 둔 것이다. 선천역은 易外別傳的인 易이다.

2) 만물[天地陰陽太少剛柔]을 넷으로 나누는 四象的 만물분류법 : '四府法'

사부법에 근거하여 天地에는 陰陽剛柔, 日月星辰, 水火土石. 때의 變化에는 春夏秋冬, 寒暑晝夜, 雨風露雷. 感應은 性情形體, 色聲氣味, 走飛草木, 耳目口鼻. 時間歷史에는 元會運世, 歲月日時. 聖人의 일은 皇帝王覇, 경서는 易書詩春秋. 聲音唱和에는 正聲正音, 開發收閉, 淸濁翕闢, 平上去入 등 각종의 四象을 四府로 나누어 배분한다. 만물작용론[體用論]은 '體四用三'으로 "하늘은 1이 변하여 4, 땅도 1이 변하여 4이다. 4는 有體이나 1은 無體이니 有無의 極이라 한다. 하늘의 體數는 4[體4]이나 사용하는 것은 3[用3]이고 不用하는 것은 1이다. 땅의 體數도 4이나 用하는 것은 3이고 不用하는 것은 1이다. 이 때문에 無體의 1은 자연에 비유되고 不用의 1은 道에 비유된다. 쓰이는 3[用3]은 天地人에 비유된다"[22]라 한다. [進4 退1]

3) 3, 三才思想

삼재론은 이미 「계사전」과 「설괘전」에 언급되고 있다.[23] 그 연장선

에서 강절은 『황극경세서』에서 삼재에 대해 다음과 같이 말한다.[24]

① 천지는 거대한 물건이고 나뉘어서 만물이 된다. 만물은 각각 천지의 한

자락을 얻지만, 천지와 만물을 겸하여 갖춘 자는 사람이다. 그러므로

(사람은)천지와 함께 병행할 수 있어서 삼재가 된다.

② 일동일정지간이란 천지인의 지극히 묘하고도 묘한 것인저! 그러므로

공자는 삼재의 도를 다 할 수 있는 자임을 알 수 있으니, 그 행적에 뒤

끝을 남기지 않았다라고 한다.

이뿐만 아니라 강절은 '3'이란 수의 중요성에 대해 "역에 진수가

있으니, 3뿐이다. 삼천이란 3을 3배하여 9이고, 양지란 3을 2배하여

6이다[易有眞數, 三而已. 參天者三三而九, 兩地者倍三而六]"라 했

23) 「계사전」하 10장, "易之爲書也, 廣大悉備, 有天道焉, 有地道焉, 有人道
焉. 兼三材而兩之, 故六, 六者, 非它也, 三才之道也." 「설괘전」2장, "昔
者聖人之作易也, 將以順性命之理. 是以立天之道曰陰與陽, 立地之道
曰柔與剛, 立人之道曰仁與義. 兼三才而兩之."

24) ①『황극경세서』, 680쪽, "蓋天地巨物也, 分而爲萬物. 萬物各得天地之
一端, 能備天地兼萬物者, 人之謂也. 故能與天地並立而爲三才." ②『황
극경세서』, 719쪽, "夫一動一靜之間者, 天地人之至妙至妙者歟. 是故知
仲尼之所以能盡三才之道者, 謂其行無轍迹也." 그 외 858쪽에 "形氣交
而神主乎其中, 三才之道也."가 나온다.

25) 양수10, 음수12에 대해 강절 후학들의 견해를 보면, ① 강절의 孤子 소백
온은 10-1=9, 12÷2=6로 역의 9, 6과 결국 같다고 하고, ② 明代 황기는
천지지수 1~10에서 기수1과 우수2로 나타나는 음양 강유수와 9, 10으로
대표되는 음양극수의 합으로 10[1+9], 12[2+10]가 나오고, 「하도」수로 보
면 5, 6을 태극으로 보고 이를 2배한 것이 10, 12라 하며, ③ 淸代 왕식은
양수는 1이 커져 10이 되니 10干의 종류, 음수는 2가 커져 12가 되니 12支,
12月의 종류이다. 1은 10의 시작이자 10은 1의 마침이며, 2는 12의 시작이
자 12는 2의 마침이라 한다.

다. 3에서 **參天兩地論**으로 나아가고 양9 음6, 천9 지6의 이론을 도
출한다.

4) 강절 역수론의 수학적 내용

(1) 기본단위는 극수인 양수10[天, 太, 剛, 律, 聲]과 음수12[地, 少,
柔, 呂, 音]로 『주역』이 9, 6을 쓰는 것과 다르다. 양수가 10인 것
은 1을 늘이면 10, 음수가 12인 것은 2를 늘이면 12가 된다[康節
曰, 陽數一, 衍之爲十, 陰數二, 衍之爲十二].[25] 10과 12는 본수에
해당하며 여기서 뻗어가는 복잡한 역수론은 다음과 같이 정리할
수 있다.

① 太陽, 少陽, 太剛, 少剛 각10. 합40. 體數 : 40×4[進4, 體4]=160. 用
數 : 112[160-48 : 用3, 退1]. 太陰, 少陰, 太柔, 少柔 각12. 합48. 체수 : 48×
4[進4, 체4]=192. 용수 : 152[192-40 : 용3, 퇴1]. 天用數 : 112[160-48]. 地用
數 : 152[192-40]. 용수는 자기 체수에서 상대방 체수를 빼서[退1] 산출
한다. 體4用3, 進4退1. 四府法에 따라 陰陽剛柔에 속한 각각의 四象은
같은 역수체계이다.

② 動植之全數 : 30,720[160×192]=天地體數唱和數. 動植之用數 : 17,024[112
×152]=天地用數唱和數. 動植之通數 : 289,816,576[17,024×17,024]=動植
之通變數=日月星辰水火土石變化通數=天地用數再唱和數.

(2) **聲音唱和數**도 기본적으로 위와 같은 원리이나 부여된 명칭과
배경은 다음과 같다. 사물에는 소리와 색과 기와 맛(聲色氣味)

이 있지만 오직 소리(聲)만 성대하다. 성음의 이치를 이해한 뒤에 만물의 이치를 알 수 있다.[26] 이것이 강절 성음론의 성립배경이다. 즉 강절은 만물 가운데 가장 원리 파악이 용이한 통로는 사물이 내는 소리 즉 '聲音'으로 본다. 이 '성음'으로 역리를 탐구하고, '성음'의 수로 역수를 전개하는 것이다. '성음'은 陽인 正聲[이하 '성'이라 함] 10, 陰인 正音[이하 '음'이라 함] 12로 구분한다. 수로 역리를 나타내기 위하여 성음에 이런 수를 부여하는 것이다. 정성은 다시 平上去入 체수 40, 합160, 정음은 開發收閉 체수 48, 합192로 나누어 배분하여 성음수를 나타내는 기본수로 삼았다. 160-48=112는 하늘의 용성(天之用聲), 192-40=152는 땅의 용음(地之用音)이다. 이처럼 성음수는 평상거입과 개발수폐의 112와 152가 서로 唱和하는데 그 근저에는 사부법과 체사용삼의 원리가 있음은 위 산식과 같다. 아울러 성에는 翕闢이 있고 음에는 淸濁이 있으며, 홀소리(奇聲)를 만나면 소리가 맑아 음이 열리며, 짝소리(耦聲)를 만나면 소리는 탁하여 음이 닫히게 된다. 소리는 律이 되고 음은 呂가 되어 율려가 서로 唱和한다. 聲1이 흡벽2로, 音1이 청탁2로 나뉘고, 소리1-흡벽2는 평상거입4로, 음1-청탁2는 개발수폐4로 연산되는데 그 원리를 왕식은 加一倍法이라 한다.[27] 聲의 수는 160이

---

26) 『황극경세서』, 640쪽, "物有聲色氣味, 可考而見, 唯聲爲甚."……"知聲音之理而後, 萬物之理得矣."

27) 淸代 강절역 주석가 王植은 聲1이 翕闢2로, 音1이 淸濁2로, 소리1-흡벽2는 평상거입의 4로, 음1-청탁2는 개발수폐의 4로 가일배된다고 한다. 조희영, 앞의 글, 2018(1), 251쪽 참조.

나 用聲은 112로 이것으로 律을 만들어 땅을 부르고, 音의 수는 192이나 用音은 152로 이것으로 呂를 지어 하늘에 답하니[唱和], 성음이 있는 곳에서 문자 유무[지식체계]와 무관하게 만물이 유행변화하는 양상과 원리를 성음수를 통해 알 수 있다. 이처럼 천지의 聲音으로 만물의 수를 추산하고, 그 수가 생성되는 내면[사부법, 체사용삼, 가일배법 등]에서 만물의 변화원리, 즉 역리를 엿볼 수 있다는 것이다. 이것이 강절 성음론과 역수론의 핵심이다.

(3) 원회운세수가 있다. 시간단위를 사부법인 元會運世로 대분류하고 日月星辰으로 세 분류하여 역사연표를 작성한다. 그 연표에는 우리가 생활에서 기본적으로 접하는 시간 단위인 12, 30을 기본수로 삼아 易의 卦爻, 60갑자, 10干12支를 착종하듯 가로세로로 조밀하게 배분한다. 이는 천지의 역사를 중국왕조를 기준으로 시간적으로 재단한 것이다. 1元=12會, 1회=30運, 1運=12世, 1세=30年. 따라서 1세=30년, 1운=360년, 1회=10,800년, 1원=129,600년이다. 1원 129,600년을 주기로 천지가 순환한다는 원리이다. 물론 과학적 근거가 뒷받침되지 않은 연대표이지만, 강절이 역철학적 관점에다 수학적 상상력을 더하여 천 지 始終이 一元129,600년을 주기로 二元, 三元 등으로 순환한다는 역사재단서이다. 이 연표가 우리와 무관할 수 없는 이유는, 이것이 조선 중후기 조선역사서 작성에 지대한 영향을 끼쳤고 고조선 건국인 기원전 2333년과도 관련이 있기 때문이

다.[28] 한편 원회운세론은 선 후천론과 더불어 조선 학자들에게는 연구의 새로운 소재가 되기도 하였고, 세속의 방술가에게는 시국을 호도하는 변통의 도구로 전락하기도 했다. 특히 한말의 후천개벽론이 대표적이다.

(4) 64괘 384효의 책수와 만물지수 및 64괘선천원도에 배정된 각종 수[運數, 交數, 有數, 無數 등]들은 강절역에서 방대하고 난해한 부분이라 여기서 다 언급할 수는 없다.[29] 그중 일부는 명곡의 성음편에도 나온다.

3 명곡 역수론의 핵심

『經世訓民正音』坤冊 聲音篇[30]에 나온 명곡 역수론은 대부분 강절과 같으나 다른 점도 있다. 전체 내용을 항목별 구분하여 보면서 강절과 다른 점은 별도로 언급한다.

1) 천지음양의 기본 체수

양수[奇]=1, 음수[耦]=2. 1→衍10[天體數], 2→衍12[地體數], 10과 12는 본수. 만물의 色聲氣味 중 '聲'이 最盛. 聲數에서 闢翕은 律, 天

---

28) 원회운세로 만든 조선 역사서는 신익성의 『황극경세동사보편통재』, 홍계희의 『경세지장』, 서명응의 『황극일원도』이 셋이다. 여기에 요임금 즉위는 기원전 2357년(甲辰年), 단군의 고조선 개국은 2333년(戊辰年)으로 나와 있다.
29) 이에 대해서는 조희영, 「서명응의 『선천사연』에 관한 연구」, 숭실대 박사학위 논문, 2012, 236~244쪽 참조.
30) 이 책, 97~104쪽.

이고, 淸濁은 呂, 地. 一闢一翕하여 10聲이 부르면[唱], 一淸一濁하여 12音이 화답[和]. 聲의 體=40[10×4], 音의 體=48[12×4]. 聲의 체수=160[40×4：사부법：평상거입]. 音의 체수=192[48×4：사부법：개발수폐]. 이상은 강절의 기본적인 역수론으로 명곡이 그대로 수용했다.

2) 명곡의 천지 성음수 산정

天의 用聲=120[체4용3：160-40. 不用1=40=有位而無聲], 地의 用音=144[체4용3：192-48. 불용1=48=有位而無音]라 하는데 이 수 산정은 강절과 다르다.[31] 명곡은 120÷4=30, 144÷4=36變之則24[有位無音之半數]라 한다. 30은 젖혀두고 갑자기 32를 有位無聲之全數라 하고, 24는 有位無音之半數라는데 여기에 문제가 있다.[32] 聲의 用

---

31) 원래 용수는 자기 체수4에서 상대방 체수1을 빼서 산정하는 것이 강절의 체4용3론이다. 이에 의하면, 天用聲：160-48=112, 地用音：192-40=152이다. 그러나 명곡은 자기체수4에서 자기체수1을 빼서 120, 144가 나온다. 주의를 요한다. 뒤에 이어지는 32, 24 때문으로 보이지만 납득하기 힘들다.

32) 32와 24를 도출하는 수정과정에서 명곡의 계산이 헝클어진 듯하다. 이 책 103~104쪽에 걸쳐 수정 한 곳이 있다. 즉, 원래 "聲有十宮而壬癸不能生物, 故有位而無聲者三十有二. 音有十二宮而亥子丑不能生物, 故有位而無音者四十有八. 一百六十去三十二者則天之用聲一百二十有八. 一百九十二去四十八者二則地之用音九十有六也. 一百二十八, 四約之則三十有二. 九十六, 四約之則二十有四也. 三十二即有位無聲之全數也, 二十四即有位無音之半數也."에서 밑줄 친 부분을 수정하여, "聲有十宮而天之體數四用者三不用者一, 故有位而無聲者四十. 音有十二宮而地之體數四用者三不用者一, 故有位而無音者四十有八. 一百六十去四十則天之用聲一百二十. 一百九十二去四十八則地之用音一百四十有四也. 一百二十, 四約之則三十(필자삽입：變之則三十有二也), 一百四十四, 四約之則三十六, 變之則二十有四也."로 수정하였다. 그 목적은 강절의 체4용3을 적용하고자 함과 24와 32의 합리적 도출 때문이었다. 32와 24는 有位無聲音의 수로 강절과 차별되는 자칭 '新法'으로 명곡에게는 중요한 것이자 정음의 수이다. 따라서 32, 24 산출과정이 논리적이어야 자신의 성음수론의 독창성이 인정

이 32에 그치고 音의 용이 24에 그친 이유는 陽用其全, 陰用其半 때문이라 한다. 체수로 말하면 40-8=正聲32, 48-(12×2)=正音24. 天數10→用8, 地數12→用6은 卦는 8, 爻는 6, 8音, 6律[33]이 있는 것과 같다. 闢翕은 나뉘어서 兩儀를 상징하고, 개발수폐가 사귀어 四象을 상징하며, 平仄이 相形하여 8괘를 상징하고, 淸濁이 상생하여 64괘를 상징한다. 一韻의 四等과 一音의 四聲 모두 384는 重卦의 爻[64괘

받는 것이다. 그러나 명곡은 24와 32의 산출과정에서 결정적 착오를 범했다. 수정 전 글에서 壬癸不能生物이므로 有位無聲 32, 亥子丑不能生物이므로 有位無音 48이라 했다. 이어서 160-32=128는 天의 用聲, 192-(48×2)=96은 地의 用音이라 하면서, 128÷4=32, 96÷4=24로, 32는 有位無聲의 全數, 24는 有位無音의 半數라 했다. 여기서는 32, 24의 도출이 자연스럽다. 그러나 수정 후 글에는 有位無聲이 40으로 변경하고, 有位無音은 그대로 48이다. 160-40=120은 천의 용성, 192-48은 지의 용음 144라 한다. 120÷4=30, 144÷4=36이나 36이 변해서 24라 한다. 이처럼 수정하여 유위무성 32가 40으로 변경되고, 불필요한 30이란 수가 도출되었고, 36이 24로 변경되었다[음의 체수 192에서 48을 빼면 144이고 4로 나누면 36인데 '변하면[變之則]' 24라 한다]. 변한 이유에 대한 설명도 없다. 24는 그렇다 해도 32는 어디서 나오는가. 따라서 '30이 변하여 32(三十變之則三十有二也:필자)'라는 부분을 추가로 삽입해야만 '변하여' 24, 32가 나온 앞뒤가 맞다. 40은 聲의 체수라는데 여기서는 쓸모가 없다. 이런 점에서 보면 수정 전 글의 32와 24의 도출 과정이 깔끔하다. 수정전의 논거에 의하더라도 명곡이 염려한 체4용3설은 적용된다. 즉, 10干에서 戊己는 사계절에 붙어있는 中和의 위치로 用事에서 제외한다. 그러므로 壬癸는 10干에서 戊己 2干을 제외한 8간의 1/4이며, 12支 12궁에서 亥子丑역시 1/4이므로 불용1에 해당하여 체4용3론이 적용된다. 필자가 보건대 수정 전 문장을 그대로 사용하거나 아니면 천원지방론에 나오는 384[體數之策]에서 聲은 圓으로 지름1 둘레3이고, 音은 方으로 지름1 둘레4를 적용하여 聲은 384÷3=128÷4=32, 音은 384÷4=96÷4=24를 근거로 삼는 것이 합당하다. 그래야만 32와 24의 산출과정이 정당하고, '變之則'이란 비논리적인 부분이 필요치 않으며, 뒤에서 壬癸와 해자축으로 有位無聲音을 설명하는 것이 이어지고 있는 점, 이 책 195쪽에서도 壬癸와 해자축을 논하는 점과도 부합하여 논리적으로 일관된다.

33) 이 책, 208, 210쪽 참조. 6律은 12율려: 黃鐘 林鐘 太簇 南呂 姑洗 應鐘 蕤賓 大呂 夷則 夾鐘 無射仲呂 가운데 陽에 속하는 황, 태, 고, 유, 이, 무 여섯이고 8音은 金石絲竹匏土革木이다.

34) 「계사전」 상 9장.

384효]를 상징하니 모두 자연의 수이다. 명곡은 성음수로 24와 32를 사용하는 점이 강절과 다른 독창적인 점이다. 그 이유는 24, 32는 정음의 자모를 기초로 했기 때문이다.

3) 괘와 시초점

卦數64-32=32=聲으로 시초100개에서 50개만 시초점에 사용하는 것과 같은 원리다. 體數의 策384-當期之策[360]=音24[閏策]는 시초점에서 과설지책을 제한 나머지 시책을 손가락에 끼우는 것을 상징한다.[34]

4) 天圓地方論

천원지방에서, 圓1→6[지름1 둘레3, 3의 배수], 方1→8[지름1 둘레4, 4의 배수]은, 聲은 8을 쓰고 音은 6을 쓰는 것과 같이 음양이 그 쓰임을 서로 감추는 것이다. 따라서 正聲 속에 闢翕音이 있고, 正音 속에 淸濁聲이 있다. 四聲에서 入聲字가 가장 적은 것은 하늘의 별자리가 보이지 않는 것[天辰不見]과 같고, 四等에서 發音韻이 가장 적은 것은 땅에서 불이 항상 잠겨있는 것[地火常潛]과 같다.

5) 천지체용수와 선천도

體數策384는 陰陽聲音數 각각 192의 합이다. 陽變陰不變 故로 192[聲數]-32[陽策]=160[先天圖 復卦~乾卦 32괘의 초효32를 제한 수], 192[音數] 存陰策 不變이다. 양수=圓：徑1 周3, 음수=方：경1

주4. 따라서 天用聲 128=384÷3. 128÷4=32. 地用音96=384÷4. 96
÷4=24라는 계산이 나온다. 앞의 32, 24의 산출근거는 여기에 있다.
명곡은 정음의 초성을 24자, 중성을 32자로 본다. 이점이 정음 원래
의 자모[17, 11]와 다르다.

6) 성음에 글자가 없는 것과 만물에 체4용3 원리가 적용되는 관계

聲의 壬癸에서 有位無聲한 이유는 하늘은 남쪽에서 보이고 북쪽에
서 잠기며, 사람은 앞과 좌우는 볼 수 있지만 뒤[背]는 볼 수 없는 것
과 같다. 音의 亥子丑이 有位無音인 이유는 夏至 때 日出은 寅時, 日
沒은 戌時이며 해자축 三時에는 해가 땅속에 들어가 볼 수 없는 것
과 같다. 사계절에서 봄에 만물이 생겨나고 가을에 거두지만 겨울
에는 갈무리하여 생길 수 없는 것과 같다. 음의 亥子丑은 진실로 만
물을 생기게 할 수는 없다. 申酉戌 세자리에 音이 있지만 글자가 없
는 이유는, 신유술 세자리를 사계절에 비유하면 가을에 사물을 모으
는 것과 같기 때문에 音을 보존하고 글자가 빠진 것이다.[35] 그 音은
淸角은 申, 淸宮은 酉, 淸羽는 戌에 해당되니 그 글자는 이미 寅辰午
세 곳에 드러나기 때문에 이것은 나타나지 않는다(이 부분은 다시 상세
히 연구해야 한다고 명곡은 최종 의견을 유보한다).

---

35) 이 책, 202~207쪽에 천간에서는 壬癸, 地支에서는 申酉戌과 亥子丑이 빠
진 것을 확인할 수 있다.
36) 이 책, 100쪽 성음편 및 86~92쪽 '소씨황극경세천지사상체용지수도' 참조.
37) 24, 32가 착종하듯 나타난 그림은 이 책 191~206쪽에 나온 성음도이며, 이
것은 207~214쪽에 나오는 十七聲分配初聲圖, 十一音取象八卦圖, 聲分
淸濁圖, 音分闢翕圖가 그 기본도이다.

7) 강절과 명곡의 성음 기본수 비교

강절 성음론에서 聲은 28에서 그치고, 音은 48에서 극에 이르지만, 자신의 新法은 聲은 32를 쓰고 音은 24를 쓴다. 그 이유는 강절 正法에서는 正聲은 星3闢의 乙巳丁辛 四聲은 日一闢 속에 감추어졌기 때문에 28에서 그치고,[36] 正音은 徵宮商羽半 24音을 두 배하여 그 수를 다하였기 때문이다. 그림을 살펴보면 이런 사실을 알 수 있다고 했다.[37]

8) 강절과 명곡의 성음창화수[만물지수]의 차이

384[體數之策]−24책[乾坤坎離 4閨策]=360[用數=當期之日 : 「계사 상」 9장]. 272[體數之用 : 360−양책40−음책48]−48=224[陽128+陰96]. 224=用數之用. 陰陽唱和之數=12,288 [128×96]=萬物之數. 12,288−768[艮宮之半]=11,520[二篇之策 : 계사 상 9장].[38] 이 부분은 강절과 다른 점이다. 특히 12,288과 768이 독창적이다. 강절은 動植之用數로 17,024, 동식지全數로 30,720, 동식지通數로 289,816,576이라 한다. 명곡의 12,288은 성음음양창화의 수로 만물 지수로 여긴다. 그러나 이 편지책과 맞추기 위해 등장하는 '768'이 무엇이냐는 것이 문제다. 명곡은 '艮宮之半'을 768이라 한다. 6궁 가운데 간궁은 이 책 116~117쪽에 나오는데 그 글자수는 전체 384이고 그 절반은 192로 768과 맞지 않다. 따라서 여기서 명곡이 말하는 '艮宮'은 그것

---

38) 이 책 201쪽, "中聲三十二, 初聲二十四, 唱和相乘, 得七百六十八, 闢翕各三百八十四, 以終聲十六乘之, 得一萬二千二百八十八, 當萬物之數."

이 아니다. 그 답을 명곡은 이 책 坤冊에 있는 '論正韻圖說'에서 다음과 같이 밝히고 있다.

> 이상의 그림 32개는 모두 천지자연 원래의 소리에서 나온 것이지 인위적으로 안배한 것이 아니다. 그 수는 12,288에 이른다. 간궁 흡문의 자리는 있으나 음이 없는 글자 768를 제외하면 소리가 있는 글자는 모두 11,520자로 주역의 이편지책수에 해당한다.[39]

명곡은 위에서 자신이 집약하여 그린 32개 성음도[聲音律呂唱和全數圖]는 천지자연의 구성체가 낼 수 있는 모든 소리를 담아낸 것이고 총수는 12,288이라고 한다. 이는 자연의 소리이지 인위적이 아님을 강조한다. 그는 이 수가 『周易』의 이편지책 11,520과 일치하여야 자신의 성음수론의 易學的 正當性을 확보된다고 생각한다. 두 수의 차이는 768이다. 그것은 32도 가운데 26번째에 해당하는 '剝攝外七'인 '艮之二翕'와 28번째에 해당하는 '復攝內七'인 '艮之四翕'라 하며 두 곳에 기재될 수 있는 총 글자수 768이 바로 그 수라고 한다. 26도 艮之二翕과 28도 艮之四翕을 보면 모두 공란 즉 無聲音임을 알 수 있고 그 수는 각각 384씩이니 합 768이다. 이처럼 그는 '艮之二翕'과 '艮之四翕'을 '艮宮翕門'이라 했다.[40] 사실 12,288은 정음의 초성24와 중성32 및 종성16을 서로 곱하여 나온 수이다. 말하자면 정음으로 나타낼 수 있는 글자 즉 한자음의 총수이다. 12,288에 대해서

---

39) 이 책, 63쪽, "右圖三十二門, 皆出於天地自然之元聲, 非假按排. 其數極於一萬二千二百八十. 艮宮翕門有其位而無音, 凡七百六十八除此, 則有音之字, 凡一萬一千五百二十, 當大易二篇之策數."

는 뒤에 재론한다.

9)「하도」의 수와 명곡 성음론

「하도」의 수 1이 9를 함유하여 10=太陽之數, 2가 10을 함유하여 12=太陰之數, 3이 7을 함유하여 10=少陽之數, 4가 8을 함유하여 12=少陰之數. 5와 6은 天地之數 1~10의 中數이기에 비워서 쓰지 않는다. 이 한 구절에 대해 최문숙[41]이 "땅의 剛柔는 하늘의 음양과 같다"고 하였다. 聲의 11=天地中數[5, 6]의 합이며, 音의 15는 「하도」의 중수[5, 10]의 합이다. 이처럼 그는 「하도」를 역수론의 소재로 쓴다.[42]

10) 책수와 체용수및 東洋天文學 28宿

360−양책40−음책48=272[體數之用]. 272=양128+음144. 양160+음192=352. 352+8책[음양각4책]=360[당기지책 : 당기지일]. 건곤감리24책=24절기. 聲의11[初聲]+音의17[中聲]=28[列宿之數]. 聲衍32+音衍24=56[列宿之倍數].[43]

---

40) '성음율려창화전수도'는 이 책 114~190쪽에 나오는 방대한 양이다. 명곡이 말하는 '艮宮翕門'은 139쪽 '艮之二翕'과 135쪽 '艮之四翕'이다. 116쪽에 나오는 '艮宮'이 아니다.

41) 이상규, 앞의 책, 2018, 491쪽.

42) 명곡은 자신의 수학을 논할 때 강절을 근본에 두고 河圖洛書의 圖式을 창의적으로 변용한다. 그것은 그가 지은 『九數略』河洛變圖 가운데 「지수귀문도」가 오일러(Euler, 스위스, 1707~1783)의 6차 방진보다 더 빠른 세계 최초임이 공인되었다는데서 알 수 있다. 6차방진은 현대 정보통신 분야에 적잖은 공헌을 한 것으로 알려져 있다. 조희영 앞의 글, 2017(1), 124쪽

43) 명곡은 28, 56을 28宿 동양 천문학으로 설명함은 강절과 다른 독특한 관점이다.

11) 64괘선천도와 천지음양책수와 체용수의 상관관계

64괘-8괘[乾, 坤, 坎, 離, 頤, 大過, 中孚, 小過]=56괘. 112[56×2]=天之陽策=地之陰策. 112+112=224. 天之陽策112=64괘선천원도 乾卦~復卦 32괘 양효의 수. 地之陰策도 동일. 乾策216[노양36책×6효]-양40-음48=128. 坤策144[노음24×6]-음48=96. 128과 96은 用數之用. 건책168[소양 28×6]-양40=128. 곤책192[소음32×6]-음48=144. 128과 144는 體數之用. 天策36×3=108. 地策36×3=108. 천책108+36[天有餘分一]=144. 천책144-16=128. 지책108-12=96. 128과 96은 用數之用. 16=4×4, 12=4×3. 16=2×8, 12=2×6. 여기서 천책36은 64괘선천원도 乾卦~泰卦 8괘의 陽爻數이고, 지책36은 否卦~坤卦 8괘의 陰爻數이다.

앞의 논의에서 강절과 명곡 성음수의 다른 점을 살펴보면 아래와 같다.

〈표 1〉 강절과 명곡 성음수의 주요 다른 점

구 분	강 절	명 곡	비 고
天之用聲 (體數 : 10, 40)	112[160-48;體4用3] 상대방 체수 차감	120[160-40;체4용3] 자기체수 차감	●명곡은 체4용3에서 退1에 대해 강절의 원칙을 따르지 않음
地之用音 (體數 : 12, 48)	152[160-40;체4용3] 상대방 체수 차감	144[192-48;체4용3] 자기체수 차감	
聲音 基本數	聲28, 音48	聲32[중성], 音24[초성]	●명곡은 正音字母 감안
動植之用數	17,024[112×152] 天地用數唱和數	12,288 [當萬物之數=초중종성으로 나타낼 수 있는 聲音총수이자 中國古音총수]	●12,288은 체수와 용수로도 산출가(8절 참조)
動植之全數	30,720[160×192] 天地體數唱和數	① 初聲24×中聲32=768 [闢384, 翕384 합. 384는 卦爻 384효]. 768×終聲 16=12,288	●12,288은 명곡이 발명한 조선의 독자적 성음수임
動植之通數 (動植之通變數)	289,816,576 [17,024×17,024]日月星辰水火土		

石變化通數=天地用數再唱和數.	②12,288-768=11,520[周易二篇之策→易理와 일치]

4 명곡 역수론의 각론적 전개

坤冊 성음편의 역수는 음운론인 乾冊 각 항목에 나온다. 그러나 乾冊 항목 분류에 대해서 학자 간에 설이 나뉜다.[44] 분류가 달라도 내용은 달라지지 않는다. 필자는 乾冊이 훈민정음, 강절성음론, 명곡성음론이란 3대 요소로 이루어졌고, 이들이 서로 착종하듯 전체 명곡 음운론을 구성한다고 본다. 따라서 이런 기준으로 乾冊을 다음과 같이 나누어 명곡 역수론이 각론적으로 어떻게 나타나는지를 살펴본다. 순서는 건책 항목순서를 그대로 따른다.

1) 訓民正音
 ① 十七聲分配初聲圖 ② 十一音取象八卦圖 ③ 聲分清濁圖 ④ 音分闢翕圖 ⑤ 律呂相乘配合成字圖, 終聲十六 ⑥ 聲分平上去入圖, 音分開發收閉圖 ⑦ 訓民正音準皇極經世四象體用之數圖, 四象體用之數圖(下)

2) 聲音律呂唱和全數圖
3) 聲音唱和數合三百八十四爻圖第七
4) 序韻攝(본 글에서 제외)

1) 訓民正音

명곡은 정음의 자모 28자를 동양천문학에서 말하는 하늘의 별자리 28宿와 연결하여 "御製諺文二十八字卽列宿之象也"라 하고, 初聲17

---

44) 학자간의 주장은 이를 종합한 이상규 앞의 책, 2018, 266~278쪽을 참조하면 된다.

자를 五行, 五音, 牙舌盾齒候五管으로 구분하여 "五行相生之序爲次"라 한다. 中聲11자에 대해서는 "太極兩儀八卦之象也"라 한다. 명곡처럼 정음을 천문학과 오행, 율려와 『주역』 등을 더해 종합적 관점으로 분석한 이는 흔치 않을 것이다. 말하자면 정음은 이런 동아시아의 자연적요소가 담긴 역학적 결정체로 본 것이다.

(1) 十七聲分配初聲圖[45]

그는 「십칠성분배초성도」에서 초성 17자[聲]를 오음[칠음]으로 初聲圖를 그리고 이어서 '按說'로 자신의 견해를 밝히고 있다. 명곡은 정음의 분류를 수용하여 초성의 기준자[字標]는 정음을 따르고, 중성 기준자는 최세진의 『訓蒙字會』(1527)을 따랐다고 한다. 명곡은 초성 17자를 궁상각치우 5음 15자[ㄱㅋㆁ : 牙音-角, ㄷㅌㄴ : 舌音-徵, ㅂㅍㅁ : 脣音-宮, ㅈㅊㅅ : 齒音-商, ㆆㅎㅇ : 喉音-羽]와 半舌ㄹ, 半齒ㅿ 즉 半徵半商 2음 2자를 더하여 이른바 7調라 하는 동시에 5음을 소리의 세 가지 상태인 '浮中沈'[46]으로 구분하면서 이를 天地人 三才의 상에 비유한다. 또 15가 「하도」 中宮數 5, 10의 합으로 본다. 말하자면 초성 17자에서 7조의 7과 삼재의 3과 「하도」 中宮

---

45) 이 책, 213~214쪽.

46) 김석득은 이 책 31~32쪽에서 "가장 큰 울림소리는 浮聲(天): ㅇㄴㅁ(ㅅ)(ㅇ)ㅿ(울림소리, 유성음, voiced), 그 다음은 中聲(人): ㅋㅌㅍㅊㅎ(센소리, 유기음, aspirate), 제일 작은 것은 沈聲(地): ㄱㄷ ㅂㅈㆆ(ㄹ)(안울림소리, 무성음, voiceless)"이라면서 "최석정의 초성분류가 자질 면에서 볼 때, '역' 자질과 '소리느낌'의 자질 및 '음성'자질에 의해 분류되고, 그 자질적 분류가 상당히 과학적"이라고 평가한다. 이상규는 "浮는 不淸不濁, 中은 次淸, 沈은 全淸"이라 한다. 이상규 앞의 2018 책, 361쪽.

의 15를 도출한 것이다. 명곡은 이처럼 易과 樂律의 수가 초성의 배후에 깔려 있다고 보는 것이다. 율은 역의 한 단면이므로 전체적으로 역수가 초성을 음양으로 지배한다고 본 것이다. 명곡은 강절과 반대로 초성을 '聲', 중성을 '音'이라 했다.[47]

(2) 十一音取象八卦圖[48]

중성에 대해서 명곡은 '1-2-(4)-8'의 수칙을 도출했다. 사실 이것은 강절의 가일배법인데 명곡은 이것을 명시적으로 가일배법이라 하지는 않았다.[49] 명곡의 中聲圖는 채원정이 『황극 경세서』「纂圖指要」에 그린 '經世衍易圖'에서 음양강유 四象을 빼고 옮긴 것이다. 강절은 『황극경세서』에서 역괘생성론[계사 상 11장]인 '태극-양의-사상-팔괘'을 근거로 '1-2-4-8'의 가일배법이란 리수적 연산칙을 주장하여 상수학의 새로운 경지를 이끌었고, 각각의 명칭도 '一動一靜之間-動靜-음양강유-太陽, 太陰, 少陽, 少陰, 少剛, 少柔, 太剛, 太柔'라고 달리 제시하여 기존 역학에서 논하지 않았던 先天易의 문호

---

47) 강절 성음론에서 '聲'과 '音'은 다음과 같다. '(正)聲'은 '陽-韻母-中聲'으로 天四象인 日月星辰, 四聲調인 平上去入, 입의 開合인 闢翕으로 구분하고, '(正)音'은 '陰-聲母-初聲'으로 地四象인 水火土石, 四等인 開發收閉, 소리의 상태인 淸濁으로 구분한다. 명곡은 강절의 聲을 音, 音을 聲이라 한다. 그러나 이는 성과 음을 초성과 중성에 안배하고 초성에 청탁, 중성에 흡벽을 분배하여 강절과 다른듯 하지만 성음수를 산정할 때는 강절을 따른다. 즉, 聲=陽=10, 音=陰=12이다.

48) 이 책, 211~212쪽.

49) 명곡이 자신의 책에서 '加一倍'란 말을 쓴 곳이 한 군데 있다. 이 책, 86쪽, "正音 四十八母, 本出於二十四母, 加一培而得數" 그러나 이 부분이 강절의 가일배법을 말한 것 같지는 않다.

를 열었음을 앞 장에서 논했다. 이 이론이 지닌 역학적 중요성을 명곡은 실감했다. 그래서 그는 중성 11자[音]를 강절의 예를 따라 태극의 자리 'ㆍ'에 '일동일정지간', 양의의 자리 'ㅡ'에 '동', 'ㅣ'에 '정', 팔괘의 자리에 'ㅏ[태양], ㅑ[태음], ㅓ[소양], ㅕ[소음], ㅗ[소강], ㅛ[소유], ㅜ[태강], ㅠ[태유]'를 배치하고는, 'ㆍ, ㅡ, ㅣ'를 三才의 오묘함에 비유했다. 중성 역시 초성과 같은 맥락에서 천지인 삼재를 상징한 것으로 정음의 글자가 천지자연과 합일체라는 점을 강조했다. 또 그 속은 陰陽互根의 원리가 내재되어 있고, ㅏㅑ의 右, ㅓㅕ의 左, ㅗㅛ의 上, ㅜㅠ의 下는 모두 一奇一耦의 象이라 했다. 이 중성도에 四象이 없는 것에 대한 혹자의 의문에 그는 'ㅏㅓㅗㅜ'가 바로 사상이며 이 글자가 중성의 다른 자와 결합하여 8글자가 된 것을 두고 '사상이 팔괘를 낳는 것[四象生八卦]'이라 했다. 그래서 중성 11자 즉 11수는 천지( )[50]수의 합이라 했다.

(3) 聲分淸濁圖[51]

명곡은 정음의 초성 17자[聲]에다 독자적으로 쌍받침 6자와 △를 첨가한 7자[ㄲㄸㅃㅉ ㅆㆅ△]를 더하여 24자로 초성을 삼았다. 이 24자를 청탁 즉, 1청, 2탁, 3청, 4탁[全淸, 全濁, 次淸, 不淸不濁] 사부법으로 구분하여 그린 그림이 「성분청탁도」이다. 다만 ㅈㅉㅊ 라

---

50) 211쪽 ( )부분은 탈자 되어 식별이 안 된다. 이상규는 '天地(象)數之合' 즉 ( ) 안의 글자를 '象'이라 한다. 이상규, 앞의 책, 2018, 365쪽. 아마 全이나 萬, 合, 體, 用, 象, 之 등일 가능성이 있다.
51) 이 책, 209~210쪽.

인의 4탁에 글자 하나를 배치하지 않아서 실제로는 23자이다. 1청에서 ㄱㄷㅂ 등을 나란히 쓰면 2탁의 ㄲㄸㅃ 등의 글자가 되고 한 점을 첨삭하면 3청의 글자가 되기도 하지만 일률적은 아니다. 그는 17자를 늘이면 24자가 되는가 하면, 나누면 청탁이 되니 강절이 말한 '正音'이라 고 한다. 앞에서 보았듯 그는 聲과 音의 명칭을 강절과 반대로 사용하고, 24를 4로 나누면 6이 되고, 6이 상징하는 것은 卦爻의 6효와 12율려에서 6律이라고 한다.

(4) 音分闢翕圖[52]

명곡은 중성 11자[音]를 늘여서 32자로 만들고 이를 나누어 입의 개합 상태를 나타내는 강절식 용어인 '벽흡'을 사용하여 1벽~4흡으로 구분하면서 이것이 강절이 말하는 '正聲'이라고 한다. 32자로 늘리는 원리는 기본 중성 11자[11音]에다 획을 더하여 2중 모음, 3중 모음 21자[ㅏㅑㅓㅕㅢ ㅐㅒㅖㅔㅙ ㅘㅚㅞ ㆍㅣㅟㅚㅙㅝㅞ 등]를 더하여 32자를 만든다.[53] 32를 4로 나누면 8이 되며, 8은 易의 팔괘와 음악의 8음을 상징한다고 한다. 여기서 4는 역시 강절의 사부법으로 1벽2흡3벽4흡의 넷이다. 명곡은 중성 기본3자 'ㆍㅡㅣ'에서 三才의 상을 도출하고, 나아가 이를 전후좌우로 엮어서 나머지 글자가 도출되는 것을 4-8-16-32의 역괘 생성원리와 같은 가배법의 연속으로 보고 있다. 그 결과 그는 정성24자와 정음32자를 합한 56자를 28宿

---

52) 이 책, 207~208쪽.
53) 32자를 나타낸 음분흡벽도를 보면 기본3자에서 'ㅣ'가 빠졌다. 이상규, 앞의 책, 2018, 306쪽.

의 2배수라고 하여 전체 글자에서 天文星象의 數理를 도출해 낸다.

(5) 律呂相乘配合成字圖, 終聲十六[54]

명곡은 초성24자와 중성 32자를 조합하여 총 768자를 그림으로 나타낸다. 가로로는 청탁[1청2탁3청4탁]으로 초성 24자를 배치하되 12 地支 가운데 申酉戌과 亥子丑을 제외한 寅~未의 6지지로 구분하고, 세로로는 벽흡[1벽2흡3벽4흡]으로 중성 32자를 배치하되 10天干에서 壬癸을 제외한 甲~辛 8干으로 구분하여 768字圖를 완성했다. 그러나 앞에서 보았듯 초성은 24자가 아니고 실제는 23자다. 그래서 4탁은 無字로 공란 32이니 순수 글자는 736자이다. 그는 이것이 정음의 초중성으로 만들 수 있는 글자의 합으로 본 것이다.

명곡은 초중성에 이어서 終聲 16자를 제시한다. 물론 종성의 경우 초성을 다시 사용함이 정음의 대원칙[55]이고 명곡도 이를 따르고 있다. 그러나 그는 해례편을 보지 못했으므로 해 례편 終聲解에서 말한 "ㄱㅇㄷㄴㅂㅁㅅㄹ八字可足用也"라는 부분을 알지 못했다. 다시 말하면 그는 초성 17자 중 8자로 충분히 종성을 나타낼 수 있다는 점을 몰랐고, 예의편이 언급한 "終聲復用初聲"이외는 알지 못했다. 이런 저간의 사정이 종성 16자를 독자적으로 상 정하게 했다. 16자

---

54) 이 책, 201~206면. 201쪽에 나오는 다음의 내용은 명곡의 총괄적인 의견이다. "按凡字有初中終聲, 以象三才. 初即二十四聲, 中即三十二音, 而所謂終者, 即初聲諸字是已, 除次淸及純濁之字, 得終聲十二又二合之字有四, 凡十有六. 中聲三十二初聲二十四唱和相乘, 得七百六十八. 闢翕各三百八十四, 以終聲十六乘之, 得一萬二千二百八十八, 當萬物之數."

55) 正音 例義, "終聲復用初聲."

는 單字인 12자와 二合字인 4자로 이루어졌다.[56] 그는 종성의 언급으로 정음의 초중종성으로 만들 수 있는 글자의 총수 12,288자를 역수적 관점에서 아래와 같이 도출해 낸다.

① 초중종 3성은 천지인 삼재[3]를 상징한다. ② 초성 24×중성 32=768. 이는 벽흡 각 384로 구성되고 이는 괘효 384효를 상징한다. ③ 768×종성16=12,288→當萬物之數를 나타낸다.

(6) 聲分平上去入圖, 音分開發收閉圖[57]

명곡은 이 부분에서 성음을 통해 음양의 互藏其宅이론과 괘의 元亨利貞 四德과 시초점의 吉凶悔吝의 四占을 도출해 낸다. 즉 그는 율려가 배합된 후 평상거입 4성과 개발수폐의 4음의 구분이 생겼다고 하면서 초성은 벽흡이 통솔하고 중성은 청탁이 통솔하고 성과 음이 음양으로 서로 간에 잠복해 있다고 한다.[58]

(7) 訓民正音準皇極經世四象體用之數圖, 四象體用之數圖(下)[59]

이 그림은 명곡이 정음을 강절의 성음창화도인 「경세사상체용지수도」에 준용한 것이다. 즉 강절 성음도를 정음으로 다시 나타낸 것이다. 명곡은 자신이 강절의 성음도를 준용하지만 강절이 송대 俗音

---

56) 12개의 單子는 牙音ㅇㄱ, 舌音ㄴㄹㄷ, 脣音ㅁㅂ, 齒音ㅿㅅㅈ, 喉音 ㅇㆆ 이상 12자이다. 4개의 二合字는 舌牙리, 舌脣래, 舌齒ᄚ, 舌喉ᄚ 이상 4자이다.
57) 이 책, 199~200쪽.
58) 이 책 47~50쪽에 나오는 김석득 주장 참조.
59) 이 책, 191~198쪽.

에 근거하여 표기하였고 자신은 중국 古音을 기준으로 수정보완[頗加隱栝]하여 성음도를 그렸음을 밝히고 있다.[60] 聲의 10천간에서 壬癸, 音의 12지지 중 亥子丑에서는 사물이 생길 수 없음을 빗대어 성음의 유무와 글자와의 관계를 그림으로 말하고 있다. 正聲 10성을 가로로 8괘와 10천간을 배치하고, 세로로 일월성신과 평상거입으로 구분하면서 정성의 총수 160[16×10], 有聲無字22[○로 표시], 無聲無字40[●로 표시], 순수正聲字 98자를 도출한다. 正音을 가로로 6음[宮商角徵羽半]과 12지지로, 세로로 수화토석과 개발수폐로 나타내면서 정음의 총수 192[16×12], 有音無字61[○], 무음무자48[●], 순수正音字 83자를 도출한다. 강절의 그림에서는 정성의 경우는 無聲無字● : 48. 有聲無字○ : 29. 순수글자 : 83. 도합 160이고, 정음의 경우는 無音無字■ : 40. 有音無字 □ : 20. 순수글자 : 132. 도합 : 192이다.[61] 이 그림을 통해 명곡은 자신의 성음도가 강절 그림에서 한 발 나아간 것이라는 학문적 자부심을 깔고 있음을 "頗加隱栝"이라는 말과 중국 俗音대 古音이라 하는 데서 알 수 있다.

2) 聲音律呂唱和全數圖[62]

이 부분은 책 전체 46%[전체 166 중 77면]를 차지하는 방대한 분량으로 명곡이 심혈을 기울여 작성한 곳이다. 그 내용을 한마디로 말하면 명곡이 만물지수 12,288를 32개의 聲音圖로 그려낸 것으로 명

---

60) 이 책, 195쪽, "此圖因邵氏經世書本例, 頗加隱栝. 蓋邵氏只据見在俗音, 今依古音增損更定如右. 聲之壬癸, 音之亥子丑, 不能生物, 詳著于下文."
61) 조희영, 앞의 글, 2018(1), 261~263쪽 참조.

곡 성음론의 결정판이라 할 수 있다. 그래서 그는 "그림은 모두 32개이며 각각에 384글자가 구비되었다[圖凡三十二每圖各具三百八十四音]"라 했다. 각 그림에 384의 글자가 있으니 총 수는 12,288자[32×384]이다. 이 수는 만물의 수이자 만물이 내는 소리의 총수로 명곡이 창안한 역수임은 앞에서 보았다. 이 수를 가지고 조선의 글자인 정음으로 중국의 한자음을 표기하는데 적용한 것이니, 그는 정음으로 한자음을 12,288자를 나타낼 수 있다고 본 것이다. 물론 그 속에는 소리가 없고 글자가 없는 것도 포함되었다, 그 수는 384의 배수인 768임은 성음편에서 다루었다. 성음편에서 논란이 된 768자는 이 그림 32도 가운데 26도에 해당하는 '剝攝外七'인 '艮之二翕'와 28도에 해당하는 '復攝內七'인 '艮之 四翕'에 나타난 공란 수가 768임도 앞에서 보았다.

그림을 독해하려면 다음의 몇 가지에 유의해야 한다. 그는 32개의 그림을 外八攝,[63] 內八攝으로 대분류하고 내외 각각에 8개의 易卦로

---

62) 이 책, 114~190쪽. 이에 대해서는 심소희, 「최석정의 『經世訓民正音圖說』 연구:〈聲音律呂唱和全數圖〉과『經史正音切韻指南』의 체제 비교를 중심으로」, 『중국어문학논집』 73, 中國語文學研究會, 2012(1), 89~112쪽 참조. 심소희의 최석정에 대한 논문은, 『『經世訓民正音圖說』 坤冊『群書折衷』 연구」, 『민족문화』. 43, 한국고전번역원, 2014, 451~523쪽 ; 「최석정의 ≪황극경세·성음창화도≫에 대한 인식」, 『韓中言語文化硏究』 28, 韓國現代中國硏究會, 2012(2), 3~22쪽 ; 「≪經書正韻圖說≫ 譯註」, 崔錫鼎 ; 沈小喜 역주, 『中國語文論譯叢刊』 30, 中國語文論譯學會, 2012(3), 561~581쪽 등이 있다.

63) 攝이란 韻[韻腹과 韻尾]이 같은 것끼리외 류음[韻日]으로 宋代부티 시용한 용어이다.『韻廣』에서는 206韻目이었는데 이를 宋元학자들이 16攝[通, 江, 止, 遇, 蟹, 臻, 山, 效, 果, 假, 宕, 曾, 梗, 流, 深, 感]으로 통 합했다고 한다. 이상규, 앞의 책, 2018, 422쪽 참조.

그 이름을 삼아 총 16개의 卦名을 섭명으로 사용하였다. 16괘에는 각각 2개의 그림으로 이루어져, 총 32개 그림에 정음의 초성24자와 중성32로 한자음을 표기한다. 이때 주의할 점은 초성 24자는 매 그림의 가로에 다 기재 되지만 중성 32자는 매 그림에 4자만 세로에 기재된다는 것이다. 가로에는 초성이 宮商角徵 羽半 6음에 4청탁이 배분되어 24자이고, 세로에는 4개의 중성에 4개의 벽흡이 분배되어 16자가 된다. 벽흡의 분배 기준은 1면에 1벽, 2면에 2흡, 3면에 3벽, 4면에 4흡과 같은 형식이다. 예건대 외8섭의 처음인 過攝의 1면은 過攝外一이란 제목으로 乾之一闢이라 하고, 2면은 過攝外一에 乾之二翕, 3면은 내8섭의 처음인 豫攝으로 豫攝內一에 乾之三闢, 4면은 豫攝內一에 乾之四翕과 같은 식이다.[64] 이처럼 내외섭이 번갈아들고 또 32면을 乾兌離震巽坎艮坤의 8괘에다 내외섭을 균등히 배분하여 한 괘에 4면씩 총 32면을 맞추고 4면씩 8음[金石絲竹匏土革木]을 배치한다. 그래서 한 면에 글자수는 384[24×16]개이고 글자의 총수는 12,288[384×32]자이다. 384는 64괘 384효에서 말하는 384이다. 명곡은 32개 그림에 이어서 6宮[兌, 離, 震, 坎, 艮, 坤宮]의 여섯 그림을 그리는데, 이는 韻[한자음]이 변해서 攝이 변경된 것을 모아서 6궁으로 분류한 것이다. 예건대 兌宮[이 책에서는 글자 식별이 불가능하나 전후 맥락상 兌宮으로 추정]의 경우 "강운은 본래 몽섭인데 지금은 장섭이다[江韻本蒙攝而今爲壯攝]"라 했다. 이것은 앞 32도 蒙

---

64) 명곡은 그 내용을 그림이 시작하는 곳에 "每韻一闢之字開口外轉, 二翕之字合口外轉, 三闢之字開口內轉, 四翕之字合口內轉. 故一闢二翕謂之外, 三闢四翕謂之內, 覽者詳之."라 했다. 이 책, 190쪽.

攝과 壯攝을 보면 모두 '兌之一三關, 二四翕'에 속해 있음을 통해서 확인할 수 있다. 이것의 음운적인 내용은 필자의 능력을 초과한 것이어서 기존 연구로 미룬다.[65]

3) 聲音唱和數合三百八十四爻圖第七[66]

이 그림은 64괘의 卦名을 6차례 반복한 것으로, 즉 384개의 괘명으로 그린 성음도이다. 이는 384효에 갈음하는 것으로 가로에 맨 위에 6음[角徵宮商羽半]을 넷씩 24로 두고, 그 아래에 一淸~四濁 및 六爻[初~上]를 넷씩 합 24에 맞춘다. 세로는 音에 개발수폐, 聲에 평상거입을 넷씩 두어 16을 이룬다. 따라서 가로세로의 곱 24×16=384가 되어 수리가 맞아 진다. 384에 해당하는 글자는 음운적인 면보다 역학적인 면을 반영하여 『주역』 64괘의 이름에서 한 글자만 따서 6번 배열하여 384에 맞춘다. 여기서 구별하기 어려운 점이 있다. 예 건대 인용한 괘명에는 '畜'이 두 번, '濟'가 두 번, '過'가 두 번 있는데, '축'은 風天小畜▤와 山天大畜▤의 '축'이고, '제'는 水火旣濟▤와 火水未濟▤의 '제'이며, '과'는 澤風大過▤와 雷山小過▤의 '과'이다. 또 괘명이 두 글자인데 그중 한 글자만 인용하니 혼선을 초래할 수 있다. 이 그림은 『주역』의 괘명으로도 성음의 정수를 나타낼 수 있다는 명곡의 역학적 관점의 소산이다.

---

65) 聲音律呂唱和全數圖과 元代 劉鑑의 『經史正音切韻指南』(1336년)과의 비교에 대해서는 심소희, 앞의 글, 2012(1) 참조. 32도와 6궁도에 대한 설명은 이상규, 앞의 책, 2018, 317~337쪽 및 422~465쪽 참조하되 내용의 중복과 오타에 조심할 것. 예건대 6궁도에서 乾宮과 兌宮의 착오.

66) 이 책, 112~113쪽.

5 마무리 : 명곡은 강절과 어떻게 소통하고 메시지를 남겼나

강절과 명곡은 600년 이상의 시간적 간격이 있고 낙양과 한양이라는 공간적 다름이 있다. 그러나 명곡은 강절역이란 큰 산을 넘어 조선의 역학적 음운학을 일구어냈다. 물론 명곡의 음운론은 강절이 조선의 인문학 특히 음운학에 미친 영향의 磁場 아래에 있고, 강절이 짜놓은 역학적 틀 속이지만 명곡은 그대로 맹종하지 않고 조선식으로 '隱栝'하여 정음으로 한자음을 훌륭히 표기했다. 이것은 오롯이 명곡의 공이다. 명곡은 무엇을 사다리 삼아 강절 성음론에서 조선의 음운론으로 발전해 나아갔는가. 그것은 바로 '易數'이다. 둘 사이에는 '역수'라는 공통분모가 있었기에 시공을 뛰어넘을 수 있었다. '역수'가 없었다면 명곡이 강절에 다가가 소통하고 내왕할 수 있었겠는가? 이 둘 사이 소통의 기제가 된 '역수'가 어떠한 것인지 앞 분석을 토대로 항목별로 다음과 같이 정리할 수 있다.

1) 초성 중성을 삼재의 道로 소통했다

삼재사상은 『주역』의 계사와 설괘에 나오고 '3'이란 수는 천원지방론과 관련된 삼천양지 론이나 양9 음6 논리의 기본수이다. 강절은 3을 眞數로 보고, 사람은 천지와 함께 삼재가 된다고 하며 공자는 삼재의 도를 다한 사람이라 했다. 명곡은 초성 17자의 오음에 '浮中沈' 三聲이 있으며 이는 삼재의 象이라 했다. 중성의 기본3자인 'ㆍ ㅡ ㅣ'도 삼재의 상이라 했다. 이처럼 둘은 삼재로 소통했다. 여기서 하나 언급할 것은 정음의 제자해에서도 중성의 기본3자는 "천지인의 모양을 취해서 삼재의 도가 갖추어졌다."[67]고 한 점이다. 명곡은 제자해를 보지 못했다. 그런데 신기하게도 중성 기본 3자에 삼재의 상이 있다고 말하고 있는 것이다.

2) 1-2-4-8의 가일배적 역수론으로 소통했다

강절 역수론의 핵심은 1-2-4-8로 뻗어가는 리수적 연산칙 '가일배법'이다. 이는 강절이 보는 만물생성론이다. 물론 만물이 2배씩 무한정 늘어나는 것은 아니다. 최초의 1[태극]이 분화하여 2가 되고 2가 분화하여 4, 8이 되는 식이다. 강절의 의도는 만물은 '홑[혼자]'으로 불가능하고 '짝[둘]'이어야 생성하고 유행하여 변화함을 말하고자 하였다. 이 수칙이 강절의 성음론에도 나타난다는 것이다. 명곡은 자신의 역수론에 가일배법을 명시하지는 않았다. 그러나 중성의 구성이 '1-2-(4)-8'의 가배적 수칙이 내재되었다는 점과 중성 기본 3자 'ㆍ ㅡ ㅣ'를 전후좌우로 조합하여 나머지 글자가 도출되는 것을 8-16-32의 가배법의 연속으로 보고 있음을 앞에서 보았다. 두 사람은 결국 같은 가일배적 역수론으로 소통한 것이다. 여기서 또 흥미로운 점은 정음 제자해에서도 정음의 초중성이 가일배의 틀 속에 있다고 하는 점이다. 이런 사실을 선행연구에서 이미 논했다.[68] 이는 세종이 정음 창제 시에 강절의 가일배법에 영향을 받았다는 것을

---

67) 正音 制字解, "取象於天地人而三才之道備矣."
68) 조희영, 앞의 글, 2018(1), 255~269쪽 참조.

의미하며 명곡은 세종의 마음을 들여다본 듯 자신도 가일배의 원리로 중성을 말하고 있다. 여기서 음운론에 대해서 조선 초부터 역수에 기반한 역학적 사고의 틀이 250여 년이 지난 명곡 때에도 그대로 이어진 점을 알 수 있다. 기실 이런 역수론은 조선조 학자들의 학문적 토대이자 사상적 기반이 되었음을 추론할 수 있다. 그것은 신흠이 癸丑獄事의 힘든 시간 속에서도 가일배법으로 강절역을 깨쳤다는 고백을 통해서도 확인할 수 있다.[69]

3) 초성 24, 중성 32, 종성 16은 4의 배수로 강절과 사부법으로 소통했다

강절의 만물분류법은 만물을 네가지 종류로 나누는 四府法이다. 하늘은 日月星辰, 땅은 水火土石, 시간은 春夏秋冬, 歲月日時, 元會運世, 경전은 易書詩春秋, 왕조는 皇帝王霸, 사람은 耳目口鼻, 性情形體, 동식물은 走飛草木, 성음에는 平上去入, 翕闢淸濁, 開發收閉 등이다. 말하자면 1에서 2가 나오고 2에서 가배한 4로 만물을 종류별로 구분하여 마음으로 觀物하는, 즉 만물을 心法으로 꿰뚫어 보는 강절의 사물 통관법이다. 이 4로써 연산하는 역수 론을 명곡은 정음의 자모에도 적용하여 초성은 17에서 늘려서 24자라 하고, 중성은 11자를 늘려서 32자라 한다. 물론 24, 32가 되는 음운적인 이유도 있다. 그러나 그전에 명곡은 4라는 리수적 틀을 가지고 자신의 음운론에 대입한 것이니 4를 매개로 강절과 명곡은 소통한 것이라 할 수 있다. 강절은 만물을 말했고 명곡은 음운을 말한 차이가 있을 뿐이다.

---

69) 조희영, 앞의 글, 2017(2), 39쪽 참조.

초성 24를 청탁으로 나누면 강절의 正音이 되고, 4로 나누면 6으로 역의 6효, 12율려의 6율이 된다. 이처럼 초성은 청탁으로 강절과 소통했다. 중성 32는 4로 나누면 8로 역의 8괘, 음악의 8음이 된다. 벽흡으로 나누면 강절의 正聲이 되니 중성은 벽흡으로 강절과 소통했다. 이처럼 초중성의 청탁흡벽으로 소통했다.

5. 양수[奇]=1, 음수[耦]=2. 1→衍10[天體數], 2→衍12[地體數], 10과 12는 본수이다. 聲數에서 闢翕은 律, 天이고, 淸濁은 呂, 地이다. 一闢一翕하여 10聲이 부르면[唱], 一淸一濁 하여 12音이 화답[和]한다. 聲의 體=40[10×4], 音의 體=48[12×4]이다. 聲의 체수=160[40×4：사부법：평상거입]. 音의 체수=192[48×4：사부법：개발수폐]이다. 명곡 역수론은 기본인 체용수와 음운론의 개발수폐, 평상거입 사부법으로 강절과 소통했다.

명곡은 위와 같은 소통의 결과로 성음수 12,288를 만물지수로 제출했다. 강절이 표기한 것은 중국 俗音인 데 반해 명곡은 중국 古音을 정음으로 표기하여 새로운 만물지수를 개발 한 것이다. 이 수에는 성음적, 리수적 근거가 있다. 초성 24에 중성 32자을 곱하여 768을 도출하고 종성16을 곱하면 12,288이 나온다. 이 과정을 명곡은 聲音圖에 사부법과 7음, 『주역』을 빌린 내외16攝으로 정밀하게 나타내고 있다. 이것은 강절역으로 정음을 1차 해석하고, 강절의 성음론을 수정보완하여 독자적으로 한자음 12,288을 나타낸 것이다. 12,288 속에는 소리는 있으나 글자가 없는 768을 차감하여 11,520이 되어 『주역』의 이편지책과 일치하게 되었다. 12,288은 강절이 말하는 성음수 17,024 등과는 다른 조선의 성음수이자 명곡의 발명한 역수이다. 이런 새로운 역수 발휘로 음운론에 대해 이른바 '出藍'의 면모를 보여 준 것이다.

이런 출람의 경지에선 명곡이 이 책을 통해 우리에게 던지는 메시지는 무엇일까? 선학들 저서의 정확한 내용 분석도 뜻이 있는 일이지만, 그것이 오늘날 우리에게 던지는 화두 [메시지]를 탐색하여 현대에 일용할 학문적 양식으로 삼는 것이 더 중요할 수 있다. 그런 의미에서 명곡의 속마음을 곰곰이 더듬어보면, 수학은 자연학 인문학 구분 없이 만학의 근 원이니 수학의 공능에 유의하여 수학에 정진하라는 것이라고 생각한다.

수가 만물의 근원이라는 점은 이미 파타고라스가 말했고, 강절도 같은 맥락에서 말했으며, 신흠과 최명길도 수학의 중요성을 언급했고, 이어서 명곡도 암묵적으로 말하고 있다.[70] 이것은 동양철학, 儒學이나 易學의 영역에 국한되는 것이 아니다. 학문에 무슨 동서의 구분과 儒佛道의 경계가 있겠는가. 일찍이 강절의 64卦方圓圖가 라이프니쯔(Leibniz, 獨, 1646~1716)에게 수학적 영감을 주어 二進法을 발명하게 하여 오늘날 0, 1로 이루어진 컴 퓨터의 기본수가 되었고, 근현대 심리학자들에게도 강절역과 역수론이 학문적 상상력에 영감을 주고 있다. 따라서 명곡이 발명한 성음수는 언어학, 음운학, 음성학 발달의 기초재가 되거나 인접 분야 발전을 유발하는 間學的,

---

70) 명곡은 『九數略』에서 "수학은 도학[數生於道]"이라 했다. 조희영, 앞의 글, 2017(1), 116쪽 참조.

수학적 소재가 될 수 있을 것이다. 명곡은 『九數略』에서 河洛方陣의 창의적 변용으로 세계 최초로 '6次方陣'을 제시하여 정보통신 분야에 공헌한 전례가 있듯이, 이 책도 그런 가능성을 충분히 열어두고 있다. 그것은 坤冊 經世正韻五贊에서 자신의 책이 후세의 호응을 기다린다는 "百世在下, 庶幾以俟"와 "後世子雲[揚雄], 竊意殆庶"라는 말에서 엿볼 수 있으니, 이는 진심이 담긴 말이지 상투적인 언사는 아닐 것이다.

조희영   2019, 『동방학지』 189(연세대학교 국학연구원)

『구수략(九數略)』 송대 도서상수학으로 짜인 조선수학서

인문학적 지평에서

조희영(조선대학교 인문학연구원 교수)

1 머리말:『구수략』의 역학적 연원에 대한 이해와 오해

이 글에서는 최석정의 『구수략』(九數略)[1]이 송대 도서상수학의 구조로 짜여진 수학서임을 밝혀 기존 연구[2]에 나타난 문제점을

---

1) 『구수략』은 1700년 조선 후기 영의정을 지낸 최석정(崔錫鼎, 1646~1715)이 지은 수학서이다. 책은 乾과 坤 2권으로 구성되었고 건에 갑과 을편, 곤에 병과 정편 총 4편으로 이루어졌다. 갑편은 총론으로 數原, 數名, 數位, 數象, 數器가 있고, 각론으로 數法의 일부가 있다. 數法은 통론사법, 통론팔법, 승제원류, 지분약법, 통론사상으로 구성되었다. 통론사법, 통론팔법, 승제원류, 지분약법은 갑편에 있고, 통론사상은 을편과 병편에 걸쳐 있다. 정편은 부록인데 文算, 珠算, 籌算, 河洛變數가 그 내용이다. 이 글에서는 규장각 보유 『구수략』영인본을 저본으로 삼았다.

2) 기존 국내 연구자는 거의 수학자이고, 과학사 전공자(오영숙)도 있다. 김용운·김용국, 『한국수학사』(살림, 2009), 376~387쪽 ; 김용운, 『한국수학사 논

보완하여 오해한 부분을 바로잡고 최석정의 수학이 지닌 인문학적[3]
지평도 탐색해보고자 한다. 이전 연구자들이 『구수략』에 대해 논한
것을 보면 크게 세 가지이다. 첫째, 수학적인 부분이다. 그의 수학
이 현대 수학의 입장에서 보면 괄목할 만한 내용은 없으나, 전문 산
학인이 아니면서 유럽의 수학을 소개하고 이를 조선 수학으로 이해
하려는 부분이나 독창적인 마방진(魔方陣, magic square) 연구는 후
한 평가를 받고 있다. 둘째, 그의 수학이론에 나타난 역학사상에 대
한 연구로, 주로 소강절 역학과 관련된 것이다. 셋째, 과학사적 입장
이다. 산학에 유학자로서 정체성을 불어넣어 시대적 요청을 반영했
다는 것이다. 기존 연구에서 수학적인 부분에 대해서는 〈하도낙서〉

문집』[한국학술정보 (주), 2001] ; 최석정 저, 정해남·허민 역, 『구수략』(건,
곤)(교우사, 2006) ; 장혜원, 『수학 박물관: 조선 최고의 수학자들이 빚어낸
수의 세계』(BM성안당, 2010), 110~133쪽 ; 김용운, 「최석정의 마법진」, 『한
양대논문집』 제8집(한양대학교, 1974), 437~451쪽 ; 김용운, 「九數略 解題」,
한국과학사학회편, 『九數略』(성신여자대학교출판부, 1983), 5~13쪽 ; 정해
남, 「수학철학적 관점에서 본 『구수략』」, 『한국수학사학회지』 제22권 제4호(한
국수학사학회, 2009), 67~82쪽 ; 정해남, 「소강절의 수론 사상과 『구수략』에
미친 영향」, 『한국수학사학회지』 제23권 제4호(한국수학사학회, 2010), 1~
15쪽 ; 오영숙, 「조선후기 算學의 一面: 崔錫鼎의 산 '읽기'」, 『韓國實學研
究』 제24호(民昌社, 2012), 329~366쪽.

3) 인문과 인문학의 정의에 대해 「인문학 및 인문정신문화의 진흥에 관한 법률」
(2016. 2.)」에서 "인문이란 인간과 인간의 근원 문제 및 인간의 사상과 문화
를 말하고, 인문학 이란 인문에 관하여 탐구하는 학문으로서 […] 융복합 학
문 등 관련 학문 분야를 말한다"라고 했다. 이 글에서 말하는 인문학도 이
속에 들어 있다. 필자는 인문학의 내포와 외연은 다음과 같다고 본다. 내
포: 인문을 탐구하는 학문. 외연: 인문을 탐구하는 융복합 학문 등 인문 관
련 학문. 이런 포괄적인 범위 설정으로 인문학의 범위에 대해서는 실앙설레
하는 것이 현실이다. 필자는 이 글에서 말하는 상수학의 포섭 범위는 인문
학 의 외연에 닿아 있다고 본다. 그 전형을 후술하는 소강절 아류의 학자들
에게서 찾을 수 있다.

를 제외하고는 거의 해명되었다고 본다. 아쉬운 것은 송대 도서상수학에 대한 이해 부족으로 『구수략』의 역학사상 분석이 정확하지 않고 이에 따라 그의 마방진에 대한 분석이 충분치 않다는 것이다.

『주역』은 괘효상과 괘효사로 구성되었다. 상(象)은 음양획(--, ─)이고 글(易文)은 괘효를 풀이한 글이다. 음양획은 상이자 홀짝의 기우수(奇偶數)이다. 이런 상과 수로 역리를 탐구하는 학파가 상수학파이고 역문으로 역리를 연구하는 파가 의리학파이다. 상수학파는 한대(漢代, 기원전 206~기원후 220) 상수학과 송대(宋代, 960~1270) 상수학 두 흐름이 있다. 한대 상수학은 괘기설(卦氣說), 효진설(爻辰說), 납갑설(納甲說) 등의 입장에서 64괘효의 변화를 역법(曆法)과 음양 변화와 연결하고 변역(變易)의 속성에 천착하여 복잡한 음양재이로 흘러갔다. 송대는 역의 상과 수 및 도서(〈하도낙서〉, 〈선천도〉, 〈태극도〉 등)로 역리를 탐구했다. 한대와 대비되는 점은 음양재이로 흐르지 않고, 도서를 채택한 점이다. 『구수략』은 송대 도서상수학[4]의 토양 위

---

4) 圖書象數學은 상수학의 일파로 圖書(하도낙서의 약자)에 나타난 상수로 역리를 연구하는 학파로 宋代에 흥기했다. 대표적으로 유목의 〈하도낙서〉, 소강절의 〈선천도〉, 주렴계의 〈태극도〉를 들 수 있다. 일설에는 이 그림은 공자시대에 존재했으나 분서갱유를 거치면서 道家의 隱士들의 손에 넘어가 그들끼리 전승을 거쳐 도사 진단(陳摶, 871?~989)에 이어졌다고 한다. 송대 주진(朱震, 1072~1138)은 『漢上易傳』에서 이 그림은 진단에서 시작되어 종방 등을 거쳐 세상에 나타났다고 했다. 이 부분을 도표로 그리면 다음과 같다. 朱伯崑, 『易學哲學史』 2권(北京: 崑崙出版社, 2005), 10~14쪽 참조.

세 그림 모두 陳摶이 種放에게 전하고 종방은 세 가지 경로를 통해 전했다.
① 先天圖: 목수(穆修)→ 이지재(李之才, 자 挺之)→ 소강절(1011~1077)
② 河圖洛書: 이개(李漑)→허견(許堅)→ 범악창(范諤昌)→ 유목(劉牧, 1011~1064)
③ 太極圖: 목수→ 주렴계(周濂溪(1017~1073)

에 있다. 송대 도서상수학은 도서에 나타난 상수로 천지자연의 유행법칙과 인간의 성명에 적용될 원칙을 파악하려는 학파로 당시 신유학의 흐름인 성리학과 궤를 같이하는 학파이다. 그 토양에서 나온 한 분야가 소강절(邵康節, 본명 邵雍. 강절은 시호, 1011~1077) 역학이다. 그는 자신의 이론을 '수', 특히 이치를 머금은 '리수(理數)'[5]를 가지고 논한다. '리수'는 관물론(觀物論:哲學論), 〈선천도(先天圖)〉와 함께 그의 선천역학의 필수요소이다. 이 때문에 그를 도서상 수학파 겸 (리)수학파로 분류한다. 소강절 역학은 조선조 훈민정음 창제와 성음론 및 수학, 문학, 역사학, 천문학 등에 크게 기여했다. 소강절 역학에서 나온 지류가 채원정(蔡元定, 1135~1198), 채침(蔡沈, 1167~1230) 부자의 역학이다. 채원정은 『역학계몽』을 주희와 함께 지었고, 『황극경세서』의 요약 안내서 격인 「찬도지요」를 지었으며 『율려신서』를 지어 조선시대 악률론에 큰 영향을 미쳤다. 채침은 『서경집전』을 찬하고, 부친의 유업을 이어 수학적 역학서인 『홍범황극내편』[6]을 지었다. 최

---

5) 『주역』 속에 있는 수, 즉 易數가 內象이자 理數라는 사실은 소강절이 처음 주장했다. 여기서 '理數'의 뜻은 64괘 역상을 존재하게 하는 리(理)를 담은 수라는 의미이다. 리수에서의 '리'는 천지만물의 이치, 자연의 객관법칙, 수적 객관법칙을 포괄하는 개념이다. 『주역』에 내재하는 리수의 근원은 「하도」의 수, 즉 천지지수 1-10이다. 이는 자연수로 기우수이자 역을 형성하는 기본적 易數이다. 이에 대해서는 고회민 저, 곽신환 역, 『소강절의 선천역학』(예문서원, 2011), 350쪽, 360쪽 ; 이창일, 『소강절의 철학』(심산, 2007), 250쪽, 500쪽 ; 張其成, 『象數易學』(北京 : 中國書店, 2007), 3쪽 ; 조희영, 「『주역』에 내재된 理數의 함의」, 『韓國思想과 文化』 제77집(한국사상문화학회, 2015b), 305~330쪽 참조.

6) 『홍범황극내편』은 세종 원년(1419)에 明으로부터 들어온 성리학의 집합서인 『性理大全』에 수록된 것으로 '소강절-채원정-채침'으로 이어지는 송대 도서상수학의 완결판이라 할 수 있다. 이들의 저서가 조선시대 난독서라는 사실이 실록에 자주 나온다. 오늘날에도 역시 이해가 어렵다.

석정은 소강절에 영향을 받았고, 채씨 부자 중에서는 채침에게 영향을 받았다.

『구수략』에 채침에 관한 언급은 갑편에 나오는 〈구구모수상도(九九數母數象圖)〉에서 "이 그림은 바로 채씨의 범수방도이다(此圖卽蔡氏範數方圖)"라는 부분이다. 여기서 '채씨'는 채원정이 아니고 채침이다.[7] '범수방도'에서 '범'은 '홍범'의 약자이며, '홍범수(낙서수)로 그린 네모그림'이란 뜻이다. 즉 채침의 그림을 전재했다는 말이다. 또 병편 끝 '고금산학'에 '채계통 부자(蔡季通父子)'라는 말이 나온다. '계통'은 채원정의 자(字, 호는 西山)이니 이는 채원정, 채침 부자를 가리킨 것이다.[8]

『구수략』을 떠받치는 역학적 구조는 크게 세 가지이다. 첫째는 〈하도낙서〉이고, 둘째는 「역전(易傳)」이며, 셋째는 소강절 역학이다. 이외에 건곤·음양·동정·팔괘·삼재와 겸괘(謙卦) 등 역학 요소와 『상서』, 『춘추좌전』 등을 인용하여 자신의 수론과 연결시킨다. 특히 『구수략』에 나오는 각종 1−9수로 이루어진 수도(數圖)의 출처는 〈하도

---

7) 그러나 이 부분에 대해서 수학자들은 '蔡氏'를 蔡元定으로 오해한다[최석정 저, 정해남·허민 역, 앞의 책(건), 35쪽]. 교우사 번역본은 誤譯과 誤字가 눈에 뛴다(정해남, 「수학철학적 관점에서 본 『구수략』」, 『한국수학사학회지』 제22권 제4호, 『한국수학사학회, 2009, 72쪽).

8) 여기서 의문이 생긴다. 채침의 『홍범황극내편』이 『구수략』 권두에 실린 인용서적에 빠진 사실이다. 당시 유학자들은 이 책이 필독서였다. 당연히 최석정도 독파했을 것이다. 아마 실수로 이 책을 인용서적에서 누락한 것으로 추정된다. 이렇게 빠진 책이 더 있다. 양웅의 『太玄經』이다. 을편 '四象正數' 부분에 '태현'이 언급되어 있다. 또 『주역』의 경우 易經과 易傳 및 주석이 포함된 『주역전의대전』을 의미하는 것으로 보인다. 을편에 나오는 '程子' 부분은 『二程遺書』의 것을 『주역전의대전』에 전재한 것이다. 최석정은 『이정유서』는 보지 못하고 『주역전의대전』을 보고 인용한 것으로 생각된다.

낙서〉에 근원을 둔 채침 수론이다. 그러나 기존 연구 가운데 역학적
인 면을 다룬 논저는 주로 소강절과의 관련성만 논하고 〈하도낙서〉
나 「역전」에 대한 언급은 부실하고 채침 수론은 아예 없다. 이런 점
에서 「구수략」의 역학 구조에 대한 전반적인 재검토가 요청된다. 따
라서 이 글에서는 이와 같은 선행연 구의 단점을 보완하는 차원으로
2장에서 3개의 역학적 구조를 살피고, 이어서 〈하도낙서〉 분야인 채
침 수론은 처음 다룬다는 의미에서 별도로 3장에서 고찰하는데, 이
때 '하락변도(河洛變圖)'에 나타난 최석정의 마방 진이 채침의 그림에
서 직접 영향을 받았다는 사실을 논증할 것이다. 끝으로 「구수략」이
함유한 '인문학적 지평'[9]에 다가갈 것이다. 여기서는 「구수략」의 수
학 공식이나 산식 분석은 제외하고 역학 부분만 따진다. 따라서 역
학 부분이 나오는 갑편과 을편, 정편의 일부만 대상으로 하고 이 책
의 전반을 논하지는 않는다. 본문에서 인용하는 「황극경세서」, 「역학
계몽」, 「홍범황극내편」은 「성리대전」본(학민문화사 간행, 1989)을 저본
으로 삼았다(쪽수 인용 생략함).

2 「구수략」의 역학적 구조

「주역」은 몇 개의 얼굴(占과 哲學)을 가졌다. 사람이 풀 수 없

---

9) 인문학(뿌리)에서 수학(줄기)이 나왔다. 여기서는 수학을 통해 인문학을 무
색한다는 뜻에서 '인문학적 지평'이라 했다. 즉 '수학적 인문학'이란 말이다.
역학에서 수학과 인문학이 융합한 분야가 상수학인데 그 예를 소강절이나
채침 등의 책에서 확인할 수 있다. 특히 소강절이 그 선하를 이루었다.

는 의문이나 위난(憂患)을 당했을 때 신명(神明)에게 점(占)을 쳐서 방
도를 얻는 점서(占書)의 면모와 함께 점이 제시하는 조건에서 삶의
교훈을 얻는 윤리적 철학서(윤리철학)의 얼굴을 동시에 갖고 있다.[10]
『주역』이 지닌 철학서의 성격은 「역전」에서 비롯되었다. 역이 지닌
윤리철학으로 점을 극복하려면 점을 칠 때와 같은 절실한 마음으로
삶을 마주해야 하고 부단히 자신에 대한 성찰(自彊不息)이 요구되므
로 쉽지 않는 일이다. 그래서 『주역』의 점을 찾게 된다.

한편 「역전」이 잉태한 것은 윤리학(의리역학)뿐 아니라 상수학(상수
역 학)도 있다. 상수학은 역상을 중심에 둔 상학과 역수를 중심에 둔
(리)수학으로 세분하기도 한다. 혹자는 최석정이 속한 상수학을 점에
의존하는 술수학(術數學, 數術學이라고도 함)과 동일시하는 경우가 있
다. 이는 잘못된 시각이다. 한대에서는 상수와 술수가 겹치는 경우
도 있었지만 송대 상수학은 술수학과 거리가 멀다. 최석정의 경우를
보면, 상수로 수학을 말하지만 점을 말하지 않았고, 또한 술수를 말

---

10) '神明'이란 고대에는 인간사를 주재하는 외부적 존재인 天神 혹은 上帝의
전유물로 여겼으나 춘추전국시대를 거쳐 인문주의가 싹트면서 '신명'은 외
재적 존재가 아니라 사람에게 내재하는 '본성'이란 자각이 생겼다. 이런 생
각을 격발시킨 이가 孔子이다. 그는 본성을 찾는 길(道)로 가면 '德'이 축
적되어 점치지 않아도 의문과 憂患을 해결할 수 있다고 했다. 바로 덕이
있으면 점치지 않아도 된다는 '以德代占'의 원리이다. 이는 『論語』 子路
편 子曰, "南人有言曰, '人而無恆, 不可以作巫醫.' 善夫!" "不恆其德, 或
承之羞." 子曰, "不占而已矣"에서 확인된다. '덕'은 어떻게 획득할 수 있
는가? 덕을 이루는 길로 들어서는 조건적 언급이 易文에 나오는 '仁義(사
랑·옳음)', '貞(바르게 하라)', '懼(두려워하라)', '順(순응하라)', '孚(믿어
라)', '善補過(잘못을 잘 수습하라)' 등이다. 이는 삶에서 긴장의 끈을 놓아
서는 안되며 절실하게 자신을 성찰(自彊不息)해야 한다는 행동강령이자
철학적인 내용이다.

하지 않고 수리를 말한다는 사실이 이를 증명한다. 『주역』에서 점을 택할지 철학을 택할지 둘 다 택할지는 개인의 자유이다. 『구수략』만 놓고 보면 최석정은 『주역』에서 점을 택하지 않고 상수(철학)만 취했다. 최석정의 이런 자세는 본론에서 확인할 수 있다.

일부에서는 역수(易數)인 리수를 점술(占術)로 보는[11] 동시에 하락과 마방진을 신비스러운 영물로 보기도 한다. 그러나 주역속 리수는 천리를 담은 수로 동아시아 수학의 원류라 할 수 있고, 하락은 역경의 기원으로 역학적 인문학의 산실이다. 하락의 출처가 신비스럽다고 해서 비과학적 주술로 보거나, 마방진을 '종교적 법열(密敎的 法悅)'[12]이라 하는 것은 재고를 요한다. 이런 선행지식을 가지고 이 책이 지닌 3개의 역학적 구조를 검토한다.

1) 〈하도낙서〉

『구수략』의 시작과 끝은 〈하도낙서〉로 이루어졌다. 그만큼 이 그림이 중요하다는 의미이다. 최석정은 자신의 수학이 여기서 비롯됨을 다음과 같이 첫 장 '수원(數原)'에서 말한다.

---

11) 김용운은 조선 수학에서 리수는 '예언에 의한 질서(占數術)'이며 이는 형이상학적 역수에 집착한 때문으로 조선 사대부 전통수학이라 한다. 그는 조선 사대부들은 '易數=理數=數學=占數術'의 관점을 가졌다고 한다. 김용운·김용국, 앞의 책, 234쪽.

12) 김용운, 앞의 논문(1974), 445쪽.

13) 하락이론의 논쟁사에 대해서는 江愼修(淸) 著, 孫國中 校理, 『河洛精蘊』 (北京: 學園出版社, 2007), 371~392쪽 참조.

『주역』「계사전」에서 말하기를, 하늘 1, 땅 2 [...] 땅 10, 즉 「하도」의 수이다. 『상서』「홍범」편에 말하기를, 처음 1, 다음 2 [...] 다음 9, 즉 「낙서」의 수이다. [...] 수의 큰 근원은 여기서 나온다(易大傳曰, 天一地二 [...] 地十, 卽河圖之數也. 尙書洪範傳曰, 初一次二 [...] 次九, 卽洛書之數也. [...] 數之大原出於此).

「하도」수 1-10과 「낙서」수 1-9가 수의 본원이자 최석정 수학의 근본이라는 선언이다. 최석정이 〈하도낙서〉를 이렇게 평가하는 이유를 알기 위해서는 그림의 연원과 기능 등에 대한 역학사적 흐름을 인지할 필요가 있다. 이에 대해 간략히 살펴본다.

이 두 그림은 송대(宋代)에 들어 진단(陳摶, 871?~989)을 거쳐 유목(劉牧, 1011~1064)의 『역수구은도(易數鉤隱圖)』에서 갑자기 나왔다. 유목은 「하도」수는 1-9로 〈구궁도〉이고, 「낙서」수는 1-10이라고 주장하며 둘 다 복희시대에 나왔다고 했다. 따라서 지금 통용되는 하락의 그림과 반대이다. 그림의 기능과 유래에 대해 당시부터 구양수(歐陽脩, 1007~1072) 등의 문제제기가 있었고 청대(淸代, 1616~1912)에 들어서는 논란이 가열되었으며 현재까지도 간간이 이어져 '하락학'이란 사조를 이루었다.[13] 그러나 〈하도낙서〉는 『상서』, 『주역』, 『예기』, 『논어』, 『회남자』, 『한서』, 『역위 건착도』, 『대대례기 명당편』 등 고전의 근거가 있었기에 존재 자체를 부정하지 못했다. 그 기능과 용도에 대해 제왕의 수명부적(受命符籍), 왕실의 보물, 상서로운 부서(符書)나 징표, 고대 지리서 등으로 말하는 이도 있었다. 『주역』의 근원이라고 말한 이는 한대(漢代) 공안국(孔安國, 생몰미상, 공자 11대 손)과 유흠(劉歆, 기원전 53?~기원후 25)이 대표적이다. 정현(鄭玄, 127~200) 은 '대연지수 50'에 대해 「하도」의 수로 설명하기도 했다. 그러나 누 구도 '그림'을 제시하지는 못했다. 따라서 한대에서는 하락이론은 주 목받지 못해 상수학의 주류도 아니었고, '도서학'이니 '도서상수학'이 란 말이 없었다. 다만 괘기와 괘효변과 역법 등을 나타내는 〈괘기도 (卦氣圖)〉, 〈효진도(爻辰圖)〉, 〈납갑도(納甲圖)〉 같은 그림은 있었다. 그러다가 송대 주희(朱熹, 1130~1200)의 『주역본의(周易本義)』에 이 그 림이 실리고, 주희·채원정의 『역학계몽(易學啓蒙)』에 그림과 함께 그 의의가 논해지면서 하락이론은 꽃이 피고 도서상수학의 주류로 자 리 잡았다. 주희·채원정이 채택한 하락이론은 공안국과 유흠 및 소 강절의 주장이다.[14] 따라서 최초 주장자인 유목의 이론이 채택되지 않았다. 한동안 유목의 주장을 수용하는 일부 학자[15]도 있었고 그림 의 뒤바뀜에 대한 논란이 있었으나 시간이 지나면서 주희·채원정이

---

14) 『易學啓蒙』「本圖書第一」. "孔安國云 '河圖者 伏羲氏王天下 龍馬出河 遂則其文以畫八卦. 洛書者 禹治水時 神龜負文而列於背 有數至九 禹 遂因而第之以成九類.', 劉歆云 '伏羲氏繼天而王 受河圖而畫之 八卦是 也. 禹治洪水 賜洛書法而陳之 九疇是也. 河圖洛書相爲經緯 八卦九章 相爲表裏.' […] 邵子曰, '圓者星也, 曆紀之數其肇於此乎? 方者土也, 畫 州井地之法其仿於此乎? 蓋圓者河圖之數: 方者洛書之文. 故羲, 文因 之而造《易》: 禹, 箕敍之而作《範》也'"라 했다. 세 사람의 공통된 견해는 「하도」는 복희 때 나와 易의 기원이 되었고, 「낙서」는 우임금 때 나와 홍범 구주의 모태가 되었다는 것이다. 유흠은 두 그림의 관계를 經緯가 되고 8 괘와 9주는 表裏가 된다고 했으며, 소강절은 둥근 것은 河圖數이고 네모 는 낙서문양이라 하여 주·채의 하10, 낙9 이론의 발판이 되었다.

15) 유목을 추종하는 학자들은 「하도」와 「낙서」를 반대로 부른다. 算學者 楊輝 (1238~1298)가 그 예이다.

채택한 하락이론이 정설로 굳어졌다. 즉 「하도」는 복희시대에 나왔고 수는 1-10으로 역의 기원이며, 「낙서」는 우임금 때 나왔으며 수는 1-9로 홍범구주의 연원이 된 것으로 정리되었다.

결과적으로 주희 등은 하락이 출처가 지닌 문제점보다 하락으로 역과 홍범을 설명하는 공안국 등의 의견을 택한 셈이다. 다른 두 그림, 즉 소강절의 〈선천도〉나 주돈이(周敦頤, 호는 염계, 1017~1073)의 〈태극도〉 역시 같은 문제가 있었지만 그림이 지닌 역학적 의의가 더 높게 평가받았기에 학계에서 채택되었다. 특히 주희는 소강절이 가일배법과 하락이론으로 풀어가는 역의 기원에 대한 논설을 수용했다.[16] 이런 곡절을 겪은 하락이론은 조선 초 권근(權近, 1352~1409)의 『입학도설(入學圖說)』[17]에 소개되면서 조선시대 도서상수학의 주류로 자리 잡았다.[18] 송대 도서상 수학의 큰 축인 하락이론은 그대로 조선 상수학의 핵심적 이론이 된 것이다. 이와 같은 상수학의 흐름을 익히 알고 있고 역학에도 밝았던 최석정이 자신의 수학 원류로 〈하도낙서〉를 꼽은 것은 전혀 이상할 게 없었다. 〈하도낙서〉에 대한 최

---

16) 주 14)에서 보듯 주희는 공안국과 유흠의 말과 함께 소강절이 명확히 「하도」의 수로 복희와 문왕이 역을 지었다고 단언함에 따라 이를 수용했다. 또 역유태극장에 나오는 역은 태극에서 시작하여 1-2-4-8의 加一倍 의 원칙으로 괘가 형성된다는 소강절의 논리를 따랐다.
『역학계몽』「본도서제일」. "太極兩儀四象八卦, 此乃學易綱領, 開卷第一義, 孔子發明伏羲畫卦自然之形體. 孔子而後千載不傳, 惟康節明道二先生知之."

17) 『入學圖說』에 대해서는 조희영, 「조선 도서학의 효시: 권근의 『입학도설』」, 『민족문화 연구』 제72호, 고려대학교 민족문화연구원(2016c), 203~234쪽 참조.

18) 그러나 모든 학자가 하락이론을 신봉한 것은 아니다. 대표적으로 丁若鏞 (1762~1836)은 한대 역학의 입장인데 하락에 비판적인 관점을 가지고 있으며 채택하지 않았다.

석정의 이런 태도는 자신의 학문적 신념의 소산이지 종교적 신앙이나 신비적인 무엇으로 본 것이 아니다.[19] 최석정은 〈하도낙서〉에 착안하여 『구수략』의 여러 편을 자신의 수론과 결부시켰으며, 다양한 그림을 정편 '하락변수'편에 그렸다. 이는 3장에서 논한다.

2) 「역전」의 「계사전」과 「설괘전」

〈하도낙서〉가 『구수략』을 지탱하는 역학의 앞 물결이었다면 「역전(易傳)」이 그 뒤를 이었다. 최석정은 갑편 '수원(數原)'에서 다음과 같이 말한다.

> 공자가 말했다. "역에는 태극이 있고 태극이 양의를 낳고 양의가 사상을 낳는다(子曰, 易有太極, 是生兩儀, 兩儀生四象). 또 말했다. 하늘을 3으로 하고 땅을 2로 하여 수를 의지한다(又曰, 參天兩地而倚數).

위 글에서 전자는 「계사전」 상 11장의 '역유태극장'이고, 후자는 「설괘전」 1장의 '삼천양지론'이다. 역유태극장이 가리키는 내용이 무엇인가에 대해서는 점을 치는 설시법을 말한다는 설, 하락이론과 함께 역의 생성근 원을 밝히는 내용이라는 설과 두 가지를 모두 의미한다는 설이 있다. 최석정은 『구수략』의 편제를 「계사전」에서 말하는 '태극-음양-사상-팔 괘'의 기본 구조로 채택하였다. 태극은 만물의

---

19) 최석정의 역학에 대한 자세를 서양 중세 보에티우스의 신학적 수학과 비슷하다는 관점은 동의하기 어렵다. 김용운·김용국, 앞의 책, 376~377쪽 ; 장혜원, 앞의 책, 113~114쪽.

근원이자 시작점인 태초의 상태이고 음양은 통론팔법에서 '음양정수이법', '음양정수육법' 등으로 표현되고, 사상은 '총론사법', '통론사상'이란 소제목으로 표현되며 팔괘는 '총론팔법'으로 나타낸다.

삼천양지론은 동아시아 고대 천문관인 '천원지방론'의 역학적 표현인 동시에 중국 수학 방원술(方圓術)의 기초 이론으로 기능한다. 이어서 최석정은 다음과 같이 자신의 의견을 밝힌다.

> 살피건대, 태극이란 1이고, 1은 2를 낳고, 2는 3을 낳으니, 3과 2로 수가 선다(按, 太極者一也, 一生二, 二生三. 參兩而數立矣).

여기서 눈여겨볼 부분이 있다. 「계사전」 상 11장에서는 '태극'이라고만 하고 '태극'이 무엇인지 말하지 않았으나 최석정은 '태극은 1이다'라고 수로 표시한다. 이 표현은 을편 '통론사상' 첫머리에서도 "수는 1에 근원하고 1은 태극이다(數原於一, 一爲太極)"라고 반복한다. 수는 '1', 즉 태극(만물의 근원)에서 시작한다고 강조하는 부분에서 그가 수근본성의 입장에 있음을 알 수 있는데, 이는 소강절의 태극론[20]이자 수론이다. 또 앞의 「계사전」에서는 '양의생사상(兩儀生四象)(二生四)'이라 했는데 여기서는 '이생삼(二生三)'이라고 다르게 말했다. 또 「설괘전」 1장의 '삼천양지론(參天兩地而倚數: 3과 2로 하여 수

---

20) 소강절의 태극관은 『황극경세서』 「관물외편」에 여러 형태로 묘사되어 있다. ① 太極, 一也, 不動 ; 生二, 二則神也. 神生數, 數生象, 象生器. ② 心爲太極, 道爲太極. ③ 太極, 道之極也. ④ 萬物各有太極. ⑤ 太一, 數之始也, 乾坤起自奇偶, 奇偶生自太極. ⑥ 生天地之始者, 太極也. ⑦ 五十分之則爲十, 若參天兩之則爲六, 兩地又兩之, 則爲四. 此天地分太極之數也.

를 의지한다)'을 '3과 2로 수가 선다(參兩而數立矣)'라고 달리 말한다. 최석정이 이렇게 달리 말하는 것은 역리를 수학에 접목시킨 결과이다. 즉 역의 출발점이 태극이라면 수의 출발점은 1이고, 역의 연역은 1-2-4이지만 수의 순서는 1-2-3이며, 삼천양지에 의존하여 역수가 구성되지만 수에서는 3과 2로 수가 실질적으로 전개된다는 의미이다. 말하자면 역리의 수학적 적용과 변용이라 할 수 있다.

3) 소강절 역학

최석정은 〈하도낙서〉와 「역전」을 이해하고 이어서 소강절 역학을 파악한 후 자신의 역학적 수학을 이루었다. 『구수략』에 나타난 소강절 역학은 기존 연구[21]로도 이해가 가능하다. 여기서는 기존 연구에서 부족한 부분을 살펴본다.

소강절 역학의 핵심은 〈선천도〉에 나타난 선천사상과 역수론 및 관물론이다.[22] 〈선천도〉는 8괘와 64괘의 횡도(橫圖)와 방원도로 이루어졌고 관물론은 그 철학적 바탕이다. 소강절 역수론의 기본 구조는 크게 세 가지이다. 첫째는 가일배법(加一倍法), 둘째는 4부법(四府法)

---

21) 정해남의 2009년과 2010년 논문으로 『구수략』에 나타난 소강절 역학은 거의 해명되었다고 본다. 이와 관련하여 조선 후기 지식인의 산학에 대해서는 구만옥의 논문을 참고할 수 있다(구만옥, 「마테오 리치(利瑪竇) 이후 서양 수학에 대한 조선 지식인의 반응」, 『韓國實學硏究』 제20호, 民昌社, 2010, 301~355쪽). 또 역학과 수리에 대해서는 전영주의 논문을 참고할 만하다(전영주, 「周易에 나타난 中國古代의 數理思想」, 『한국수학사학회지』 제23권 제2호, 한국수학사학회, 2010, 75~87쪽).

22) 소강절 역학에 대해서는 조희영, 「소강절 역수론은 어떻게 구성되었나?」, 『철학논총』 제81집, 새한철학회(2015a), 260~280쪽 참조.

과 체4 용3론, 셋째는 「설괘전」 3장 천지정위장의 순수역수(順數逆數)에 대한 것이다. 이런 구조를 토대로 그의 역수론은 '경세수', '원회운세수', '성음창화수'의 셋으로 전개되면서, '수'로 천지만물과 천지의 역사와 성음율려가 〈선천도〉와 함께 해명된다.

첫째, 가일배법은 「계사전」의 역유태극장의 리수적 연산법칙이다. 괘의 생성은 '태극−양의−사상−팔괘'의 1−2−4−8로 2배씩 이루어진다는 것이다. 만물의 생성변화의 근저에는 이 법칙이 있다고 보는 것이 소강절 수론의 원칙이다. 주희는 태극−양의−사상−팔괘로 이어지는 것을 "역을 배우는 강령"[23]이라고 호평한다.

둘째, 4부법은 '태극−양의−사상'에서 나온 사상론(四象論)을 만물의 네 가지 구분에 대입시킨 만물구조론(體)이다. 체4 용3론은 그 작용론(用)으로 체4에서 실제 쓰는 것은 3이고 1은 불용으로 체용을 속으로 지탱해주는 것이다.

셋째, 「설괘전」 3장 천지정위장의 순수역수(順數逆數)에 대한 새로운 관점[24]을 근거로 〈선천도〉의 8괘, 64괘 생성을 논한다. 이것이 어

---

23) 『易學啓蒙』「原卦畫第二」. "太極兩儀四象八卦, 此乃學易綱領."
24) 소강절은 「관물외편」에서 "지난 것을 헤아림을 순(順)하다고 한 것은 하늘을 따라 운행하는 것으로 이는 좌선으로 모두 이미 생긴 괘이다. 다가올 것을 아는 것을 역(逆)이라 함은 하늘을 거슬러서 운행하는 것으로 우행으로 모두 생겨나지 않은 괘이다. 역의 수는 거스름에서 비롯하여 이루어지니, 거슬러서 사시(四時)를 안다고 말하는 것과 같다(數往者順, 若順天而行, 是左旋也. 皆已生之卦也. 知來者逆, 若逆天而行, 是右行也. 皆未生之卦也. 夫易之數由逆而成矣, 若逆知四時之謂也)"라 했다. 이는 자신의 〈선천원도〉를 염두에 두고 순역과 좌선우행과 逆 數에 대해 말하고 있는 것이다. 다른 학자들은 〈선천원도〉와 무관하게 順을 과거, 逆을 미래로 본다.

우러져『소강절의 선천역학』이 이루어졌다.

최석정은 역학이론을 수학에 대입할 때 경전과 그 주해(선유의 학설 등) 및 자신의 입장을 적절히 배합하여 이론을 전개한다. '수원(數原)'에서 말한다.

수는 道에서 생기고, 원이란 수의 근본이다. 이 때문에 시작에 근본하여 수가 생기는 것이다(數生於道, 原者數之本也, 所以本始而生數者也).「계사전」에서 말했다. [...]. 소강절이 말했다. 대연의 수는 산법의 근원인저 (易大傳曰, [...]. 邵子曰, 大衍之數, 其筭法之原乎).

송대와 조선시대 공히 유학은 성인의 학문(聖學)인 도학(道學)임을 자처한다. 최석정은 '수는 도에서 생긴다'는 말로 수학이 도학임을 선언한다. 이는 수학이 유학의 본령[25]이라는 의미로 '경'에 갈음하는 것이자 자신의 기본 명제를 제시한 것이다. 그리고 이어서 '전'으로 「계사전」을 언급하고 뒤이어 선유(先儒)(소강절)의 학설로 자신의 관점의 정당성을 담보받으려 한다. 위 인용문에서 '대연(大衍)의 수[26]

---

25) 『구수략』병편 말미 '고금산학'에서 황제, 우임금, 주공을 거쳐 공자와 안연 등 72명의 제자가 수학에 능통했다고 했는데 이에는 수학이 유학의 본령 이라는 뜻이 내포됐다.

26) '대연의 수'란「계사전」상 9장의 50이다. 이에 대해 소강절은『황극경세서』 「관물외편」에서 "성인이 의지한 수로 천수 25를 합(倍)한 50(易之大衍, 何 數也? 聖人之倚數也, 天數二十五, 合之爲五十)"이라 했고, 주희는『여 학계몽』「본도서제일」에서 "하도 중 궁 천5로 지10을 곱한 50(大衍之數五 十, 蓋以河圖中宮天五, 乘地十而得之)"이라 했다. 대연지수 50은 천지지 수 55와 함께 역수의 핵심수이다.

는 산법의 근원'이라는 말은 소강절의 『황극경세서』「관물외편」에 나
오는 말이다. 이 말에 이어서 소강절은 "이로써 수의 셈은 시작되지
만 방원의 곡직을 넘지 못한다. 승수는 수가 생기는 것이고 제수는
수가 없어지는 것이다. 셈법이 비록 많지만 여기를 벗어날 수 없다
(是以算數之起, 不過乎方圓曲直也. 乘數, 生數也. 除數, 消數也. 算法雖多,
不出乎此矣)"라고 했다.

최석정은 승제에 대해서는 갑편 '총론팔법'에 원회의 개물을 곱셈
(乘)에 적용하고 폐물을 나눗셈(除)에 배분한다. 그는 이처럼 소강절
의 원회운세 수[27]를 인용하고, 방원에 대해서는 병편 사상변수 '태

---

27) 원회운세수는 『황극경세서』「經世一元消長之數圖」(591~592쪽)에 나와 있
다(1元=12會=360運=4,320世=129,600年. 1會=30運=360世=10,800年. 1運
=12世=360年. 1世=30年).

元	會	運	世	年	會에 配屬된 卦名 등
日甲	月子一	星 30	辰 360	年 10,800	復(天開於子)
	月丑二	星 60	辰 720	年 21,600	臨(地辟于丑)
	月寅三	星 90	辰 1,080	年 32,400	泰(開物) 星之己 七十六
	月卯四	星 120	辰 1,440	年 43,200	大壯
	月辰五	星 150	辰 1,800	年 54,000	夬
	月巳六	星 180	辰 2,160	年 64,800	乾(人類全盛時代~堯舜時代)
	月午七	星 210	辰 2,520	年 75,600	姤
	月未八	星 240	辰 2,880	年 86,400	遯
	月申九	星 270	辰 3,240	年 97,200	否
	月酉十	星 300	辰 3,600	年 108,000	觀
	月戌十一	星 330	辰 3,960	年 118,800	剝(閉物) 星之戊 三百十五
	月亥十二	星 360	辰 4,320	年 129,600	坤

1. 日(해)은 하늘의 元을 경영(주관)하고 月(달)은 하늘의 會를, 星(별)은 하
늘의 運을, 辰(멀리 떨어져 보이지 않는 뭇별)은 하늘의 世를 경영(주관)

양지수 체승'에서 둥근 대나무 묶음(圓箭)과 네모 묶음(方箭)의 계산에 인용한다.[28] 최석정은 1-2-4-8의 가일배법에서 수학적 적용은 '4(四象)'에 치중하는데 이는 다분히 소강절이 만물을 네 가지 유형으로 구분하는 사부법(四府法)의 영향이다. 소강절은 천문을 '일월성신(日月星辰)'의 네 가지로, 즉 지리는 '석토화수(石土火水)', 왕조는 '황제왕패(皇帝王霸)', 경전은 '역서시춘추(易書詩春秋)', 역사는 '원회운세(元會運世)'로 나누고, 기타 사덕으로 인의예지, 역의 용(用)으로 의언상수(意言象數) 등으로 나누기도 한다. 이는 '4'를 매개로 인간만사에 적용한 인문학적 분류이기도 하다. 최석정은 을편 '통론사상'에서 "통틀어서 말하면 가감승제는 산법의 사상(四象)이고 나누어 말하면 사상에 각각 4수를 갖추고 [⋯] 천지간에 오직 사상만 있을 뿐이

한다. 일월성신을 인간에게 미치는 영향력의 차이에 따라 구분하였다.

2. 元의 배정은 10天干인 甲부터 癸까지 표시된다. 위의 表에 나타난 日甲이 本元으로서 現在의 世界이다. 會는 12地支인 子에서 亥까지 순서대로 배정되고 이에 상응한 『주역』의 괘가 배정된다. 本元인 日甲의 第一會 月子에서 天開되니 이를 '天開於子'라고 불렀고 一陽이 始生하므로 復卦로 表示했다.

3. 會는 12地支인 子에서 亥까지 순서대로 배정된다. 本元 第二會는 月丑에서 辟地가 되니 이때를 二陽이 生하는 臨卦로 表示했고 '地辟於丑'이라 했다. 本元 第三會는 月寅이 되어 이때는 三陽이 되므로 泰卦로 표시했고 '開物于寅'이라 불렀다. 이후 月卯는 第四會, 月辰은 第四會, 月巳는 第六會가 되어 이때는 陽氣가 全盛하므로 乾卦로 표시 했고 人類文明의 全盛時期가 된다. 月午부터는 本元의 第七會가 시작되는데 이때부터는 陰氣가 시작하므로 인류 문명의 실질적인 내리막길로서 姤卦로 표시했고 歷史上으로는 夏·殷·周·秦·兩漢·十六國·南北朝·隨·唐·五代·宋代까지 모두 月午七會內에 속하고 현재도 동일하다. 月未, 月申, 月酉를 거쳐 月戌 11會 315運에 천지가 닫히는 閉物이 된다.

28) 『황극경세서』 「관물외편」. "邵子曰, '天圓而地方. 圓之數起一而積六, 方之數起一而積八. 變之則起四而積十二也.'"

니 수의 이치가 아무리 깊고 심오해도 이것을 벗어나겠는가?"[29]라고 '4(사상)'가 수학에 필수적임을 강조하면서 사상의 새로운 뜻으로 유휘(220~280)의 구장술을 재해석[30]했다.

3 『구수략』에 나타난 채침 수론과 하락변도

『구수략』에 채침[31] 수론이 어떻게 구현되어 있는가? 『구수략』이 시작되는 갑편 수법(數法) '총론사법'에서 가감승제의 설명이 끝나고 이어서 9수로 이루어진 4개의 '구구수도(九九數圖)'[32]가

---

29) 『구수략』 「을」 통론사상. "總以言之, 加減乘除爲算法之四象, 分以言之, 四象各具四數[…] 天地之間, 只有四象而已, 數之理雖至深至賾, 亦豈外於此哉."

30) 유휘의 九章算術 중에서 方田, 少廣, 衰分, 句股 등 네 가지를 역의 사상론과 소강절의 사부법에 착안하여 최석정은 『九數略』 을편 '四象變數'에서 太陽數(方乘), 太陰數(方制), 少陽數(子母準乘), 少陰數(句股準除)로 설명한다.

31) 채침은 채원정의 막내아들이다. 그의 집안은 家學, 소강절 역학, 주자학의 기초 위에 역학, 수학, 하락학, 율려, 천문지리 등에 능통했다. 『宋元學案』 「채원정전」에 따르면, 채원정의 부친 蔡發(1089~1152)은 역학과 하락학 및 기을임, 술수 등에 능통했으며 일찍이 채원정을 家學으로 가르쳤고 나중에 채원정 부자는 주희의 문도가 되었다. 특히 채원정에 대해 주희는 제자가 아닌 학문의 오랜 동반자(老友)로 여겼다. 채원정이 1198년 사망할 때 장남(채연, 호 節齋)에게는 易學, 둘째(채항. 호 復齋. 나중에 外家에 入養, '知方'으로 改名)는 『春秋』, 막내 채침에게는 洪範皇極數를 완성할 것을 유언했다 고 한다. 채침은 부친의 유업을 받들어 九峯山에 들어가 생을 마칠 때까지 수학에 매진하여 『홍범황극내편』을 저술했다고 한다. 채침을 비롯한 각자는 학문의 일가를 이루었다. 조부인 蔡發과 부친, 그의 3형제, 아들 4명 등 총 9명을 합해 '建陽蔡氏四世九賢'이라고 후대의 칭송을 받았다.

32) 『구수략』 갑편 數法에 나오는 4개의 '구구수도'란 〈구구모수상도〉, 〈구구모수명도〉, 〈구구자수상도〉, 〈구구자수명도〉이다. 이 그림들의 공통인자는 '구구수도'이다. 따라서 '구구수도'란 필자가 1–9수로 이루어진 그림이라는 뜻에서 붙인 범칭 용어이다. 채침의 경우를 보면 '9'를 근간으로 1–9

나온다. 뜬금없이 나오는데 그에 대한 설명도 어렵다. 고전을 대할 때 흔히 느끼듯 이는 분명 당시 사람들의 상식에 준하여 쓴 것이다. 당시 학자들은 채침의『홍범황극내편』을 소강절의『황극경세서』, 채원정의『율려신서』다음 가는 상수서로 여기고 있었다. 이 책들이 수록된『성리대전』은 필독서였기에 당연히 그 내용을 파악하고 있었고『구수략』의 이 그림이 채침 책에서 연원한 것임을 쉽게 알았을 것이다. 그래서 '구구모수상도'니 '채씨 범수방도'니 '강(綱), 목(目)'이라고 별다른 설명 없이 쓴 것이다. 최석정은 왜 이 그림들을 책의 앞머리에 실었을까? 산법에서 가감승제가 기본적 출발점이듯 채침의 이 그림이 그와 같이 중요하다는 의미에서 가감승제 바로 뒤에 배치한 것이다.[33] 최석정은 소강절 상수학의 신봉자이니만큼 소강절 아류의 끝자락에 있는 채침 수론에서 자신의 역학적 추동력을 얻는 것은 어쩌면 당연한 일이다. 따라서『구수략』의 이 그림을 이해하기 위해서는 채침 수론 파악이 선행되어야 한다.

1) 채침 수론 요점[34]

채침은 수학의 어려운 공식을 제시하거나 고차방정식의 해법을 찾는 수학자가 아니다. 그는 송대 도서상수학자처럼 '상수'를 가지고 자연의 이치와 인간에 적용될 도리를 규명했다. 여기서 '상'은 〈하도

를 착종하여 方圓 圖를 그리면서 그 이름을 '九九 […] 數圖'라고 한다. 여기서 공통인자 역시 '구구수도'이다. 이후 두 사람의 관련 그림을 공히 '구구수도'라고 부른다.
33) 기존 연구는 이 그림의 중요성을 인지하지 못했다.

낙서〉, 〈선천도〉, 괘상(卦象) 등이고 '수'는 이 상에 나타난 수, 즉 이치를 함유한 (리)수를 말한다. 채침의 수론이 다른 학자와 구별되는 점은 오직 '수'[35]만 으로 천지의 근원과 자연의 변화를 연구하여 인사에 적용할 원리를 탐구하고 그 통로로 「낙서」를 이용했다는 점이다. 간단하게 말하면 채침은 「낙서」수를 통하여 천지자연과 인문을 연구했다고 할 수 있다. 채침 수론은 『홍범황극내편』의 본문 60쪽에 나와 있는데 크게 3~4가지로 요약할 수 있다. 요약 기준은 그의 상수사상에서 특이점을 규명하는 데에 초점을 맞추었다. 그 내용은 첫째, 수 근본사상인데 수는 「낙서」에서 시작한다는 것이고, 둘째, 상과 수에 대한 독특한 관점이며, 셋째, 역동적인 하락관을 가진 것이다. 그리고 이런 그의 수론에서 인문학적 영역을 도출할 수 있는데, 이를 넷째라 할 수 있다. 하나씩 살펴본다. 첫째, 채침의 수론에서 가장 눈에 띄는 것은 수가 만물의 근본이라는 사상이다. 그의 말 "어

---

34) 이하의 내용은 『성리대전』본 『홍범황극내편』을 요약한 것이다(『성리대전』 3권, 학민 문화사, 1989, 1597~1760쪽). 또 조희영, 「수학적 인문학 관점으로 본 채침의 상수사상」, 『대동문화연구』 제96집, 성균관대학교 대동문화연구원(2016b), 165~187쪽을 참조했다. 『홍범황극내편』에 관해서는 논문한 편이 더 있다. 김연재, 「『洪範皇極內篇』에 나타난 채침의 수본론과 그 세계관」, 『유교사상연구』 제42집, 한국유교학회(2010), 35~80쪽.

35) 여기서 말하는 '수'는 철학적 상징성과 자연의 이치를 함유한 '수'를 의미한다(앞에서 말한 理 數). 그렇다고 이 '수'가 우리가 셈하는 일반적인 수와다르지 않다. 다만 그 수에 별도의 의미를 둔다. 예컨대 1은 태극을 상징하고 만물의 기원이자 시초이며, 2는 음양을 상징하며 兩儀이고, 3은 天地人 三才를 상징하며 하늘의 삼천을 의미하고, 4는 四象의 수이고, 5와 6은 천지의 中數이고 […] 9는 양수의 극이고 10은 음수의 끝이다. 이것이 잘 나타난 것이 「하도」의 수이자 「계사전」의 천지지수 1–10이다. 이것은 상수학에서 말하는 수이므로 수학자들이 말하는 수와는 의미상 거리가 있다. 이 '수'가 조선조 유학자들의 학문적 기제로 작용했음을 도처(선인들의저서 등)에서 확인 할 수 있다.

둡고 아득한 사이에 조짐에 앞서니 수의 근원이다(溟漠之間, 兆眹之
先, 數之原也)"에서 그의 수근본사상을 읽을 수 있다. 또 수와 리(理)
는 같은 곳에 나온 일체성을 지닌 것으로 본다. 이는 송대 리수론자
의 일반적인 입장이기도 하다. 그의 수론은 광의로는 〈하도낙서〉,
협의로는 「낙서」에 근원하고 있다.

둘째, 채침은 상과 수를 불가분의 관계로 보지만 그 연원과 역할
에 대해 분리된 관점을 지니고 있다. 이는 그의 하락관과도 연관되
어 있다. 역은 상(象)으로 '태극1-양의2-사상4-팔괘8-64괘-384
효'의 짝수(偶數)의 연산으로 이루어지고 그 근원은 「하도」인 반면,
홍범구주[36]는 수(數)로 '1-3-9-81-6561'의 홀수(奇數)의 연산으로
이루어지며 그 근원은 「낙서」라 주장한다. 줄이면 '역-상-짝(偶)-하
도', '홍범-수-홀(奇)-낙서'이다. 그는 「낙서」를 수의 근원으로 여기
고 특히 9수를 수의 궁극이라 한다. 채침은 역은 「하도」를 통해 사성
(四聖: 복희, 문왕, 주공, 공자)을 거쳐 상으로 다 밝혀졌는데, 수는 「낙
서」를 통해 홍범구주로 우임금에게 전해졌으나 「낙서」수 1-9는 세상
에 잘 드러나지 않았다고 여겼다. 이에 수를 세상에 밝혀 9수를 중
심으로 1-9의 본래 역할을 찾게 하고자 『홍범황극내편』을 지었다고
했다.

---

36) 洪範九疇는 「낙서」를 본뜬 천지의 아홉 가지 큰 법으로 도서학파에서는
이해한다. 즉 홍범은 大法을 말하고, 구주는 9개 條를 말하는 것이니 홍범
구주는 9개의 천지의 큰 법이라는 뜻이다. 夏나라 禹王이 홍수를 다스릴
때 하늘에서 받은 「낙서」를 본떠 만들었다고 한다. 주나라 武王이 箕子
에게 선정의 방안을 물었을 때 기자가 이 홍범구 주로써 교시하였다고 한
다. 『서경』周書 홍범편에 수록되어 있다. 9조목은 1五行, 2五事, 3八政, 4
五紀, 5皇極, 6三德, 7稽疑, 8庶徵, 9五福과 六極이다.

셋째, 채침은 그의 사부인 주희·채원정과 다른 역동적인 하락관[37]을 가지고 있으며 이를 기초로 각종 그림(구구수도, 역상지도 등)을 발명하고 새로운 점법(占法)[38]도 만들었다. 이 '구구수도'가 최석정에게 직접적인 영향을 미쳤다. 이는 후술한다.

넷째, 채침은 수를 가지고 인문학을 논했다. 즉 수의 일반적인 기능으로 인문학을 논한 것이 있고 9수의 기능으로 인문학을 논한 것

---

37) 채침은 師父 의 견해를 바탕으로 하지만 새로운 하락관을 다음과 같이 펼친다. 첫째, 그의 사부들은 '河圓 洛方'과 '河奇 洛偶'를 주장한다. 그러나 채침은 '河體圓而用方' '洛體方而用圓'을 주장한다. 이는 '하도는 體로 圓, 낙서는 用으로 方'이라는 종래의 시각과는 달리 하락을 각각 體用으로 다시 나누어보는 것이다. 그래서 순수하게 '用'으로 본다면 '河方 洛圓'이 되어 사부의 주장과 반대가 된다. 둘째, 채침은 사부의 주장과 다르게 '河耦 洛奇'를 주장한다. 그는 짝(耦)이란 음양대대이고, 홀(奇)이란 오행이 갈마 드는 것이며, 대대란 혼자 할 수 없고, 갈마드는 것이란 끝이 없다고 한다. 셋째, 그는「하도」는 괘−상,「낙서」는 구주−오행수의 근원이라 한다. 여기에 動靜과 奇耦를 배분 하고 流行과 成性 및 陰陽을 대입하여 이론을 진화시켜간다. 이를 정리해보면,「하도」는『주역』의 연원으로 '象−陰−耦−靜−成性−2',「낙서」는 洪範九疇와 五行數의 연원으로 '數−陽−奇−動−流行−3'으로 나타낼 수 있다. 이처럼 채침은 사부와 차별화된 하락관으로 송대 하락론을 진일보시켰으며 특히「낙서」의 역동적인 면을 자신의 수론의 발원처로 삼고 각종 그림과 별도의 占法을 발명했다.

38) 채침 占의 표시법은 수와 산가지(算木: 算策)인데 역의 卦爻에 갈음하는 것이다. 81수를 큰 틀로 놓고 역의 64괘의 명칭에 상당하는 81 數 名을 부여하고 각각에 81개의 길흉이 들어 있다. 즉 81×81로 길흉의 총수는 6,561이다. 이 6,561가지 사례를 통하여 萬物의 始終과 萬事의 循環盛衰를 알 수 있다는 것이다. 그래서 천명과 인사는 여기에 견줄 수 있고 길흉화복도 여기에 드러난다고 했다. 점치는 방법은 두 가지이다. 하나는 蓍草이고 또 하나는 木片이다. 시초점이든 목편점이든 처음 初揲(綱)과 再揲(目)을 하여 나온 實數로 81數에서 橫數를 선택하고 두 번째 초재설로 나온 실수로 縱數를 선택하여 81수에서 하나가 정해진다. 같은 방법을 반복하여 도합 네 번의 綱目 찾기, 즉 여덟 번의 설시로 6,561개 중 하나의 占例가 정해지고 이 네 번의 강목은 연월일시의 네 기둥이 된다. 채침은 周易占과 다른 점법을 발명했지만 점에 의존하거나 집착하지 않고 불의도 용납하지 않았다. 그래서 "非義不占, 非疑不占"이라고 했다.

이 있다. 수의 일반적인 기능으로 논한 인문학의 영역은 수를 통해 예악과 윤리를 알 수 있고, 성명의 이치에 순응할 수 있으며 만물의 이치를 깨달을 수 있다는 점을 들 수 있다. 9수의 기능에 기반을 둔 인문학적 요소는 예를 들면, 하늘을 9개 분야로 나누어 28수를 배치한다(分天爲九野)거나, 땅을 9주로 구별(別地爲九州)하여 천문지리를 논한다. 인간적인 부분은 삼재사상으로 풀어나간다. 사람이 되려면 아홉 가지 행실을 해야 한다(制人爲九行). 이른바 『서경』「우서」에 나오는 '행유구덕(行有九德)'이다. 벼슬은 9품으로 관직을 임명한다(九品任官). 관직의 등급에도 9가 개입된다. 토지제도는 정전법을 기준으로 9정으로 균전했다(九井均田). 친척 간에는 9족으로 풍속을 화목하게 한다고 했다(九族睦俗). 또 9촌(寸)으로 율려를 만들고(九寸爲律), 9분(分)으로 역법을 만들었으며(九分造歷), 의심 나는 아홉 가지를 시초점으로 점치고(九筮稽疑), 9장(九章: 아홉 가지 계산법)으로 계산하였다(九章命算). 이처럼 채침 수론의 핵심 중의 하나는 9수가 인간과 국가사회와 천지에 초석처럼 존재한다는 것이다.[39] 현대적인 관점에서 보면 9수를 통한 일종의 인간학 탐색이자 인문학, 그중 '수학적 인문학'의 모색이라 할 수 있다.[40]

---

39) 『홍범황극내편』(1646~1653면). "溟漠之間, 兆眹之先, 數之原也. 有儀有象, 判一而兩, 數之分也. 日月星辰垂於上, 山嶽川澤奠于下, 數之著也. 四時迭運而不窮, 五氣以序而流通, 風雷不測, 雨露之澤, 萬物形色, 數之化也. 聖人繼世, 經天緯地, 立妖人極, 稱物平施, 父子以親, 君臣以義, 夫婦以別, 長幼以序, 朋友以信, 數之敎也. 分天爲九野, 別地爲九州, […] 數之度也"에서 9수의 기능은 數之敎也와 數之度也에 해당하고, 수의 일반적인 기능은 數之原也, 數之分也, 數之著也, 數之化也에 해당한다.

2) 『구수략』에 나타난 채침 수론

채침의 『홍범황극내편』 서두에는 「낙서」수를 변용한 〈구구방수도 (九九方數圖)〉, 〈구구적수도(九九積數圖)〉, 〈구구원수도(九九圓數圖)〉, 〈구 구행수도(九九行數圖)〉가 있고 책 뒷부분에 81개의 점법(占法) 그림(81數圖=81占圖)[41]이 있다. 이 모두가 1~9수로 이루어진 '구구수도'이다. 이들 그림과 앞에서 말한 『구수략』의 〈구구모수상도〉[42]를 비교하면 81점도와 같고, 〈구구원수도〉·〈구구행수도〉와도 수 배열은 같다. 앞에서 말했듯 최석정은 "이 그림은 채씨의 범수방도이다"라고 하면서 〈구구모수상도〉가 채침의 그림이라고 했다. 이는 채침의 '81점도'를 그대로 전재하면서 '채씨의 범수방도'라고 말했다는 뜻이다. 즉 '범수방도=81점도=구구모 수상도'라는 말이다.

---

40) 채침의 수학적 인문학에 대해서는 조희영, 앞의 논문(2016b), 181~187쪽 을 참조했다.

41)

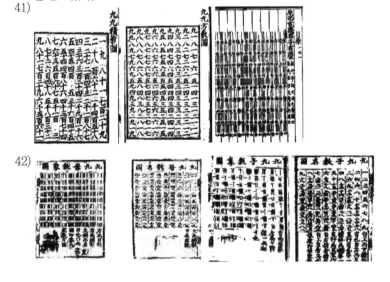

42)

『구수략』의 '구구수도'에서 기본적인 그림은 〈구구모수상도〉이다. '모(母)'는 두 수가 결합되었다는 뜻이다. 둘이 하나씩 분리되면 '자(子)'가 될 것을 예비하고 있다. '수상도(數象圖)'는 숫자를 산가지(算木, 算策)로 나타낸 그림이라는 말이니 산가지가 바로 '상'이라는 뜻이다. 그래서 최석정은 "상이란 수의 모양이다. 이 때문에 산가지를 펼쳐서 수를 밝힌 것이다(象者數之形也, 所以布策而明數者也)"라고 했다. 이 그림에서 산가지 배열 원리는 1–9를 종획으로 2개씩 오른쪽에서 왼쪽, 위에서 아래쪽의 순으로 배열한 것이다. 최석정은 그림 설명에 "(각 칸 속) 오른쪽 수는 '목수(目數: 妻)'이고 왼쪽 수는 '강수(綱數: 夫)'이다"라고 했다. '강수·목수'는 채침의 점법에서 초설(初渫)을 '강', 재설(再渫)을 '목'이라 하는 데서 유래한 것이다. 숫자 보는 순서는 강수→목수 순이다.

여기서 눈여겨봐야 할 부분은 '구구수도'의 용도에 대한 두 사람의 차이점이다. 채침의 여러 '구구수도'는 천지만물의 운행법칙과 역법(曆法)을 나타내는 동시에 점(占)으로도 이용하는 역학적 그림이다. 그중 최석정 이 차용한 것은 '81점도'이다. 그러나 최석정은 채침의 '81점도'에서 점을 취하지 않고 수적 배열만 취해서 자신의 수학적 모티프로 삼았다. 이는 채침에게서 수학만 도출한 것으로, 최석정의 온전한 수학자적 자세를 읽을 수 있다. 최석정이 산가지로 이루어진 〈구구모수상도〉를 1–9수로 환원하여 그린 것이 〈구구모수명도(九九母數名圖)〉이다. 또 그는 2개의 수로 이루어진 〈구구모수도〉에서 수를 하나씩 분리하여 1개의 수로 이루어진 〈구구자수상도〉와 〈구구자수명도〉를 만들었다. 결국 채침의 그림에서 최석정의 〈구구모수상도〉가 나오고 이 그림에서 〈구구모수명도〉, 〈구구자수상도〉, 〈구구자수명도〉가 나온 셈이다.[43] '자수'는 1–9를 좌우상하로 배열하여 1–81이 산출되는 9×9=81의 구구단이며 이를 네모 난 방도로 그린 것이다. 〈구구자수명도〉에서 제일횡격(橫: 첫 가로줄)은 '강'이고 제일직행(直: 첫 세로줄)이 '목'이다. 기존 연구에서는 〈구구자수 명도〉가 『동문산지(同文算指)』에서 나온 것이라는 주장도 있다.[44] 이 4개의 그림이 정편 '하락변수'에 나오는 각종 그림의 밑바탕이 되었다. 이어서 살펴본다.

3) 하락변도

채침은 「하도」와 관련된 그림을 그리지 않고 「낙서」수를 가지고 각종 도식을 그렸다. 그러나 최석정은 달랐다. 최석정은 정편 '하락변수'편에 〈하도낙서〉의 변도(變圖)를 그렸는데, 이는 「하도」수 1–10, 「낙서」수 1–9를 전후좌우로 수를 변형 배치하고 칸수를 조절하여 다

---

43) 이를 부연 설명하면 다음과 같다. 산가지로 이루어진 채침의 '81점도'를 최석정이 그대로 전재하면서 이름을 〈九九母數象圖〉라고 변경하고, 산가지로 이루어진 〈구구모수상도〉를 숫자로 환원하여 그린 것이 〈九九母數名圖〉이고, 두 수로 이루어진 〈구구모수 명도〉를 象(산가지) 하나로 이루어진 〈九九子數象圖〉와 수 하나로 이루어진 〈九九子數名圖〉로 만든 것이다. 최석정 그림에서 '象'은 산가지이고, '名'은 숫자, '母'는 두 수, '子'는 두 수를 하나씩 분리한 것이다. 앞의 그림을 보면, 주 41)의 채침 우측 그림(81점도)이 주 42)의 최석정 좌측 그림이고 이를 기본으로 최석정이 나머지 3개 그림을 그린 것이다.

44) 홍영희, 「조선산학과 『수리정온』」, 『한국수학사학회지』 제19권 2호(한국수학사학회, 2006), 29쪽.

양하게 그린 '변수도(變數圖)'이다. 이 부분은 최석정의 독특한 수학적 · 기하학적 상상력이 발휘된 공간이기도 하고 향후 관련 후속 연구를 유발시킬 중요한 영역이기도 하다. 이것으로 역학이 조선수학 이해의 걸림돌이라고 생각하는 혹자의 불만을 상쇄할 수도 있을 것이다. 그림을 보면 「하도」와 관련하여 7~8개, 「낙서」와 관련하여 31~33개, 역과 홍범과 관련하여 7~8개 등 50개 정도이다. 이 중에서 양휘(揚輝, 1238~1298) 등이 그린 것을 제목만 바꾸어 옮긴 것이 20여개[45] 이고 나머지는 자신의 창작이다. 여기 나오는 마방진 형태의 그림이 오늘날 주목받고 있다. 특히 〈지수귀문도〉(일명 낙서육구도)는 오일러(스위스, Euler, 1707~1783)의 6차방진보다 더 빠른 것으로 인정받아 세계 최초임이 공인된 것으로 현대 정보통신 분야에 적지 않은 공헌을 하고 있다.[46] 이들 그림 중에서 수학적으로는 일부 해명된 부분도 있지만[47] 채침과의 관련성을 언급한 연구는 없었다. 채침과의 관련성을 알지 못하면 최석정의 그 많은 방진을 온전히 이해하기는 힘들다. 왜냐하면 앞에서 말했듯 채침이 「낙서」수를 이용하여

---

45) 20개 가운데 역학적 이름으로 바꾼 것이 꽤 된다. 양휘의 종횡 7수로 이루어진 '77도'를 '衍數圖'란 이름으로 바꾸었는데 이는 역의 대연지수 50에서 태극 1을 뺀 49의 의미이다. 종횡 8수로 이루어진 88도를 '易數圖'라 했는데 이는 역의 64괘에서 따온 것이다. 양휘의 '聚五圖'를 역의 천지지수에서 이름을 딴 '天數用五圖'라 하고, 양휘의 '橫九圖'를 '重象用九圖'라 하며, 양휘의 '聚八圖'를 '氣策用八圖'라 하고, 양휘의 '八陣圖'를 '重卦用八圖'라 하고, 양휘의 '連還圖'를 '候策用九圖'라 했다. 최석정 저, 정해남 · 허민 역, 앞의 책(곤) 참조.

46) 송홍엽, 「오일러를 앞서 최석정의 오일러방진」, 『한국통신학회지』 제30권 제10호, 한국통신학회(2013), 101~108쪽.

47) 김용운, 앞의 논문(1974) ; 최석정 저, 정해남 · 허민 역, 앞의 책(곤) ; 장혜원 앞의 책 참조.

다양한 변도를 그렸고 이에 영향을 받은 최석정이 하락변도에 많은 방진을 그릴 수 있었기 때문이다. 채침과 관련 있는 것을 보면 다음과 같다.

먼저 〈구수음도(九數陰圖)〉를 들 수 있다. 종횡 9수를 가지고 81수를 중복되지 않게 배열하여 종횡 9수씩 합하면 369이다. 또 9개의 영역(9궁)으로 나누어 종횡 3수씩 합하면 123이 되는 마방진과 준마방진을 만든 것이다. 여기서 5번열의 37과 5가 바뀐 오자(誤字)임을 선행연구(김용운 1974년 논문)에서 지적했다. 이는 채침의 '구구수도'에서 착안한 최석정이 〈구구자수명도〉의 1-81수를 종횡으로 섞어(錯綜) 만든 것으로 양휘에게 없는 그림이다. 그래서 최석정은 "이 그림은 구구(九九)를 합한 수가 아니고 1에서부터 81까지의 수이다. 양휘에게 양도(九數圖)는 있으나 음도가 없다. 그러므로 이 그림(九數陰圖)을 새로 정하니 조리가 정연하고 양휘(九數圖)에 비해 더욱 오묘하다(此非九九合數, 乃從一至八十一數. 揚輝有陽圖而無陰圖, 故新定此圖, 條理齊整, 視輝尤妙)"라고 했다.

그다음은 〈범수용오도(範數用五圖)〉, 〈중의용육도(重儀用六圖)〉-〈후 책용구도(候策用九圖)〉 7개 그림이다. 이에 대한 설명에서 "이상의 그림은 역상(易象)8, 범수(範數)9를 착종하고 변화시킨 수"라고 역의 8수(8괘)와 채침의 홍범수 9(낙서9)에 의거했음을 밝히고 있다.

또 하나는 〈구구모수변궁양도(九九母數變宮陽圖)〉, 〈구구모수변궁음도(九九母數變宮陰圖)〉, 〈구구자수변궁양도(九九子數變宮陽圖)〉, 〈구구자수변궁음도(九九子數變宮陰圖)〉이다. 이 중 기본이 되는 것은 〈구구

모 수변궁양도〉이다. 이 그림의 유래에 대해서 그는 "모수의 본궁도
는 바로 갑편의 모수 각각의 그림이다"라고 했다. 갑편의 〈구구모수
상도〉와 〈구 구모수명도〉에서 이 그림이 나왔다는 뜻이고 이는 채
침의 그림에서 나온 것임을 앞에서 보았다. 〈구구모수변궁양도〉의
내용에 대해서는 "이 그림은 본궁(갑편 구구모수)으로부터 한 번 변한
것으로, 종횡으로 보더라도 9수가 하나도 중복되지 않는다"라고 했
다. 이것이 이른바 9차 마방진으로 최석정의 또 하나의 독창적인 작
품이다. 9차 마방진의 원리에 대한 정확한 해답은 아직 제시되지 않
은 것으로 알고 있다. 아마 채침의 그림이 힌트를 줄지 모르지만 필
자로서도 알 수 없다. 관련 학계에서 후속 연구가 공동으로 이루어
질 필요가 있는 부분이다. 이보다 간단한 〈지수귀문도〉도 현대 생활
에 도움을 주고 있는데 9차 마방진이 인간에게 어떤 도움을 줄지 모
르기 때문이다. 여기서 최석정 수학에 내재된 간학성 을 확인할 수
있다. 아울러 양휘산법에 나온 〈백자도(百子圖)〉를 최석정이 역학적
으로 변용하여 그린 〈백자모수음양착종도〉 등 4개의 그림과 「하도」
를 변용한 창의적인 그림들 또한 추가 연구가 필요하다.[48]

4 맺음말:『구수략』의 인문학적 지평

위에서 최석정의 『구수략』은 송대 도서상수학의 기초 위에

---

48) '하락변도'에 대해서는 김용운의 앞의 논문(1974)에서 기초연구가 이루어
    졌다.

서 수학이 논해졌음을 보았다. 구체적으로 보면 소강절 역학뿐 아니라 〈하도낙서〉와 「역전」 및 채침 수학이 최석정 수학에 영향을 미쳤음을 알 수 있다. 특히 최석정 수학과 채침 수론 및 하락변도와의 상관성 분석은 기존 연구에서 볼 수 없는 것으로 나름의 성과라 할 수 있다. 따라서 이 글을 통해 『구수략』의 역학적 구조에 대한 기본 지식을 이해하고 채침의 '구구수도'를 변용한 최석정의 그림, 즉 마방진의 생성과정에 대한 기본 골격은 어느 정도 파악할 수 있다고 생각한다. 한편 최석정의 마방진을 이해하기 위해서는 채침의 수론을 언급하지 않을 수 없기에 필요 부분을 중심으로 지면상의 문제도 고려하여 간략하게 요약했다. 이 요약으로 채침 수론을 다 알 수는 없겠지만 그의 수론에 이르는 통로를 확보했다고 할 수 있다. 그러나 냉정히 보면 이 글은 미제인 최석정 마방진의 원리에 대한 답이 될 수는 없고 그 해답의 실마리를 채침 등 송대 상수학자들에게서 찾는 문제를 제기하는 데 그치는 아쉬운 면도 있다.

이와 같은 논의 속에서 최석정의 수학에 내재된 인문학적 요소는 어디에서 발견할 수 있나? 지금의 학문 풍토에서는 수학의 뿌리가 인문학이라고 주장하며 수학서에서 인문학적인 요소를 찾지만 조선시대 수학서에서 인문학적 요소를 찾는 것은 용이한 일이 아니다. 그러나 당시의 최석정도 '인간의 사상과 문화', 즉 '인문'을 생각하고 수학서를 역학적 기반에서 저술했을 것으로 추론할 수 있다. 왜냐하면 '인문'은 통시적인 명제이자 '인문의 개화'는 모든 학자의 소명이기 때문이다. 최석정 같은 선인들의 저술에서 '인문'적인 요소를 발굴하는 것이 후학의 의무라고 본다.[49] 그런 측면에서 고찰하면 '갑편'에서 그 단초 두 가지를 발견할 수 있다.

첫째, 서두의 '수명(數名)'에 나오는 "수란 1, 10, 100, 1,000, 10,000이니 이것으로 사물을 셈하고 성명의 이치에 순응하는 것이다(數者, 一十百千萬也, 所以籌數事物, 順性命之理也)"[50]이다. 여기서 핵심은 '수로 만물을 셈하고 성명에 순응'한다는 부분이다. 이는 송대와 최석정이 몸담았던 조선조 시대사조인 성리학적 맥락에서 이해해야 한다. '성명'이란 『중용장구』 1장, "하늘의 명을 성이라 한다(天命之謂性)"라는 말을 통해서 알 수 있다. 여기서 말하는 '명'을 개인의 운수나 운명으로 협소하게 봐서는 안 된다. 이는 태어날 때의 부귀빈천과 관계없이 하늘이 모든 사람에게 공평하게 부여한 본성인데 이를 쉽게 말하면 '인의예지신(仁義禮智信)'을 할 수 있는 원천적 능력을 말한다. 이런 능력을 잠재력으로 묵힐지 개발하여 세상에 드러낼지는 순전히 개인의 자유의지에 달려 있다. 능력을 잘 드러내면 성인이 되고 잘못 드러내면 악인이 된다. 최석정은 인간이 수를 통해 이런 이치에 순응한다고 말한다. '순응(順)'이란 천리를 알고 이에 맞게 자신의 행동영역을 조정한다는 의미이다. 행동은 구체적으로 윤리와 예악이란 유가적 틀을 거쳐 조정되는데, 여기에서 『구수략』의 인문학적 지평을 발견할 수 있다. 『구수략』에서 직접 '윤리와 예악'을 말한 바는 없지만 '성명의 이치에 순응'이란 말의 행간에서 읽어

---

49) 이런 역할은 주역학자 특히 상수학자들이 힘써야 할 부분이라고 본다.
50) 『한서』 권21 상, 「율력지」 제1 상에 나오는 내용을 전재한 것이다.

낼 수 있다. 윤리학이나 예학과 음악은 인문학의 고유 영역이다. 수학 또한 인문학의 일부이다. [51] 최석정은 수학을 통해 인문학을 간접 화법으로 말하고 있는 셈인데, 이는 '4'를 통해 인간사를 분류하는 소강절과 수를 통해 성명과 예악윤리를 말하는 채침과 상통한다. 최석정은 이어서 "먼저 명을 셈하는 것은 본래 황종의 수에서 일어나는데, 1에 시작하여 1을 3배하고 3을 3으로 누적하여 12번을 거치면 (3의 11乘) 17만 7,147이 된다"[52]라고 전(傳)의 말을 인용한다. 천명의 셈은 황종의 수에서 시작해야 한다는 말이다. '황종'은 율려와 도량형의 원류이자 만사의 근본이다. [53] 최석정은 산명할 때 만사의 근본인 황종수로 셈하라고 한다. 이 또한 인문학의 관점에서 한 말임을 알 수 있다. 역학은 원래 인간학이자 인문학적 요소를 지니고 있다. 그것은 「설괘전 2장」에서 말하는 "옛날 성인이 역을 지음에 장차 성명의 이치에 순응하고자 한다(昔者聖人之作易也, 將以順性命之理)"라는 데서 찾을 수 있다. 즉 '성명의 이치에 순응'이 작역자의 뜻이라는 말이다. 최석정은 「설괘전 2장」의 말에 착안하여 '역' 대신 '수'를 넣은 것으로 추론할 수 있다. 이처럼 수학도 역학의 일부라는 관점을

---

51) '수학은 인문학이다'는 오늘날 인문학의 화두이다. 이광연은 "오늘날 우리가 배우고 연구하는 모든 분야가 전부 인문학을 바탕으로 하고 있다. […] 수학은 명백히 인문학의 일부"라고 한다. 이광연, 「수학의 뿌리는 인문학이다」, Science Times(인터넷뉴스), 2014. 8. 29.(기획연재).

52) 傳曰, 先其筭命, 本起於黃鐘之數, 始於一而三之, 三三積之, 歷十二辰之數, 十有七萬七千一百四十七. 12번을 거친다(歷)는 것은 처음을 포함한 것이니 순수한 乘數는 11乘이다.

53) 황종과 율려에 대해서는 조희영, 「송대 역학과 율도량형의 맞물림」, 『철학논집』 44집, 서강대학교 철학연구소(2016a), 351~380쪽 참조.

『구수략』에서 읽을 수 있으니 여기서 역학을 통한 '수학적 인문학'과 수학을 통한 '역학적 인문학'이 호환될 수 있음을 알 수 있다.

둘째, 갑편 '총론팔법' 가운데 '지분약법(之分約法)'이다. 그는 다음과 같이 인용한다. "전에서 말했다: '만물이 고르지 않는 것이 만물의 현실이다.' 역에서 말했다: '많은 것을 덜어서 적은 것에 더해주고, 만물을 저울질하여 고르게 베푼다(傳曰, 物之不齊, 物之情也. 易曰, 裒多益寡, 稱物平施)'."[54] 이어서 그는 "고르지 못한 것은 하늘이고 이를 고르게 하는 것은 사람이다. 약분이란 사람이 하늘을 마름질하는 것이다. 여기에 어둡다면 수를 말하기 곤란하다(不齊者天也, 齊之者人也. 約分者, 以人而裁天者也. 昧此則難乎語數矣)"라고 말한다. 이를 요약하면 원래 만물이 하늘로부터 생겨날 때 평등하지 않다는 것이다. 이 원천적 불평등을 치유할 때 그 실제 내용을 살피고 들쑥날쑥한 높낮이를 측량하여 고르게 조정(마름질)해야 하는데 수학의 약분이 그 기능을 수행한다는 것이고, 약분에 이런 이치가 있다는 것을 모르면 '수'를 논하기 곤란하다고 한다. 약분은 분수 계산이다. 계산에서 수가 딱 떨어지지 않고 나머지가 있는 부분을 분수로 적절하게 계산하여(裁 : 마름질) 제 값어치를 매기는 것이 약분이다. 불평등을 고르게(齊)하기 위한 '마름질(裁)'과 그 결과 제값을 쳐준다는 것은 정당한 평가와 적절한 보상을 의미한다. 즉 '약분'에는 '평가와 보상'이라는 요소가 들어 있다는 것이다. '평가'를 하려면 역사에서 그 교훈

---

54) "物之不齊, 物之情也"는 『맹자』 등문공 상에 나오는 내용이고, "易曰, 裒多益寡, 稱物平施"는 64괘에서 15번째 地山謙卦䷎ㅢ「대상전」(地中有山 謙 君子以 裒多益寡, 稱物平施)에 나오는 말이다.

을 찾아야 하고 '보상'을 하려면 철학(이치탐구)에서 그 방도를 찾아야 한다. 여기서 말하는 철학은 수학적 철학이고 인문학의 관점으로 말한다면 수학을 인간의 삶에 적용시킨 '수학적 인문학'이다. 이러한 면에서 최석정이 말하는 '약분'은 단순히 수학의 산식에 그치는 것이 아니라 인문학의 한 지평이자 '인간학'을 염두에 두고 말했음을 미루어 알 수 있다.

최석정은 최명길(1586~1647)의 손자이며 수차례 영의정을 지낸 명문 사대부이다. 조선시대 사대부는 '수'를 육예의 하나로 취급하고, 중인은 고차원적인 수학을 구사한 경우도 있지만 주로 기술적인 산술로 취급했다. 조선 후기 학자들은 '수'의 중요성을 인식하고 이를 음악이나 천문 역법 등에 활용했다. 최석정은 난해하거나 새로운 수학 이론을 말하지는 않았지만 '수'를 역학적 관점에서 '수학'으로 접근하고, 하락으로 많은 마방진을 발명했다. 나아가 '수'를 도학으로 인식하는 것을 보면 남다른 '수'에 대한 철학을 가진 것으로 생각된다. 이런 그의 철학정신에서 인문학적 지평을 발견할 수 있는 것은 자연스러운 일이다. 이상에서 『구수략』은 역학에 기반을 둔 '수학적 인문학'의 드문 사례이고, 오늘날 필요한 수학과 역학 및 인문학과의 연관성, 즉 간학성에도 부합되는 조선수학서라는 사실을 알 수 있다.

조희영   2017. 『한국학』1(한국학중앙연구원)

최석정(崔錫鼎)의 산학연구와 『양와집(養窩集)』의 저자 이세구(李世龜)

이상구(성균관대학교 수학과 교수)

이재화(성균관대학교 연구원)

1 서론

2013년 10월 7일 미래창조과학부와 한국과학기술한림원은 조선후기 유학자이자 수학자인 명곡(明谷) '최석정(崔錫鼎, 1646~1715)'을 과학기술인 명예의 전당 헌정대상자로 선정하였다.[1] 이는 2006년 故 이임학 박사가 선정된 이후 수학자로서는 두 번째이다.[2] 이번 선정의 주요 근거는 2007년에 발간된 Handbook of Combinatorial Designs(2판)[1]의 12쪽과 21쪽에도 소개되었듯

---

1) 머니투데이뉴스, 10월 7일자 기사, 최석정·한만춘, '과학기술인명예의전당' 오른다—한림원, 조선후기 수학자 '치서정', 전 연세대 이공대학장 '한만춘' 선정.
2) 디지털타임스, 2006년 11월 17일자 21면 기사, '과학기술인 명예의 전당' 헌정 대상 4인 선정.

이 최석정이 오일러(Leonhard Euler, 1707~1783)보다 60여 년 앞서서 세계 최초로 9차 직교라틴방진에 관한 업적을 남긴 것이 확인되었기 때문이다[11]. 조선의 영의정을 수차례 역임하면서도 그는 자신의 저서인 『구수략(九數略)』에서 9차 직교라틴방진에 관한 연구 결과를 세계에서 처음으로 남겼는데,[3] 직교라틴방진은 스도쿠(sudoku, 數獨)의 원형이자, 현재도 컴퓨터 공학과 통신공학의 다양한 분야에 응용되고 있는 중요한 수학적 성과이다.[4] 응용의 한 예로 컴퓨터와 메모리의 연결을 병렬로 구성할 때 직교라틴방진을 사용하면 효율을 높일 수 있으며,[5] 라틴방진의 특성을 이용하여 채널코드인 터보부호의 인터리버 설계의 복잡도를 줄일 수 있다는 것도 잘 알려져 있다[12]. 대한수학회와 한국수학사학회의 전문가들이 제시한 이러한 사실들에 근거하여 최석정이 과학기술한림원을 통하여 과학기술인 명예의 전당에 추천되었으며, 마침내 2013년 10월 7일 과학기술인 명예의 전당 헌정대상자로 선정되었다[7].

---

3) 김영욱(2013), 최석정, 17세기의 영의정 수학자, 대한수학회 소식 제 151호, 최석정 특집기사, 2–4.

4) 강석기, 오일러 앞지른 최석정, 월간 과학동아 2008년 8월, 118–123.
   http://coding.yonsei.ac.kr/article-2008-08.htm

5) 송홍엽(2013), 최석정 선생, 오일러를 최소 61년 앞서 직교라틴방진을 만들다, 대한수학회 소식 제 151호, 최석정 특집기사, 5–12.

2.1 A Timeline

A very brief list of biographical data about the main contributors mentioned is given; only name, year and place of birth, and year and place of death, are given.

Name	Years	Birthplace	Place of Death
Ozanam, Jacques	1640-1717	Bouligneux	Paris
Choi Seok-Jeong	1646-1715	Korea	Korea
Euler, Leonhard	1707-1783	Basel	St Petersburg
Cretté de Palluel, Francois	1741-1798	Drancy-les-Noues	Dugny, France
Steiner, Jakob	1796-1863	Utzenstorf	Bern
Plücker, Julius	1801-1868	Elberfeld	Bonn
Kirkman, Thomas Penyngton	1806-1895	Bolton	Bowden, UK
Peirce, Benjamin	1809-1880	Salem MA	Cambridge MA
Woolhouse, Wesley Stoker Barker	1809-1893	North Shields	London
Anstice, Robert Richard	1813-1853	Madeley	Wigginton, UK
Sylvester, James Joseph	1814-1897	London	London

[그림 1] 최석정의 직교라틴방진이 소개된 책과 관련 페이지

　본 연구는 한·중·일 수학교류에 관련된 사료를 구하려고, 최석정이 당시 중국 산학자와 어떤 교류가 있었는지 집중하여 찾다가, 이세구(李世龜, 1646~1700, 자는 수옹(壽翁))와 나눈 수학적 서신교환사료를 발굴하면서 시작되었다. 이후 우리는 다음과 같은 질문을 하게 되었다.

　'최석정의 조선산학—수학에 대한 관심이 단지 사대부가 갖추어야 할 육예(六藝)의 하나였기 때문일까?', '유학자인 최석정이 고위 관료와 영의정을 여러 차례 역임하며 언제 수학(산학)책을 저술할 시간이 있었을까?' 특히 '최석정이 수학적 탐구를 하는 과정에서 막힌 문제에 대하여 의논하거나, 새로운 발견을 하고 그 내용을 공유할 수 있을 정도의 수학적 전문지식을 갖춘 동 시대의 인물은 누구이고, 그들 사이의 수학적 교류의 내용은 무엇인가?'

　본 논문에서는 위의 질문들에 대하여 답을 찾는 과정에서, 특히 세 번째 질문에 관히어 본 연구진이 발굴한 이세구와 최석정 사이에 나눈 24 편의 서신이 기록된 『명곡집(明谷集)』[2]에 근거하여 도출한

답을 제시한다.

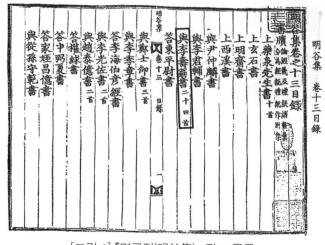

[그림 2] 『명곡집(明谷集)』 권13 목록

2 최석정의 산학 연구 환경

최석정은 조선시대 중기 현종, 숙종대의 문신이며 학자로, 당대 활발한 정치가였기 때문에 조선왕조실록[6]에는 그의 이름으로 국역 625건, 원문 616건(初名인 최석만(崔錫萬)의 기록까지 포함하면 국역 628건, 원문 619건)이 검색이 된다.

최석정은 자신이 산학서를 직접 저술하였을 만큼 수학에 관심이 많았다. 그가 저술한 『구수략』은 17세기에 알려진 기초적인 수학에서 중요한 내용을 모두 추리고 역학(易學)의 이론을 합하여 동양철학에 입각한 수학적 이론을 세우는 산학서로, 서양수학을 최초로 소개

---

6) http://sillok.history.go.kr/

한 조선 산서이다[4, 5, 7](최석정의 생애와 그의『구수략』및 직교라틴방진에 관한 구체적인 내용은 기 발표된 관련논문을 참고할 수 있다[4, 7, 8, 9]). 정치로 바쁜 와중에 산학서를 저술하는 것이 어떻게 가능했을까? 일부 중국 산서나 조선 산서의 서문에는 저자 자신이 아파서 쉬면서 산학을 공부하였다고 쓰는 경우가 있었는데,[7] 최석정의 경우 1701년 영의정이 된 후, 1710년까지 모두 열 차례나 입상(入相)하였으므로 관직에서 물러나 수학에 집중할 수 있었던 기회가 적어도 10번 이상 있었을 것으로 보인다. 그리고 1645년 청(淸)에서 시헌력(時憲曆)으로 대표되는 서양역법에 따른 개력(改曆)이 실시되어 당시 조선에서도 시헌력을 수용하기 위한 국가적인 차원의 노력이 시도되었다. 시헌력의 원리와 계산법을 연구하기 위하여 사람을 북경에 보내고 역서를 구해오는 등의 노력을 한 끝에 1654년 역서부터 시헌력이 반영되었다. 최석정은 천문학에 조예가 깊어 서양 역법의 정밀함을 인정하였다[6]. 그는 17-18세기 초에 중국에 들어와 있던 서양수학을 접하고 자신이 저술한 『구수략』의 내용에 이를 소개하였으며, 서양수학을 중국에 처음 소개한 『동문산지(同文算指)』[8]를 조선에 소개하였다. 이 밖에도 송(宋)과 원(元)의 『양휘산법(楊輝算法)』과 『산학계몽(算學啓蒙)』[13]은 물론 Napier(1550~1617)의 『주산(籌算)』을 인용하는 등

---

7) 고영미, 원로수학자와의 대화(소중한 만남 홍성사 선생님), 대한수학회소식 제125호 (2009년 5월호), 19-22.

8) 이시조(李之藻, 1565~1630)가 마테오 리치(Matteo Ricci, 利瑪竇, 1552~1610)와 함께 독일 수학자 Christopher Clavius(1538~1612)의 『Epitome arithmeticae practicae(실용산술개론)』을 중심으로 번역한 것임.

9) 김영욱, 앞의 기사, 2-4.

자신이 접할 수 있는 모든 이론을 섭렵하려고 하였다.[9] 당시 서양과 조선의 역법과 우주관이 충돌하던 시기이므로 이를 이해하기 위해 그는 중국에서 수입된 선진수학을 접했으며, 당연히 보통의 사대부가 갖는 수학에 대한 관심 이상을 가질 충분한 이유가 있었다. 가장 중요한 것은 그런 연구과정에서 얻은 결과들에 대하여 조언을 구할 산학 전문가가 그 옆에 있었다는 것이다.

우리는 최석정이 산학을 공부하던 동시기에 산학에 정통한 인물이 주위에 있었을 것으로 추측하고 관련 사료를 조사하던 중 최석정의 저서 『명곡집』에서 수학사학자 중에서는 처음으로 최석정의 수학적 교류 상대를 추측할 수 있는 자료로 '최석정이 이세구에 대하여 쓴 다음과 같은 제문(祭文: 祭養窩李壽翁文)'을 발견하였다.

(원문일부) 才固優於成務, 學必先於研幾, 大而天人之奧妙, 細而律曆之精微, 遠而事功之凌雜, 近而節文之毛糸, 莫不窮原而徹委, 思一物之靡遺, 至其用功之深處

(해석) 재능은 확실히 成務[10]보다 낫고, 배움은 필히 研幾(세밀함의 이치를 깊이 연구함)보다 앞선다. 그의 큰 부분은 하늘과 사람의 오묘함을 갖추었고, 세밀함은 율력(樂律과 曆法)의 정밀함을 갖추었다. 멀리는 공로가 월등하고 다양하며, 가까이는 사리에 따라 정한 도리가 털과 실같이 세밀하다. 근본을 연구하는데 철저하고 자세하지 않은 바가 없으며, 생각함에 있어서 한 가지도 소홀히 하는 바가 없으니, 공을 들임이 깊은 경지까지 이르렀도다.

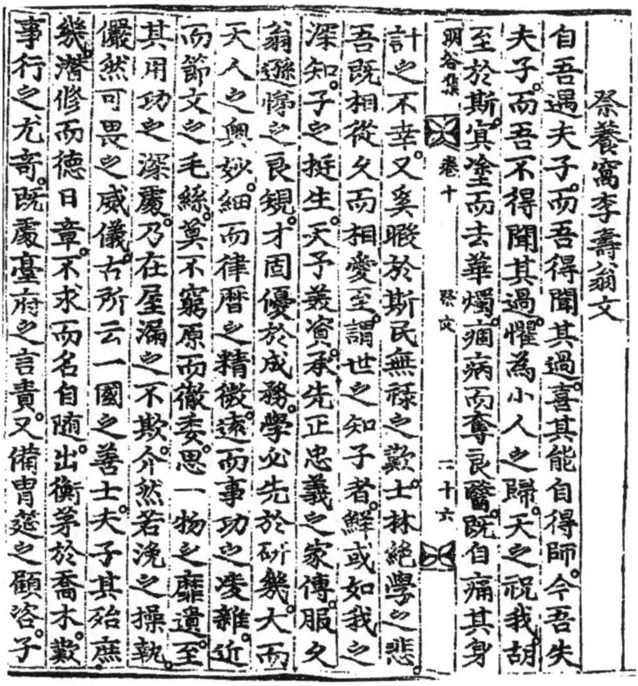

祭養窩李壽翁文

谿谷集 卷十 恕政 二十六

自吾遇夫子而吾得聞其過喜其能自得師今吾失
夫子而吾不得聞其過懼爲小人之歸天之祝我胡
至於斯哉塗而去華燭洞病而奪良醫既自痛其身

計之不幸又奚瞻於斯民無祿之歎士林絕學之悲
吾既相從久而相愛至謂世之知子者鮮或如我之
深知子之挺生天子義資承先正忠義之家傳服久

翁孫傣從之良規而固優於成務學必先於所幾大而
天人之興妙細而律曆之精微遂而事功也淺近
而節文之毛絲乃不窮原而徹委思一物之靡遺至

其用功也深慶乃在星漏之不欺介然若浣之操執
儼然可畏之威儀古所云一國之善士夫子其殆庶
幾潛修而德日章不求而名自隨出衡茅於喬木歎

事行之尤奇既慶臺府之言責又備冑筵之顧咨子

[그림 3] 제문「祭養窩李壽翁文」

당시에 율력에 대한 지식과 서적은 천문학-수학의 지식과 서적을
의미하므로, 이 발굴을 통하여 그간 학계에서 궁금해 하던 질문, 즉
우리의 세 번째 질문에 대한 답을 얻을 수 있을 것이라고 판단하고,
이 내용을 포함한 관련 사료에 대한 분석을 시작하였다. 다음 절에
서는 분석내용을 중심으로 소개한다.

3 최석정의 산학과 양와 이세구(李世龜)

한국학중앙연구원의 한국민족문화대백과사전[11] 조선왕

조실록[12)에 따르면 이세구(李世龜, 1646~1700)는 조선 후기 문신으로 자는 수옹(壽翁), 호는 양와(養窩), 본관은 경주(慶州)이다. 조선 중기의 명신이었던 오성부원군 이항복(李恒福, 1556~1618)의 증손이며, 아버지는 성주 목사 이시현(時顯, 1622~1678)이다. 박장원(朴長遠, 1612~1671)의 문인으로, 1673년(현종 14) 진사시에 합격하고, 1685년(숙종 11)에 음보(蔭補)로 경양도찰방(景陽道察訪)에 임명되었으나 사직하였다. 그 뒤 1695년 다시 추천을 받아 예산현감에 임명되고, 1696년 서연관(書筵官), 지평(持平)을 거쳐 1697년 장령(掌令)에 임명되었다. 경학(經學), 예설(禮說), 역사 등에 걸쳐 박통하였으며, 『대학(大學)』의 물격설(物格說)에 대하여 이황(李滉, 1501~1570)과 이이(李珥, 1536~1584)의 해석이 모두 정주(程朱)[13)와 다르다고 반박하고, 「정심장(正心章)」에 대해서도 이황의 해석에 비판을 가하였다. 기해예설에 관해서는 비교적 객관적인 견해를 보였다. 여러 학설을 집대성하여 『가례(家禮)』를 독자적으로 주석하였다. 역사에도 밝아 한사군과 삼한의 위치를 논증하는 글을 남겼다. 박세채(朴世采, 1631~1695), 윤증(尹拯, 1629~1714), 남구만(南九萬, 1629~1711), 최석정 등 소론에 속하였던 학자들과 학문적 교류가 있었다. 영의정에 추증되었고, 홍주의 혜학서원(惠學書院)에 제향되었다. 저서로는 『양와집(養窩集)』 13책이 있다. 이 책은 규장각과 고려대 도서관에 소장되어 있다.

---

11) http://encykorea.aks.ac.kr/
12) http://sillok.history.go.kr/
13) 정호(程顥), 정이(程頤) 형제와 주희(朱熹)를 일컬음.

조선왕조실록 이세구의 졸기에 따르면 그는 일을 처리함이 매우 근엄하여 법도가 질서 정연하였으며, 만년에 학문이 성숙되어서는 더욱 조용하고 태연스러웠다고 한다. 세도(世道)가 타락되는 것을 민망히 여겨 고향으로 돌아가서 문을 닫고 스스로 지조를 지켰으며, 경전(經典)의 뜻을 깊이 연구하여 세미한 이치를 분석하고 심오한 부분을 융회(融會)하여 스스로 알아낸 것이 많았으나, 묻는 대로 대답만 해줄 뿐, 스스로 책을 저술하거나 글을 남기지 않았다고 한다.

『명곡집』 권 12에 쓰인 「산학(법)통종을 쓴 후(書 算學統宗 後)」에 따르면 정대위(程大位, 1533~1592)의 『산법통종(算法統宗)』[14]을 이세구와 함께 (다른 사람을 시켜) 필사하여 책을 만들고 공부하여 사물의 이치를 이해한 내용이 나오며, 최석정이 그 책의 끝에 題를 썼다.

(원문일부) 今見賓渠程氏所編統宗若干卷. 首載圖書. 以闡其源. 其下分爲九章.

(중략)

余嘗得此書於人而未及閱. 吾友李壽翁一見而愛之.

遂相與謀倩人傳寫一通. 庶吾輩藏修之暇.

染指于斯. 以爲窮理之一助.

旣淨寫裝畢. 壽翁曰. 不可以無識也. 請余題其卷末.

(해석) 오늘 빈거(정대위의 호) 정씨가 편찬한 (산법)통종 몇 권을 보니 처음으로 그림을 실은 책으로 그 근원을 상세히 설명하기 위하여 그 아래에 구장(九章, 또는 아홉 개의 장)으로 나누었다.

(중략)

---

14) 『명곡집』에서는 『산학통종(算學統宗)』이라 하였음.

내가 일찍이 이 책을 다른 사람에게서 얻었으나 미처 읽지 못하다가, 나의 벗 이수옹(이세구)이 한번 보고는 그것을 좋아하여 (읽어보기로 마음먹고) 그 즉시 다른 사람을 시켜 책을 한 권 베끼도록 하였다. (이 책은) 우리가 한가할 때 전심으로 공부하기를 바랄 뿐이다. 이 일에 참여하는 것이 사물의 이치를 깊게 연구하는 데 도움이 될 것으로 여겼다. 이미 쓰는 것이 끝나 책으로 만들어져서, 수옹이 말하길 지(識, 다른 사물과 구별하여 알 수 있도록 한 표시나 특징)가 없으면 안 되니 나보고 권말에 제(題, 책에 서명하는 것) 하도록 하였다.

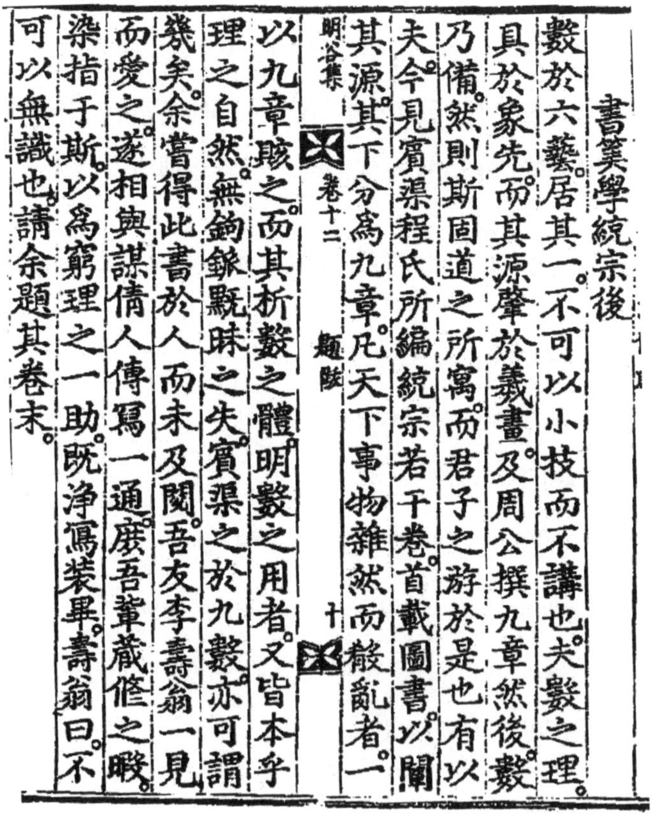

[그림 4] 「書 算學統宗 後」

최석정과 이세구가 『산법통종』을 초록한 것이 현재까지 알려진 바로는 조선학자가 『산법통종』을 공부한 가장 이른 기록이다[3].

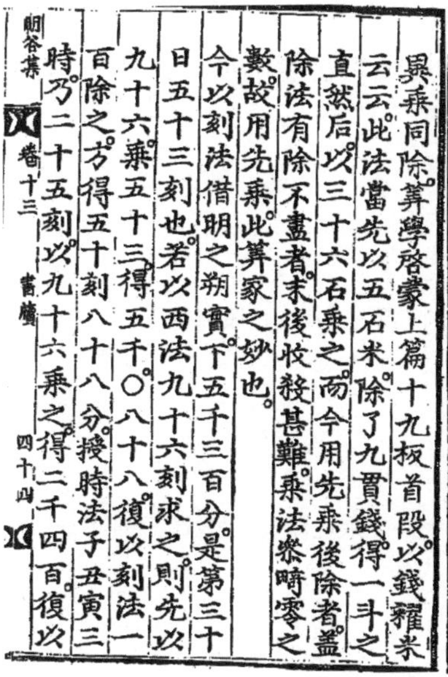

[그림 5] 『명곡집』 이승동제 부분   [그림 6] 『산학계몽』 이승동제문

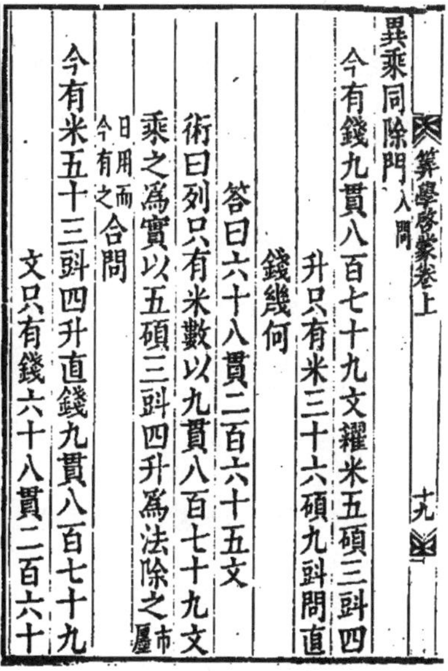

최석정과 이세구는 1683년 전후로 함께 서양의 역법과 수학을 연구하였으며, 직접적인 교류 이외에 계속 편지를 왕래하며 학술적인 문제를 토론하였다. 『명곡집』 권 13 「이수옹에게 쓰는 서신(與 李壽翁 書)」(19면_57면)에는 최석정이 이세구에게 산수(算數), 천문, 역법(曆法) 등에 대해 쓴 24통의 편지[15]가 수록되어 있어 그들이 함께 연구하였음을 반영하고 있다[3]. 최석정은 편지에서 주세걸(朱世傑,

---

15) 한국고전번역원 http://www.itkc.or.kr/itkc/Index.jsp의 한국고전 DB에서 편지를 열람할 수 있다.

1249~1314)의 『산학계몽』[13]의 방법(이승동제, 異乘同除)을 사용하여 계산했는데, 「이승동제」는 최석정의 『구수략 을(乙)』의 「소양지수(少陽之數)」 삼의 이(三之二)에 설명과 함께 8문제가 실려 있다. 먼저 『산학계몽』 권상(卷上) 19 첫머리에 「이승동제문(異乘同除門)」에 관한 문제를 살펴보자.

(원문) 異乘同除門

今有錢九貫八百七十九文 糴[16]米五碩三斗四升 只有米三十六碩九斗
問直[17]錢幾何
答曰六十八貫二百六十五文
術曰 列只有米數以九貫八百七十九文乘之爲實 以五碩三斗四升爲法
除之 合問

(해석) 이승동제문

돈 9관 879문으로 쌀 5섬 3말 4되를 산다. 쌀이 다만 36섬 9말이 있으면 값어치는 얼마인가?
답은 68관 265문
풀이는 다만 있는 쌀(36섬 9말)에 9관 879문을 곱하여 실로 하고, 5섬 3말 4되를 법으로 하여 나누면 된다.

이는 다음과 같은 비례문제

9관 879 : 5섬 3말 4되 = x : 36섬 9말

의 답

$$x = \frac{9관\ 879}{5섬\ 3말\ 4되} \times 36섬\ 9말 = \frac{9관\ 879 \times 36섬\ 9말}{5섬\ 3말\ 4되}$$

을 구하기 위해 먼저 곱하고 나누는 방법을 사용하였다.[18] 이제 『명곡집』에서 「이승동제」가 사용된 부분을 살펴보자.[19]

(원문일부) 異乘同除. 筭學啓蒙上篇十九板首段.

以錢糴米云云. 此法當先以五石米. 除了九貫錢. 得一斗之直然后. 以三十六石乘之.

而今用先乘後除者. 盖除法有除不盡者. 末後收殺甚難. 乘法桼畸零之數. 故用先乘. 此筭家之妙也.

今以刻法借明之朔實. 下五千三百分. 是第三十日五十三刻也. 若以西法九十六刻求之.

則先以九十六. 乘五十三. 得五千. 〇八十八. 復以刻法一百除之. 方得五十刻八十八分.

授時法子丑寅三時. 乃二十五刻. 以九十六乘之. 得二千四百.

復以刻法一百除之. 方得二十四刻. 盖五十與二十四. 固不滿於百刻之數.

而必以他法乘之. 本法除之. 其理與筭家異乘同除同符.

(해석) 이승동제.『산학계몽』상편 19면 첫 단락에 돈으로 쌀을 사들이는 것에 대하여

---

18) 『산학계몽』의 「이승동제」는 비례사율로 최석정이 언급한 것은 양휘가 처음 『속고적기산법(續古摘奇算法)』하권에서 나눗셈과 곱셈의 교환법칙을 언급한 것을 『산법통종』의 가결(歌訣)에 넣고 이를 『동문산지』에도 적용한 것이다. a : b = c : x 즉 ax=bc에서 x=bc/a=(b/a)c 이다.

19) 원문의 숫자 5088의 사이에 마침표(.)가 찍혀 있는 것으로 보아 『산법통종』을 초록한 사람이 내용을 제대로 이해하지 못했을 가능성이 있다.

설명하였다. 이 방법은 애초에 쌀 5섬으로 돈 9관을 나누어 쌀 한 말의 가치를 얻은 후에 36섬을 곱하는 것이었으나 지금은 먼저 곱하고 나누는 방법을 사용하였다. 나눗셈에는 나눈 몫이 무한소수인 경우(除不盡)가 있어서 (계산을) 끝을 맺기가 매우 어렵고 곱셈에 정수 이외 소수점 이하의 수(畸零之數)가 섞이게 된다(그래서 계산이 더 어렵다). 따라서 먼저 곱셈을 사용하는 것이 이 산학자의 묘책이다.

이제 각법을 빌어 삭망월(朔實, 영어로는 lunation numerator) (아래 남는) 5300분은 제30일의 53각이다. 만일 서양법인 96각으로 구하면 먼저 53에 96을 곱하면 5088을 얻는다. 다시 각법 100으로 나누면 비로소 50각 88분을 얻는다. 자, 축, 인 3시는 즉 25각이다. (여기에) 96을 곱하면 2400을 얻고 다시 각법 100으로 나누면 비로소 24각을 얻는다. 50과 24는 100각에 미치지 못하는 수이므로 필히 타법(서양법 96각)을 곱하고 본법(조선의 법 100각)으로 나누어야 한다. 그 이치는 산학자의 「이승동제」와 일치한다.

최석정은 시각을 환산할 때 위에서 언급한 「이승동제」의 방법을 사용하였다. 조선의 전통시법(時法)[20]은 본래 하루를 12시(時)[21] 100각(刻)[22]으로 나누었는데, 100각은 24등분 되어 매 시의 초와 정에 4와 1/6각씩 각각 균등하게 배분되었다. 이러한 12시 100각법은 서양식 천문 계산법을 담은 시헌력(時憲曆)을 1653년 채택하면서 12시 96

---

20) 시간을 나타내는 법을 말한다.
21) 매 시(時)는 다시 초(初)와 정(正)으로 나뉨.
22) 물시계(漏刻)를 이용하여 시간을 나타내는 법을 각법(刻法)이라 한다.

각법으로 바뀌었다. 96각법에서는 매 시에 8각이 배분되어 정수로 표현된다. 100각법에서 정수로 떨어지지 않는 1/6각은 현재의 시법으로 변환할 때에는 불편해 보이지만 당시의 조선 전통 시법과 역법 체계 하에서는 전혀 불합리 하지 않고 오히려 매우 합리적이고 편리한 시제였다. 예를 들어 세종대『칠정산내편(七政算內篇)』의 역법 계산에서는 1각을 100분으로 하여, 하루를 10000분으로 수많은 나눗셈 계산을 해야 하는 역법 계산을 할 때 편리하게 사용하였다. 또한 절기에 따라 시간의 길이가 달라지는 부정시법(不定時法)을 사용할 때는 100각법을 쓰면 밤의 길이가 정수로 떨어지는 등 사용 용도에 따라서 1각을 분으로 나누는 방법을 달리하면서 편리함을 극대화하였다[10].

위의 내용은 한 편의 예로써 24편의 편지의 여러 부분에 이와 같이 최석정과 이세구가 조선 산학 및 천문역법에 관련된 내용을 포함한 다양하고 깊은 교류가 있었다는 것이 확인된 것이다.[23] 『명곡집』에서 기존에 알려진 것 이외의 새로운 서양수학의 내용이 포함되어 있는지에 대한 연구는 아직 진행 중이다. 그러나 현재까지의 연구 내용을 종합해볼 때, 이세구는 당시 역법(산학)의 전문가였으며, 최석정은 이세구와 산학에 관련한 문제들에 대하여 깊이 있는 교류를 하였음을 확인할 수 있다. 특히 그들이 왕래한 서신의 내용으로 미루어 볼 때, 최석정은 산학 연구를 하는 과정에서 이세구와의 의견 교환을 통해 자신이 필요로 하는 산학과 역법 내용을 온전하고 깊

---

23) 규장각한국학연구원(http://kyujanggak.snu.ac.kr/)의 해제 참조.

게 이해하였음을 알 수 있다. 따라서 최석정이 고급관료임에도 불구하고, 산학에 대한 높은 이해를 했음은 물론, 독창적인 결과를 담은 『구수략』을 저술할 수 있는 여건이 충분히 갖추어져 있었음을 확인할 수 있었다.

4 결론

본 연구는 최석정이 이세구와 나눈 수학적 서신교환사료를 발굴하여 시작된 연구로 최석정의 수학적 업적을 조사하는 과정에 자연스럽게 제기되는 세 가지 질문에 대한 답을 찾는 것이었다. 각각의 질문과 그에 대한 답은 다음과 같다.

- '최석정의 조선산학-수학에 대한 관심이 단지 사대부가 갖추어야 할 육예(六藝)의 하나였기 때문일까?'에 대한 답, "최석정은 당시 시헌력으로 대표되는 서양의 역법과 우주관이 조선과 충돌하던 시기에 이를 이해하는 과정에서 산학과 함께 서양수학을 접했으며, 서양수학을 조선에 소개하고 당시 가능한 모든 이론을 섭렵하려고 하는 등, 보통의 사대부가 갖는 수학에 대한 관심 이상을 가질 충분한 이유가 있었다."
- '유학자인 최석정이 고위 관료와 영의정을 여러 차례 역임하며 언제 수학(산학)책을 저술할 시간이 있었을까?'에 대한 답, "열 차례나 입상하는 등 수시로 한직에 머물면서 정치와 거리를 두며

신학문에 집중할 충분한 시간이 있었다."

• '최석정이 수학적 탐구를 하는 과정에서 막힌 문제에 대하여 의논하거나, 새로운 발견을 하고 그 내용을 공유할 수 있을 정도의 수학적 전문지식을 갖춘 동 시대의 인물은 누구이고, 그들 사이의 수학적 교류의 내용은 무엇인가?'에 대한 답, "최석정의 주변에 그가 연구과정에서 얻은 결과들에 대하여 토론하면서 조언을 구할 산학 전문가 이세구가 있었다. 특히 둘은 산학에 대한 관심은 물론 나이도 비슷한 고위 관리로서 중국에서 전해온 천문학-수학 서적을 조선의 누구보다도 많이 빠르게 접하면서 습득할 여건에 있었다는 것이 중요하다. 특히 이세구는 당시 천문학의 전문가로 평가 되는 사람이므로 최석정의 독창적인 산학 특히, 마방진 관련 연구의 가치를 논할 수 있는 좋은 위치에 있었다고 볼수 있다"를 얻었다.

본 연구에서는 『명곡집』에서 이세구와 최석정 사이의 24편의 서신 기록에 대한 전수조사를 통하여 산학관련 주요부분을 해석하며 위의 질문에 대한 답을 주었다. 천문학 내용을 포함하는 전체 서신들에 대한 심층적인 연구와 완전한 해득은 천문학자, 수학자, 한학자를 포함한 관련 전문가들이 힘을 합친 추가 연구를 통하면 가능할 것으로 판단되어 본 연구에서는 연구자들이 주위 전문가들의 도움을 얻어 해득한 일부 수학 내용만 심층 분석하여 소개하였다.

2006년 과학기술인 명예의 전당에 헌정된 故 이임학 박사는 Mac-

Tutor history에 등록된 현재까지는 유일한 한국인 수학자이다.[24)]
한국수학사학계의 노력으로 과학기술인 명예의 전당에 2013년에 헌
정된 최석정 선생의 업적이 MacTutor history에도 추가되도록 후속
연구도 진행되고, 그를 위한 적절한 절차도 밟게 되기를 기대한다.

이상구
이재화   2015, 「Journal for history of mathematics」 28 (한국수학사학회)

24) http://www-history.mcs.st-andrews.ac.uk/Biographies/Ree.html